用友 ERP 系列丛书·用友 ERP 认证系列实验用书

用友ERP供应链管理系统实验教程(U8.61 版)

陈利霞　　吴彦文　　张冰冰　　编著

清华大学出版社

北　京

内 容 简 介

本实验教程以突出实战为主导思想，以一个企业单位的经济业务为原型，以 2007 年新会计准则为基础，重点介绍了信息环境下各项业务的处理流程。本实验教程为您贴身定做了十几个实验并提供了实验准备账套和结果账套，每个实验既环环相扣，也可以独立运作，适应了不同层次教学的需要。

本实验教程共分 6 章。第 1 章介绍了用友 ERP-U8.61 管理软件的使用基础、系统管理和基础设置，第 2 章至第 6 章分别介绍了 ERP 供应链管理系统中最重要和最基础的采购设置、销售管理、库存管理、存货核算和期末处理等几个子系统的基本功能，并以实验的方式介绍了以上模块的使用方法。

本实验教程是用友 ERP 认证系列实验用书，也可以作为大中专院校会计及经济管理等相关专业的教学实验用书。

图书在版编目(CIP)数据

用友 ERP 供应链管理系统实验教程：U8.61 版 / 陈利霞，吴彦文，张冰冰　编著.
—北京：清华大学出版社，2013（2019.8重印）
　(用友 ERP 系列丛书·用友 ERP 认证系列实验用书)

ISBN 978-7-302-32088-3

Ⅰ. ①用…　Ⅱ. ①陈…　②吴…　③张…　Ⅲ. ①企业管理—供应链管理—计算机管理系统—教材
Ⅳ. ①F274-39

中国版本图书馆 CIP 数据核字(2013)第 082739 号

责任编辑：刘金喜
装帧设计：牛艳敏
责任校对：成凤进
责任印制：杨　艳

出版发行：清华大学出版社
　　　网　　址：http://www.tup.com.cn，http://www.wqbook.com
　　　地　　址：北京清华大学学研大厦 A 座　　　　　　邮　　编：100084
　　　社 总 机：010-62770175　　　　　　　　　　　　邮　　购：010-62786544
　　　投稿与读者服务：010-62776969，c-service@tup.tsinghua.edu.cn
　　　质 量 反 馈：010-62772015，zhiliang@tup.tsinghua.edu.cn

印 装 者：北京富博印刷有限公司
经　　销：全国新华书店
开　　本：185mm×260mm　　　印　张：16.25　　　字　数：385 千字
　　　　　(附光盘 1 张)
版　　次：2013 年 5 月第 1 版　　　　　　　　　印　次：2019 年 8 月第 4 次印刷
定　　价：55.00元

产品编号：051576-02

序

用 ERP 武装中国企业

中国企业在经历了"发挥劳动力成本优势"、"装备现代化"两个发展阶段后,现在正进入以应用 ERP 为代表的"企业信息化"发展阶段,并为"自主技术与产品研发"阶段建立基础。

ERP(企业资源计划)系统是当今世界企业经营与管理技术进步的代表。对企业来说,应用 ERP 的价值就在于通过系统的计划和控制等功能,结合企业的流程优化,有效地配制各项资源,以加快对市场的响应,降低成本,提高效率和效益,从而提升企业的竞争力。

在发达国家 ERP 从 20 世纪 90 年代中期开始普及。中国从 80 年代开始导入 ERP 的前身 MRP 及 MRPII,经过导入期和发展期,现在开始进入 ERP 普及应用时期。在 ERP 普及时代,ERP 将不只是少数大型企业的贵族式消费,而是更广泛企业(包括中小企业)的大众化应用。

在中国 ERP 的发展时期,国产 ERP 产品和服务能力得到长足发展。国产 ERP 以其产品结合中国和亚洲商业环境与管理模式、技术上的后发优势、深入的服务网络,以及良好的性能价格比在中国和亚洲市场逐步成为主流,将对中国 ERP 普及发挥主力军作用。

在 ERP 普及时代,企业需要大量的 ERP 应用人才,全社会需要 ERP 知识的广泛普及。用友公司作为中国 ERP 应用市场最大的软件及服务提供商,不仅把推动 ERP 在中国企业普及作为我们的商业计划,更作为全体用友人的历史使命和共同追求的事业。出版"用友 ERP 系列丛书"就是用友普及教育计划的一个重要组成。

ERP 应用是中国企业继装备现代化("硬武装")之后的又一次武装("软武装")。我们期待着 ERP 在中国企业的普及应用,千百万中国企业的经营与管理水平获得一次历史性的进步,中国企业在全球市场的竞争力实现跨越式提升。

用友软件股份有限公司董事长兼总裁

光盘使用说明

欢迎您使用《用友 ERP 供应链管理系统实验教程(U8.61 版)》(以下简称"实验教程"),此实验教程光盘中所附的内容包括用友 ERP-U8.61 新会计准则版教学软件和实验账套。光盘中的备份账套是实验教程得以顺利操作的保证。

1. 用友 ERP-U8.61 软件安装

该实验教程是在"用友 ERP-U8"系统中操作的,您必须在计算机中安装用友 ERP-U8.61 版系统,然后进行实验教程内容的操作。安装方法如下:

(1) 安装 Internet 信息服务(IIS)。可通过 Windows 系统的"控制面板"中的"添加/删除程序"命令安装该组件。

(2) 安装 SQL Server 2000 数据库及用友 ERP-U8.61 软件。安装方法和具体设置请见光盘中的 U8.61 安装说明文档(.doc)。

(3) 安装新会计准则补丁。具体步骤请见光盘中的"8.61 新会计制度补丁包安装说明"文档。

(4) 引入账套后,若出现"此账套的行业性质与科目设置中的科目分类不符,请调整"提示信息,可运行光盘中的科目与行业性质不符问题解决工具解决。

2. 账套使用方法

光盘中的备份账套均为"压缩"、"只读"文件,应首先将相应的压缩文件从光盘上复制到硬盘上,再用压缩工具进行解压缩(建议用 WinRAR 3.42 或以上版本进行解压缩),得到相应可以引用的账套。引入账套之前,将已解压到硬盘中的账套备份文件的"只读"属性去掉,否则将不能引入相应的账套。

您可以在做实验前引入相应的账套,也可以将实验结果与备份账套相核对以验证实验的正确性。

目　　录

第 1 章

供应链基础设施

功能概述

　　用友供应链管理系统是一个通用系统，其中包含面向不同企业对象的解决方案。而不同企业所属行业不同，管理模式不同，业务处理也有一定差异。那么，如何将通用系统与企业特色相结合，构造适合于企业管理特点的供应链管理系统呢？一般来说，企业应该经过大量的调研，对本行业、本企业的生产经营特点进行具体深入的分析，并结合供应链管理系统所提供的管理功能，来确定企业个性化应用方案。

　　供应链管理系统的建账工作是在系统管理中完成的。系统管理的主要功能是对用友ERP-U8 管理系统的各个产品进行统一的操作管理和数据维护，包括以下内容。

- 账套管理。账套指的是一组相互关联的数据，每一个企业(或每一个独立核算部门)的数据在系统内部都体现为一个账套。账套管理包括账套的建立、修改、引入和输出等。
- 年度账管理。在用友 ERP-U8 管理系统中，每个账套里都存放有企业不同年度的数据，称为年度账。年度账管理包括年度账的建立、引入、输出和结转上年数据，清空年度数据等。
- 操作员及其权限的集中管理。为了保证系统数据的安全与保密，系统管理提供了操作员及其权限的集中管理功能。通过对系统操作分工和权限的管理，一方面可以避免与业务无关的人员进入系统，另一方面可以对系统所包含的各个子系统的操作进行协调，以保证各负其责。操作员和其权限的管理主要包括设置用户、定义角色及设置用户功能权限。

一个账套可以由多个子系统组成，这些子系统共享公用的基础信息。在启用新账套时，应根据企业的实际情况和业务要求，先手工整理出一份基础资料，而后将这些资料按照系统的要求录入到系统中，以便完成系统的初始建账工作。基础设置的内容较多，主要包括部门档案、职员档案、客户分类、客户档案、供应商分类及供应商档案等。

实验目的与要求

系统学习系统管理和基础设置的主要内容与操作方法。要求掌握系统管理中设置操作员、建立账套和设置操作员权限的方法，掌握基础设置的内容和方法，熟悉账套输出和引入的方法。

教学建议

供应链基础设置是学习和使用 ERP 供应链管理系统的基础。
建议本章讲授 4 课时，上机操作练习 4 课时。

实验一　系统管理

实验准备

已经安装用友 ERP-U8 供应链管理软件。分析本企业所在的行业、经济类型和生产经营特点，了解企业管理的核算和管理要求，确定本企业个性化的应用方案。

实验要求

- 增加操作员。
- 建立核算单位账套(暂时不启用任何系统)。
- 对操作员进行授权。
- 启用供应链及其相关子系统。
- 账套备份。

实验资料

(1) 建账信息

账套号：888；账套名称：供应链账套；启用会计期间：2013 年 1 月 1 日。

(2) 单位信息

单位名称：北京星宇商贸有限公司；单位简称：星宇商贸；单位地址：北京市东城区

望京路 151 号；法人代表：张军；邮政编码：100088；联系电话：010-67852341；税号：100011010266888。

(3) 核算类型

该企业记账本位币为人民币(RMB)；企业类型为商业；行业性质为 2007 新会计制度科目；账套主管周健；按行业性质预设会计科目。

(4) 基础信息

该企业有外币核算，进行经济业务处理时，需要对存货、客户、供应商进行分类。

(5) 分类编码方案

- 科目编码级次：4-2-2-2
- 部门编码级次：2-2
- 客户分类编码级次：2-2
- 供应商分类编码级次：2-2
- 存货分类编码级次：2-3
- 收发类别编码级次：1-2
- 结算方式编码级次：2

(6) 设置数据精度

该企业对存货数量、存货单价、开票单价、件数、换算率等小数位数约定为 2 位。

(7) 角色分工及其权限

- 111 周健(口令 1)

角色：账套主管

- 222 张涛(口令 2)

角色：采购主管、销售主管、仓库主管、存货核算员

负责购销存业务，具有采购管理、销售管理、库存管理、存货核算的全部操作权限，还拥有总账、应收系统、应付系统的全部操作权限(此处授予如此多的权限是便于操作，实际工作中需要根据本单位实际情况授权)。

(8) 启用的系统和启用日期

2013 年 1 月 1 日分别启用 888 账套的"采购管理"、"销售管理"、"库存管理"、"存货核算"、"总账"、"应收"和"应付"系统。

实验指导

1. 注册系统管理

操作步骤

(1) 执行"开始"|"程序"|"用友 ERP- U8"|"系统服务"命令，启动系统管理。

(2) 执行"系统"|"注册"命令，打开"登录"对话框。

(3) 系统中预先设定了一个系统管理员 admin，第一次运行时在"操作员"文本框中

输入操作员名称，系统管理员密码为空，单击"确定"按钮，则以系统管理员身份进入系统管理。

提示

- 系统管理员是用友 ERP-U8 管理系统中权限最高的操作员，他对系统数据安全和运行安全负责。因此，企业安装用友 ERP-U8 管理系统后，应该及时更改系统管理员的密码，以保障系统的安全性。用友 ERP-U8 默认系统管理员密码为空。
- 设置或更改系统管理员密码的方法是：在系统管理"登录"对话框中输入操作员密码后，选中"改密码"复选框，单击"确定"按钮，打开"设置操作员口令"对话框，在"新口令"文本框中输入系统管理员的新密码，在"确认新口令"文本框中再次输入相同的新密码，单击"确定"按钮进入"用友 ERP-U8〖系统管理〗"窗口。
- 鉴于系统管理在用友 ERP-U8 管理系统中的重要地位，系统只允许两种角色登录系统管理，一是系统管理员，二是账套主管。如果是初次使用本系统，第一次必须以系统管理员 admin 的身份注册系统管理，建立账套和指定相应的账套主管之后，才能以账套主管的身份注册系统管理。

2. 增加操作员

在用友 ERP-U8 管理系统中，有两个与操作员相关的概念：角色与用户。角色是指在企业管理中拥有某一类职能的组织，这个角色组织可以是实际的部门，也可以是由拥有同一类职能的人构成的虚拟组织。而用户是指有权登录系统，对应用系统进行操作的人员，即通常所说的"操作员"。每次注册登录用友 ERP-U8，都要进行用户身份的合法性检查。

提示

- 用户和角色的设置可以不分先后顺序，但对于自动传递权限来说，应该先设置角色，然后分配权限，最后进行用户设置。这样在设置用户时，选择其归属哪一种角色，则其自动具有该角色的权限，包括功能权限和数据权限。
- 一个角色可以拥有多个用户，一个用户可以分属于多个不同角色。

操作步骤

(1) 以系统管理员的身份注册进入系统管理后，执行"权限"|"用户"命令，进入"用户管理"窗口。

(2) 单击工具栏上的"增加"按钮，打开"增加用户"对话框。

(3) 输入编号：111；姓名：周健；口令和确认口令均为"1"；并在"所属角色"列表中选择"账套主管"角色，如图 1-1 所示。

(4) 单击"增加"按钮，保存设置。

(5) 同理，增加操作员"张涛"，在"所属角色"列表中选择"采购主管"、"销售主管"、"仓库主管"和"存货核算员"，然后保存设置。

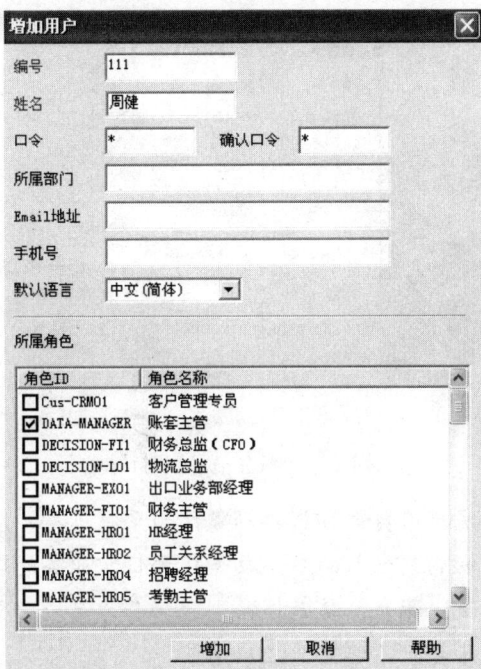

图 1-1 "增加用户"对话框

提示

- 如果列表框中不显示新增用户，则单击"刷新"按钮进行页面更新。
- 如果修改了用户的所属角色，则该用户对应的权限也会随着角色的改变而相应改变。
- 如果角色已经事先设置，则系统自动显示所有的角色名称。用户自动拥有所属角色所拥有的所有权限，同时可以通过"权限"功能额外增加角色中没有包含的权限。

3. 建立账套

操作步骤

(1) 在"系统管理"窗口中，执行"账套"|"建立"命令，打开"账套信息"对话框。

(2) 按实验资料录入新建账套的账套信息，如图 1-2 所示。

提示

- 账套号是账套的唯一内部标识，由三位数字构成，必须唯一，不允许与已存账套的账套号重复，账套号设置后将不允许修改。如果所设置的账套号与已存账套的账套号重复，则无法进入下一步的操作。
- 账套名称是账套的外部标识，它将与账套号一起显示在系统正在运行的屏幕上。账套名称可以自行设置，并可以由账套主管在修改账套功能中进行修改。
- 系统默认的账套路径是 D: \U8SOFT\Admin，可以进行修改。

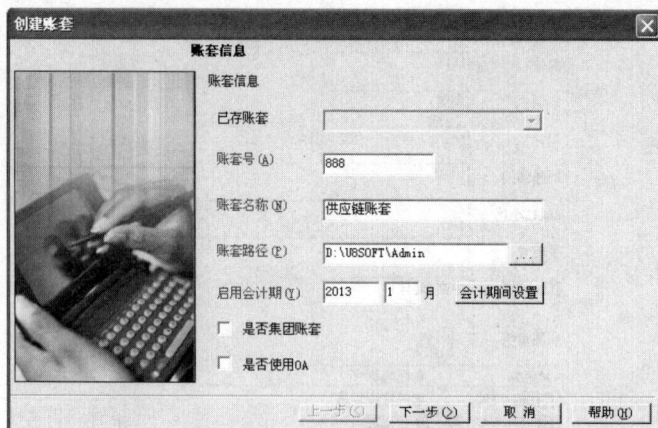

图 1-2　"账套信息"对话框

- 建立账套时，系统启用会计期将自动默认为系统日期，应注意根据实验资料进行修改，否则将会影响到企业的系统初始化和日常业务处理等内容的操作。
- 如果选择"是否集团账套"复选框，则此账套为启用"集团财务"模块后的汇总分子公司数据的账套，不作企业之应用。
- 如果选择"是否使用 OA"复选框，则此账套要与 OA 系统集成应用，会预留接口。

(3) 单击"下一步"按钮，打开"单位信息"对话框。

(4) 按实验资料输入单位信息。

提示
- 单位信息中只有"单位名称"是必须输入的。
- 单位名称应录入企业的全称，以便打印发票时使用。

(5) 单击"下一步"按钮，打开"核算类型"对话框。选择"商业"企业类型，行业性质默认为"2007 新会计制度科目"，科目预置语言选择"中文(简体)"，从"账套主管"下拉列表中选择"[111]周健"，如图 1-3 所示。

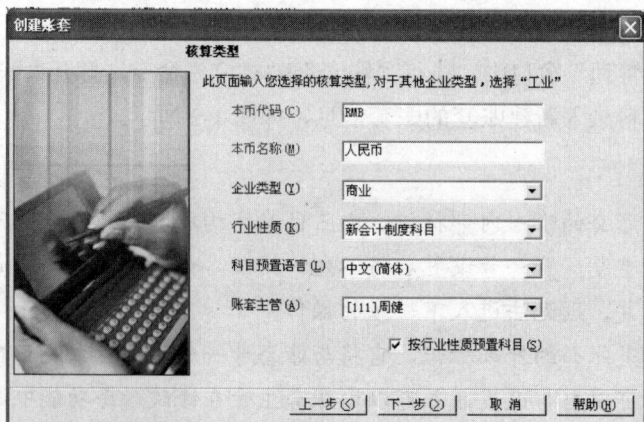

图 1-3　"核算类型"对话框

提示

- 系统默认企业类型为"工业",可以修改。只有选择"工业"企业类型,供应链管理系统才能处理产成品入库、限额领料等业务。只有选择"商业"企业类型,供应链管理系统才能处理受托代销业务。
- 行业性质将决定系统预置科目的内容,必须选择正确。
- 系统默认按行业性质预置科目。

(6) 单击"下一步"按钮,打开"基础信息"对话框。分别选中"存货是否分类"、"客户是否分类"、"供应商是否分类"和"有无外币核算"复选框。

提示

- 是否对存货、客户及供应商进行分类将会影响到其档案的设置。有无外币核算将会影响到基础信息的设置和日常业务处理的有无外币的核算内容。一般来说,即使暂时没有外币核算,也最好先设置为有外币核算,以便满足将来业务扩展的需要。
- 如果基础信息设置错误,可以由账套主管在修改账套功能中进行修改。

(7) 单击"完成"按钮,打开"创建账套"对话框,单击"是"按钮。由于系统需要按照用户输入的上述信息进行建账,因此需要一段时间,请耐心等候。建账完成后,自动打开"编码方案"对话框。

(8) 按所给资料修改分类编码方案,如图1-4所示。

项目	最大级数	最大长度	单级最大长度	第1级	第2级	第3级	第4级	第5级	第6级	第7级	第8级	第9级
科目编码级次	9	15	9		2							
客户分类编码级次	5	12	9	2	2							
供应商分类编码级次	5	12	9	2	2							
存货分类编码级次	8	12	9	2	3							
部门编码级次	5	12	9	2								
地区分类编码级次	5	12	9	2	3	4						
费用项目分类	5	12	9	1	2							
结算方式编码级次	2	3	3	2								
货位编码级次	8	20	9	2	3	4						
收发类别编码级次	3	5	5	1	2							
项目设备	8	30	9	2	2							
责任中心分类档案	8	30	9	2	2							
项目要素分类档案	5	30	9	2	2							
客户权限组级次	5	12	9	2	3	4						
供应商权限组级次	5	12	9	2	3	4						
存货权限组级次	8	12	9	2	2	2	2	3				

图1-4　"编码方案"对话框

提示

- 编码方案的设置,将会直接影响到基础信息设置中其相应内容的编码级次和每级编码的位长。

(9) 单击"确定"按钮后,再单击"取消"按钮,进入"数据精度定义"对话框,默认系统预置的数据精度。

(10) 在"数据精度定义"对话框中单击"确定"按钮后,打开"创建账套"对话框。单击"否"按钮,结束建账过程,暂时不启用任何系统。

提示

- 出现"创建账套"对话框时,可以直接进行"系统启用"的设置,也可以单击"否"按钮先结束建账过程,之后在企业应用平台的基础信息中再进行系统启用设置。
- 如果企业已使用用友 ERP-U8 财务系统,则已经完成了企业的建账过程,此处无需再次建账,只需在企业应用平台中启用供应链管理相关模块即可。

4. 设置操作员权限

用友 ERP-U8 管理系统提供了操作员权限的集中管理功能。系统提供了用户对所有模块的操作权限的管理,包括功能级权限管理、数据级权限管理和金额级权限管理。

设置操作员权限的工作应由系统管理员(Admin)或该账套的账套主管通过执行"系统管理"|"权限"命令完成。在"权限"功能中既可以对角色赋权,也可以对用户赋权。如果在建立账套时已经正确地选择了该账套的账套主管,则此时可以查看;否则,可以在"权限"功能中重新选择账套主管。如果在设置用户时已经指定该用户的所属角色,并且该角色已经被赋权,则该用户已经拥有了与该角色相同的权限;如果经查看后发现该用户的权限并不与该角色完全相同,则可以在"权限"功能中进行修改;如果在设置用户时并未指定该用户所属的角色,或虽已指定该用户所属的角色,但该角色并未进行权限设置,则该用户的"权限"应直接在权限功能中进行设置,或者应先设置角色的权限后再设置用户并指定该用户所属的角色,这样该用户的权限就可以事先确定了。

1) 查看"周健"是否为 888 账套的账套主管

操作步骤

(1) 在"系统管理"窗口中,执行"权限"|"权限"命令,打开"操作员权限"对话框。

(2) 在"操作员权限"对话框中选择 888 账套,时间为 2013 年,从窗口左侧操作员列表中选择"111 周健",可以看到"账套主管"复选框为选中状态。

提示

- 只有系统管理员(Admin)才有权设置或取消账套主管。而账套主管只能分配所辖账套操作员的权限。一个账套可以拥有多个账套主管。
- 设置权限时应注意分别选中"用户"和相应的"账套"。
- 如果此时查看到当前操作员账套主管前的复选框为未选中状态,则可以将其选中,即设置该用户为选中账套的账套主管。
- 账套主管拥有该账套的所有权限,因此无需为账套主管另外赋权。
- 如果在"角色管理"或"用户管理"中已将"用户"归属于"账套主管"角色,则该操作员即已定义为系统内所有账套的账套主管。如果在"权限管理"中指定某个"用户"为某账套的账套主管，则该用户只是该账套的账套主管。

2) 为操作员张涛赋权

操作步骤

(1) 在"操作员权限"对话框中，选中"222 张涛"，选择账套主管右侧下拉列表框中的"[888]供应链账套"。

(2) 单击"修改"按钮，打开"增加和调整权限"对话框。

(3) 在"增加和调整权限"对话框中，选中"采购管理"、"销售管理"、"库存管理"、"存货核算"、"应付"、"应收"和"总账"复选框，如图 1-5 所示，单击"确定"按钮。

5. 启用供应链及其相关子系统

系统启用是指设定用友 ERP-U8 管理系统中各个子系统的开始使用日期。各个子系统必须先启用才能登录操作。系统启用的方法有两种：一是在系统管理中创建账套时启用；二是建立账套后，在企业应用平台中启用。

图 1-5　"增加和调整权限"对话框

按照本企业业务流程的要求，需要启用供应链管理系统中的采购管理模块、销售管理模块、库存管理模块和存货核算模块；同时启用与供应链管理系统存在数据传递关系的相关模块，主要包括总账模块、应收款管理模块和应付款管理模块。

操作步骤

(1) 执行"开始"|"程序"|"用友 ERP-U8"|"企业应用平台"命令，以账套主管吴明远的身份注册进入企业应用平台，如图 1-6 所示。在"操作员"文本框中可以输入操作员编码，也可以输入操作员姓名。此处输入编码 111，密码 1，选择 888 账套，操作日期为 2013 年 1 月 1 日。

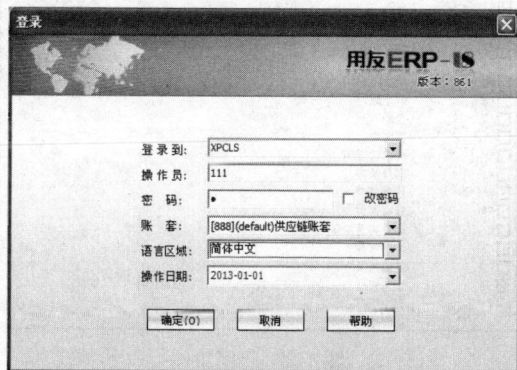

图 1-6　登录账套

(2) 单击"确定"按钮,进入"企业应用平台"窗口,如图 1-7 所示。

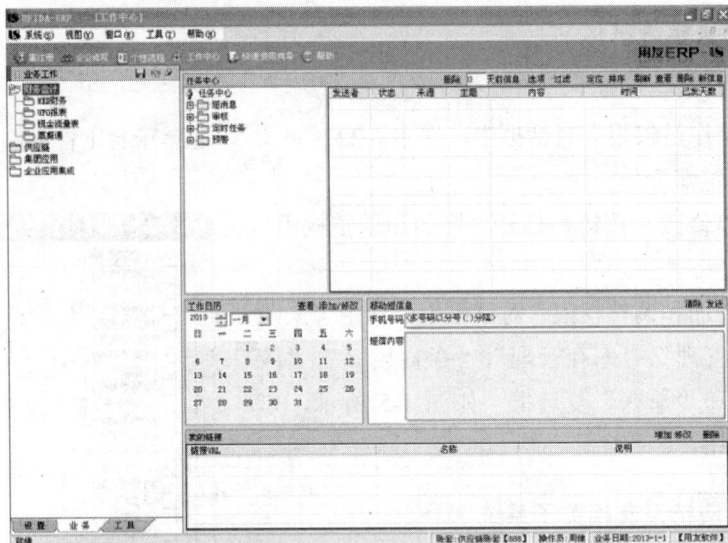

图 1-7 "企业应用平台"窗口

(3) 在窗口左侧的"业务工作"左下方单击"设置"标签。

(4) 执行"基本信息"命令,打开"基本信息"对话框。

(5) 执行"系统启用"命令,打开"系统启用"对话框。

(6) 选中"采购管理"系统前的复选框,弹出"日历"对话框。

(7) 选择启用会计期间,本实验为"2013 年 1 月 1 日"。系统弹出提示"是否启用当前系统"对话框。

(8) 单击"是"按钮,确认并完成采购管理系统的启用。

(9) 重复第(6)~(8)步骤,分别启用"销售管理"、"库存管理"、"存货核算"、"总账"、"应收"和"应付"系统,完成供应链管理系统及其相关子系统的启用,如图 1-8 所示。

图 1-8 启用系统

提示

- 采购系统的启用月份必须大于等于应付系统的未结账月。
- 销售系统的启用月份必须大于等于应收系统的未结账月，并且应收系统未录入当月发票。如果已经录入发票，则必须先删除发票。
- 采购系统先启用，库存系统后启用时，如果库存系统启用月份已有根据采购订单生成的采购入库单，则库存系统不能启用。
- 库存系统启用之前，必须先审核库存系统启用日期之前未审核的发货单和先开据但未审核的发票，否则库存系统不能启用。
- 销售系统先启用，库存系统后启用时，如果库存系统启用日期之前的发货单有对应的库存系统启用日期之后的出库单，则必须先删除此类出库单，并在库存系统启用日期之前生成这些出库单，然后才能启用库存系统。

6. 账套备份

操作步骤

(1) 在 C 盘建立"供应链账套备份"文件夹。

(2) 在 C:\"供应链账套备份"文件夹中新建"888-1-1 建立供应链账套"文件夹。

(3) 将账套输出至 C:\"供应链账套备份"\"888-1-1 建立供应链账套"文件夹中。

(4) 由系统管理员(Admin)注册系统管理，在"系统管理"窗口中，执行"账套"|"输出"命令，打开"账套输出"对话框。

(5) 在"账套号"文本框中选择 888 供应链账套。

(6) 单击"确定"按钮，打开"选择账套备份路径"对话框。

(7) 在"选择账套备份路径"对话框中，打开 C:\"供应链账套备份"\"888-1-1 建立供应链账套"文件夹，单击"确定"按钮。

(8) 系统弹出"输出成功"对话框，单击"确定"按钮，备份完成。

提示

- 备份账套时应先建立一个备份账套的文件夹，以便将备份数据存放在目标文件夹中。
- 账套输出功能可以分别进行"账套备份"和"删除账套"的操作。
- 只有系统管理员(Admin)有权进行账套输出。
- 正在使用的账套可以进行"账套备份"但不允许进行"删除账套"操作。

实验二　业务基础设置

实验准备

已经完成第 1 章实验一的操作，或者从光盘引入已完成实验一操作的 888-1-1 账套备份数据。分析企业业务流程、管理要求和会计核算要求，设计企业基础信息分类和基础档案。将系统时间调整为"2013 年 1 月 1 日"。如果不调整系统时间，则需要在每次登录账套时将操作日期修改为 2013 年 1 月某日；如果操作日期与账套建账时间跨度超过 3 个月，则该账套在演示版状态下不能再执行任何操作。

实验要求

- 建立部门档案和职员档案。
- 建立供应商分类和供应商档案。
- 建立客户分类和客户档案。
- 设置付款条件。
- 建立存货分类、计量单位和存货档案。
- 设置结算方式。
- 设置开户银行。
- 建立仓库档案。
- 设置收发类别。
- 设置采购类型和销售类型。
- 设置费用项目。
- 设置发运方式。

实验资料

(1) 部门职员档案(如表 1-1 所示)

表 1-1　部门职员档案

一级部门编码和名称	二级部门编码和名称	人员类别	职员编码和姓名	性别	是否业务员
01 公司总部	0101　经理办公室	在职人员	001　周健	男	是
	0102　行政办公室	在职人员	003　张军	男	是
02 财务部	无	在职人员	002　王月	女	是
03 销售部	0301　销售一部	在职人员	004　宋杰	男	是
	0302　销售二部	在职人员	005　孙建华	男	是
04 采购部	无	在职人员	006　吴小蕾	女	是
05 仓储部	无	在职人员	007　李莉	女	是
06 运输部	无	在职人员	008　王兴亮	男	是

(2) 客户和供应商分类资料(如表 1-2 所示)

表 1-2　客户和供应商分类资料

类 别 名 称	一级分类编码和名称	二级分类编码和名称
供应商	01 鞋包商	0101 批发商
		0102 代销商
	02 电子产品商	0201 批发商
		0202 代销商
客　户	01 经销商	0101 北京市经销商
	02 批发商	0201 河南省批发商
		0202 山东省批发商
	03 子公司	0301 上海子公司
	04 零散客户	0401 零散客户

(3) 付款条件(如表 1-3 所示)

表 1-3　付 款 条 件

付款条件编码	信用天数	优惠天数 1	优惠率 1	优惠天数 2	优惠率 2	优惠天数 3	优惠率 3
01	30	10	4	20	2	30	0
02	60	20	2	40	1	60	0
03	60	30	2	45	1	60	0

(4) 客户和供应商档案(如表 1-4 所示)

(5) 存货资料

① 计量单位

- 01：自然单位，无换算率。包括双、个、部、盒、箱、次。
- 02：换算 1 组，固定换算率。1 盒＝1 双，1 箱＝20 盒。
- 03：换算 2 组，固定换算率。1 包=10 个，1 大包=10 包。

② 存货分类和存货档案(如表 1-5 所示)

(6) 结算方式

01 现金支票；02 转账支票；03 商业承兑汇票；04 银行承兑汇票；05 电汇。

(7) 开户银行

编码：01；银行账号：110001015678；开户银行：中国工商银行北京分行。

(8) 仓库档案

- 01：明辉鞋仓，采用先进先出法。
- 02：兰宇箱包仓，采用全月平均法。
- 03：手机仓，采用售价法。

(9) 收发类别(如表 1-6 所示)

表 1-4　客户和供应商档案

所属类别	客户编码	客户名称	客户简称	所属分类码	所属银行	开户银行	银行账号	税　　号	信用额度(万元)	付款条件	默认值
客户	001	北京燕莎百货公司	北京燕莎	0101	中国建设银行	中国建设银行	11007788	010111177788	300	01	是
	002	郑州丹尼斯百货公司	郑州丹尼斯	0210	中国工商银行	中国工商银行	21338899	02022266888	600	02	是
	003	青岛市华光百货公司	青岛华光	0202	中国银行	中国银行山东省分行	123456789012345	0999883388	500	03	是
	004	上海明兴贸易公司	上海明光	0301	中国建设银行	中国建设银行	22117788	02155559999	1000		是
	005	零散客户	零散客户	0401							
供应商	001	上海明辉鞋业有限公司	上海明辉	0101		中国工商银行	21118899	0213322188			
	002	北京兰宇箱包有限公司	北京兰宇	0201		中国建设银行	02106688	0215588966			
	003	上海伊梦电子科技公司	上海伊梦	0301		中国建设银行	11055899	0105599887			
	004	北京宏丰电子科技公司	北京宏丰	0302		中国银行	01008899	0102233199			

表 1-5　存货分类和存货档案

存货分类（一级）	存货分类（二级）	存货编码及名称	计量单位组	计量单位	税率/%	属性	参考成本/元	参考售价/元	售价/元
01 商品	01001 鞋	001 明辉女正装鞋	换算1组	双	17	外购、销售	350	500	500
		002 明辉女休闲鞋	换算1组	双	17	外购、销售	400	650	650
		003 明辉女凉鞋	换算1组	双	17	外购、销售	200	400	400
		004 明辉男正装鞋	换算1组	双	17	外购、销售	500	800	800
		005 明辉男休闲鞋	换算1组	双	17	外购、销售	450	650	650
		006 明辉男凉鞋	换算1组	双	17	外购、销售	300	450	450
	01002 箱包	007 兰宇女士潮流包	换算2组	个	17	外购、销售	120	200	200
		008 兰宇男士钱包	换算2组	个	17	外购、销售	550	850	850
		009 兰宇男士潮流包	换算2组	个	17	外购、销售	150	200	200
		010 兰宇女士时尚包	换算2组	个	17	外购、销售	850	1300	1300
	01003 手机	011 伊梦非智能手机	自然单位	部	17	外购、销售	2000	2500	2700
		012 伊梦智能手机	自然单位	部	17	外购、销售、代销	3500	4000	4200
		013 宏丰智能手机	自然单位	部	17	外购、销售	1800	2200	2200
		014 泛丰智能手机	自然单位	部	17	外购、销售	3700	4200	4200
02 劳务	02001 劳务费用	015 运输费	自然单位	次	7	外购、销售、应税 劳务			

注：
① 参考成本、参考售价和售价均为不含税价。
② 鞋可以用换算单位。

表 1-6 收 发 类 别

一级编码及名称	二级编码和名称	一级编码和名称	二级编码和名称
1 入库	101 采购入库	2 出库	201 销售出库
	102 采购退货		202 销售退货
	103 盘盈入库		203 盘亏出库
	104 调拨入库		204 调拨出库
	105 其他入库		205 其他出库

(10) 采购类型和销售类型(如表 1-7 所示)

表 1-7 采购类型和销售类型

采 购 类 型		销 售 类 型	
名　　称	入库类别	名　　称	出库类别
01 厂商采购	采购入库	01 批发销售	销售出库
02 代销商进货	采购入库	02 经销商批发	销售出库
03 采购退回	采购退货	03 销售退回	销售退货
		04 门市零售	销售出库

(11) 费用项目(如表 1-8 所示)

表 1-8 费 用 项 目

费用项目编码	费用项目名称
01	运输费
02	装卸费
03	包装费
04	业务招待费

(12) 发运方式(如表 1-9 所示)

表 1-9 发 运 方 式

发运方式编码	发运方式名称
01	公路运输
02	铁路运输
03	水运
04	航空运输

实验指导

在"企业应用平台"窗口中,在"设置"选项卡的"基础档案"中进行系统基础信息的设置,结果都是为其他模块所共享的。

1. 建立部门档案

部门档案用于设置部门相关信息，包括部门编码、名称、负责人、编码属性等。

操作步骤

执行"机构人员"|"部门档案"命令，打开"部门档案"窗口。按实验资料输入部门信息，结果如图 1-9 所示。

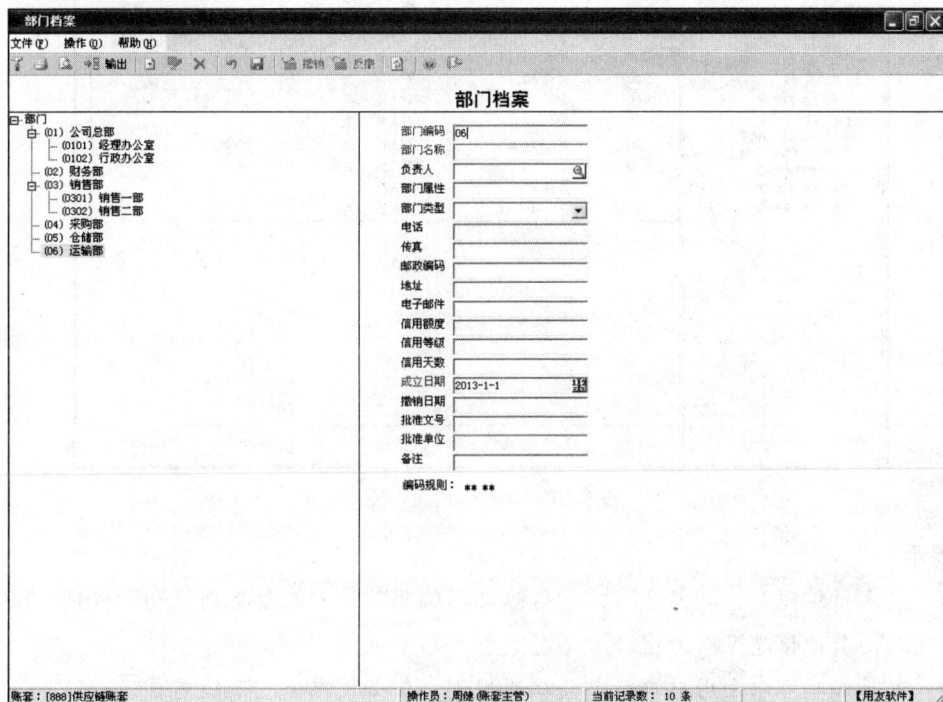

图 1-9　"部门档案"窗口

提示

- "部门编码"、"部门名称"和"成立日期"必须录入，其他信息可以为空。"成立日期"一般默认输入时的系统时间，可修改。
- "负责人"必须在设置职员档案之后，在"修改"状态下才能参照输入。
- 在部门档案设置中，如果存在多级部门，必须先建立上级部门，才能增加其下级部门。下级部门编码应包含上级部门编码。
- 修改部门档案时，部门编码不能修改。
- 已经使用的部门不允许删除。

2. 建立职员档案

此处的职员是指企业的各个职能部门中参与企业的业务活动，并且需要对其核算业绩、考核业绩的人员，并非企业的全体职员，如图 1-10 所示。

操作步骤

执行"机构人员"|"人员档案"命令，打开"人员列表"窗口。按实验资料录入职员信息，结果如图 1-10 所示。

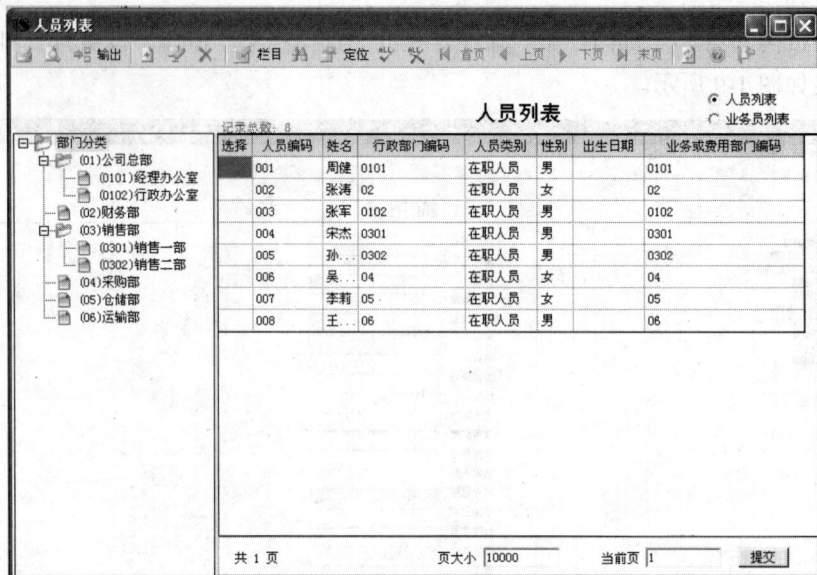

图 1-10 "人员列表"窗口

提示

- "人员编码"、"姓名"、"行政部门编码"、"人员类别"和"性别"必须输入，其他信息可以为空。
- 人员编码可以由用户自行定义编码规则，但必须唯一，不能重复。
- "行政部门编码"、"人员类别"和"性别"一般应选择录入。如果要修改，需要先将原显示的部门档案删除，才可以重新选择。

3. 客户/供应商分类

供应链管理不局限于企业内部的采购、生产、销售等生产经营活动，它还包括企业下游的供应商和上游的客户。如果企业的供应商和客户较多，分布较广，则不仅需要对供应商和客户进行分类，还需要对其地区进行分类，以便管理。

客户或供应商分类是指按照客户或供应商的某种属性或某种特征，将客户或供应商进行分类管理。如果建账时选择了客户/供应商分类，则必须先进行分类，才能增加客户/供应商档案。如果建账时没有选择客户/供应商分类，则可以直接建立客户/供应商档案。

操作步骤

(1) 执行"客商信息"|"客户分类"命令，打开"客户分类"窗口。按实验资料输入客户分类信息，结果如图 1-11 所示。

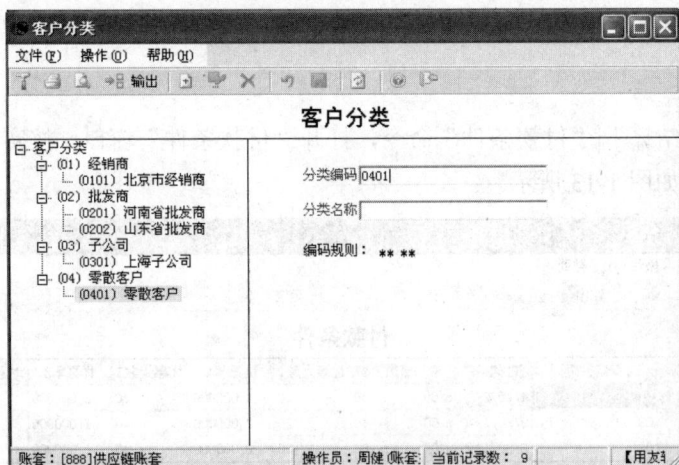

图 1-11　"客户分类"窗口

(2) 执行"客商信息"|"供应商分类"命令，打开"供应商分类"窗口。按实验资料输入供应商分类信息，结果如图 1-12 所示。

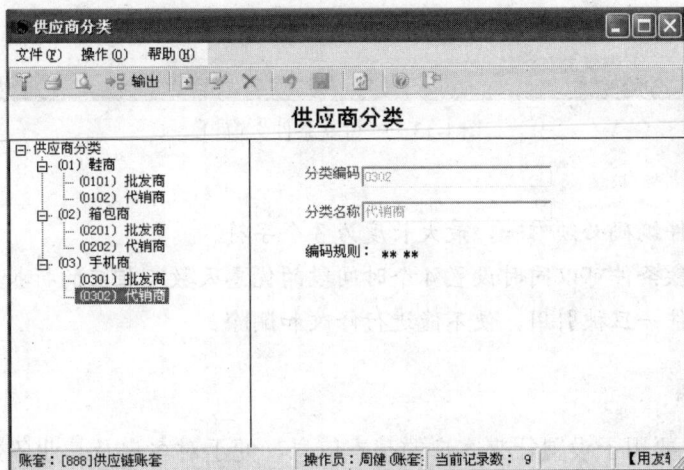

图 1-12　"供应商分类"窗口

提示

- 分类编码必须符合编码方案中定义的编码规则。
- 分类中如果已经录入客户档案，则该客户分类资料不能修改、删除。
- 建立下级分类时，其上级分类必须存在，且下级分类编码中要包含其上级分类编码。

4. 付款条件

付款条件即为现金折扣，用来设置企业在经营过程中与往来单位协议规定的收、付款折扣优惠方法。这种折扣条件—般可以表示为 2/10、1/20、n/30 等，其含义是客户在 10 天内付款，可以得到 2%的现金折扣；在 20 天内付款，可得到 1%的现金折扣；超过 20 天付款，则按照全额支付货款。

操作步骤

执行"收付结算"|"付款条件"命令，打开"付款条件"窗口。按实验资料输入全部付款条件，结果如图 1-13 所示。

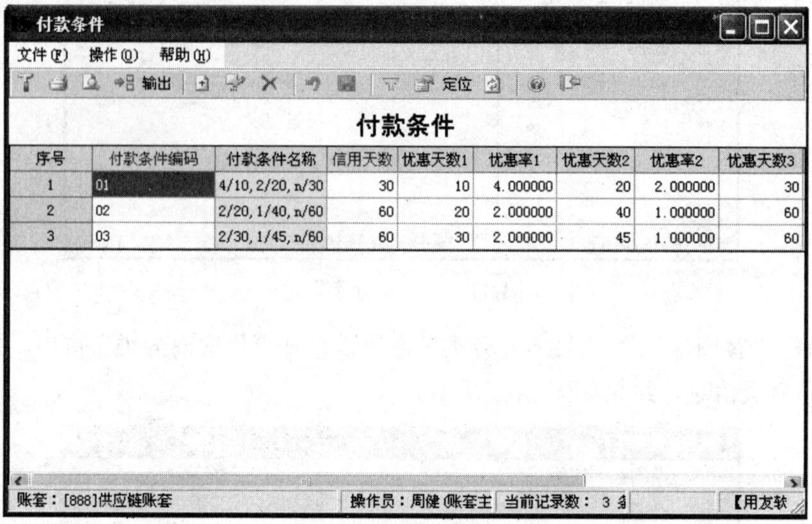

付款条件

序号	付款条件编码	付款条件名称	信用天数	优惠天数1	优惠率1	优惠天数2	优惠率2	优惠天数3
1	01	4/10, 2/20, n/30	30	10	4.000000	20	2.000000	30
2	02	2/20, 1/40, n/60	60	20	2.000000	40	1.000000	60
3	03	2/30, 1/45, n/60	60	30	2.000000	45	1.000000	60

账套：[888]供应链账套   操作员 周健 账套主   当前记录数：3 条   【用友软

图 1-13 "付款条件"窗口

提示

● 付款条件编码必须唯一，最大长度为 3 个字符。
● 每一付款条件可以同时设置 4 个时间段的优惠天数与相应的折扣率。
● 付款条件一旦被引用，便不能进行修改和删除。

5. 客户档案

客户档案主要用于设置往来客户的基本信息，便于对客户及其业务数据进行统计和分析。

操作步骤

(1) 执行"客商信息"|"客户档案"命令，打开"客户档案"窗口。窗口分为左右两部分，左窗口显示已经设置的客户分类，选中某一客户分类，则在右窗口中显示该分类下所有的客户列表。

(2) 单击"增加"按钮，打开"增加客户档案"窗口。窗口中共包括 4 个选项卡，即"基本"、"联系"、"信用"、"其他"，对客户不同的属性分别归类记录。

(3) 按实验资料输入客户信息，如图 1-14 所示。

(4) 选中窗口右侧的第一条记录，即北京燕莎百货公司的那一条记录，使其底色变蓝，然后单击工具栏中的"修改"按钮，系统弹出"修改客户档案"窗口，如图 1-15 所示。

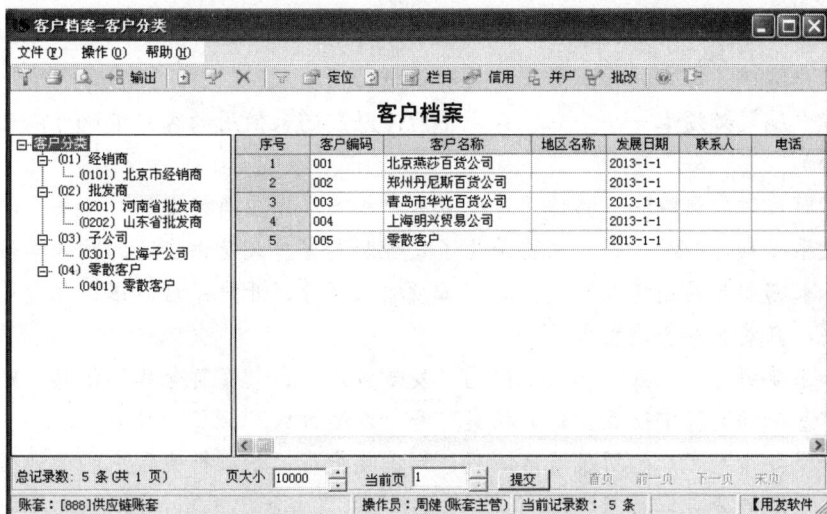

图 1-14　"客户档案"窗口

图 1-15　修改客户档案

(5) 单击图 1-15 中的"银行"按钮，系统弹出"客户银行档案"窗口。将实验资料中的"所属银行"、"开户银行"、"银行账号"输入到上述窗口中，其中"所属银行"和"默认值"是参照录入的，如图 1-16 所示。

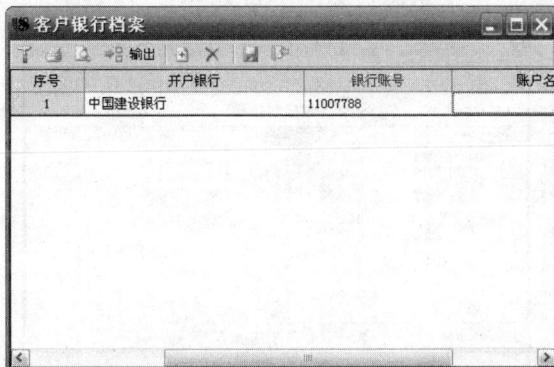

图 1-16　"客户银行档案"窗口

提示

- 客户编码、客户简称、所属分类和币种必须输入。
- 客户编码必须唯一，一旦保存，不能修改。尚未使用的客户编码可以删除后重新增加。
- "对应供应商编码"的作用是设置客户档案和供应商档案的对应关系，这种对应关系必须是一对一的，主要是为了处理既是客户又是供应商的往来单位。
- 如果需要开具销售专用发票，则必须输入税号、开户银行、银行账号等信息，否则，只能开具普通发票。
- 如果要填写"联系"选项卡中的"发货方式"、"发货仓库"信息，则需要先在"基础档案"中设置"仓库档案"和"发运方式"。
- 如果要输入客户的所属地区编码，则需要先在"基础档案"中的"地区分类"中设置地区分类信息。
- 如果系统提供的客户档案内容仍不能满足企业的需要，可利用系统提供的"自定义项"功能增加自定义栏目，并设置自定义栏目的档案内容。

6. 供应商档案

供应商档案主要用于设置往来供应商的档案信息，以便对供应商及其业务数据进行统计和分析。供应商档案设置的各栏目内容与客户档案基本相同，其不同在于"其他"选项卡中的以下两项内容。

- 单价是否含税：指该供应商的供货价格中是否包含增值税。
- 对应条形码：对该供应商所供货物进行条形码管理时，在存货条形码中需要输入对应的供应商信息。

操作步骤

(1) 执行"客商信息"|"供应商档案"命令，打开"供应商档案"窗口。窗口分为左右两部分，左窗口显示已经设置的供应商分类，选中某一供应商分类，则在右窗口中显示该分类下所有的供应商列表。

(2) 单击"增加"按钮，打开"增加供应商档案"窗口。

(3) 按实验资料输入供应商信息，如图 1-17 所示。

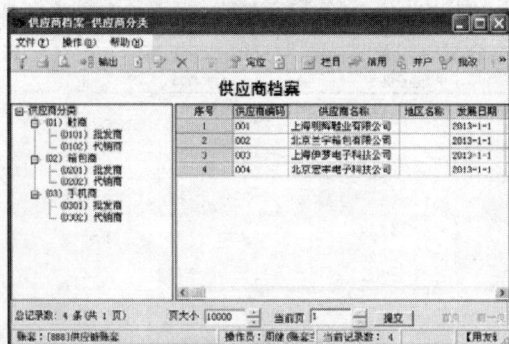

图 1-17　"供应商档案"窗口

7. 存货相关信息设置

存货是企业的一项重要经济资源，涉及企业供应链管理的整个流程，是企业物流管理和财务核算的主要对象。

1) 存货分类

如果企业存货较多，可以按一定方式对存货进行分类管理。存货分类是指按照存货固有的特征或属性，将存货划分为不同的类别，以便于分类核算和统计。

操作步骤

执行"存货"|"存货分类"命令，打开"存货分类"窗口。按实验资料输入存货分类信息，如图 1-18 所示。

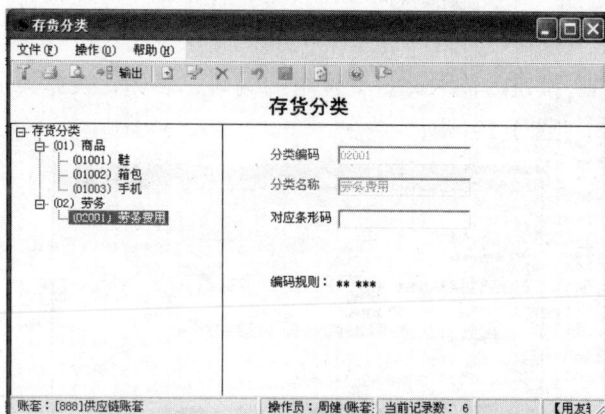

图 1-18　"存货分类"窗口

提示

- 存货分类编码必须符合编码规则。
- 存货分类编码和存货分类名称必须输入。
- 在企业购销业务中，经常会发生一些劳务费用，如"运输费"、"装卸费"、"包装费"等，这些费用也将构成企业存货成本的一个组成部分，并且它们一般具有与其他存货不同的税率。为了正确反映和核算这些劳务费用，应该在存货分类中单独设置一类"劳务费用"或"应税劳务"存货。

2) 计量单位

企业的存货种类繁多，不同的存货具有不同的计量单位；同一种存货用于不同业务，其计量单位也可能不同。例如，对于某种药品，采购、批发销售可能用"箱"作为计量单位，而库存和零售可能是"盒"，财务上则可能按"板"计价。因此，在基础设置中，需要定义好存货的计量单位。

存货计量单位可以分为"无换算"、"固定换算"和"浮动换算"3 类。"无换算"计量单位一般是指自然单位、度量衡单位等。"固定换算"计量单位是指各个计量单位之间存在着不变的换算比率，这种计量单位之间的换算关系即为固定换算率，这些单位即为固定换算单位。例如 1 盒＝4 板，1 箱＝20 盒等。"浮动换算"计量单位则指计量单位之间无固定换算率，这种不固定换算率称为浮动换算率，这些单位也称为浮动换算单位。例如，透明胶带可以"卷"、"米"为计量单位，1 卷大约等于 10 米，则"卷"与"米"之间存在浮动换算率关系。无论是"固定换算"还是"浮动换算"关系的计量单位之间，都应该设置其中一个单位为"主计量单位"，其他单位以此为基础，按照一定的换算率进行折算。一般来说，将最小的计量单位设置为主计量单位。上述固定换算单位"板"、"盒"、"箱"，可以将"板"设置为主计量单位；浮动换算单位"卷"、"米"，则应将"米"设置为主计量单位，每组中主计量单位以外的单位称为辅计量单位。

操作步骤

(1) 执行"存货"｜"计量单位"命令，打开"计量单位"窗口。

(2) 单击"分组"按钮，打开"计量单位组"窗口。

(3) 单击"增加"按钮，输入计量单位组的编码、名称、换算类别等信息。输入全部计量单位组后，窗口如图 1-19 所示。

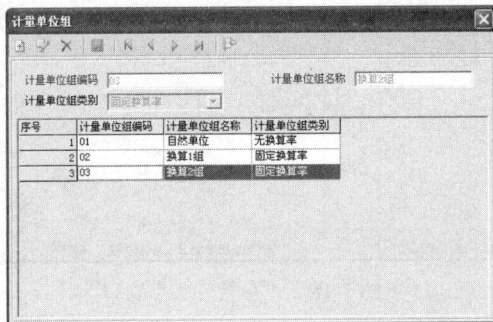

图 1-19 "计量单位组"窗口

(4) 退出"计量单位组"窗口，显示计量单位组列表。

(5) 选中"(01)自然单位<无换算率>"计量单位组，单击"单位"按钮，打开"计量单位"对话框。

(6) 单击"增加"按钮，输入计量单位编码、名称、所属计量单位组、换算率等信息。

(7) 单击"保存"按钮，保存计量单位信息，如图 1-20 所示。

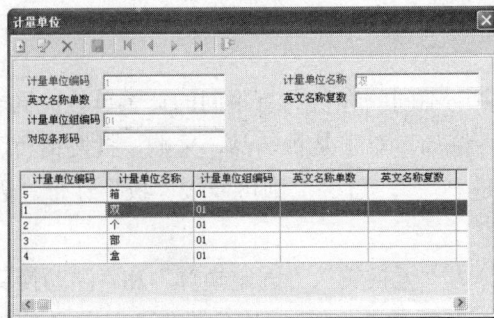

图 1-20 自然单位组的计量单位

(8) 单击"退出"按钮，退出自然单位组计量单位的设置。

(9) 选中"(02)换算 1 组<固定换算率>"计量单位组，单击"单位"按钮，打开"计量单位"对话框。

(10) 单击"增加"按钮，输入计量单位编码"8"，计量单位名称"双"，如图 1-21 所示。

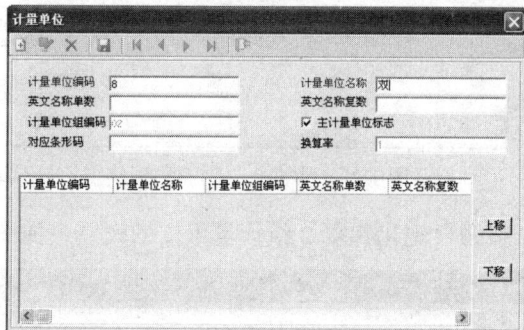

图 1-21　换算 1 组的第 1 种计量单位

提示

此时设置的是换算 1 组的第 1 种计量单位的主计量单位。通常将小的计量单位作为主计量单位。

(11) 单击"保存"按钮，再输入计量单位编码 801，计量单位名称"盒"，在"换算率"文本框中输入 1，单击"保存"按钮。再输入计量单位编码 802，计量单位名称"箱"，在"换算率"文本框中输入 20，单击"保存"按钮，如图 1-22 所示。

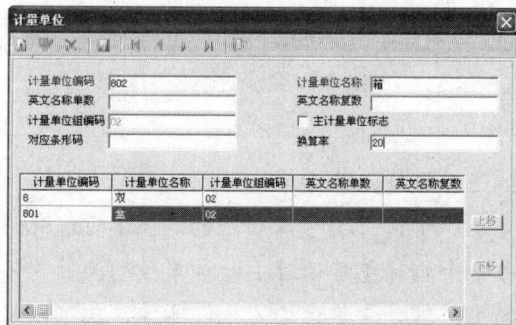

图 1-22　换算 1 组的第 2 种计量单位

(12) 单击"退出"按钮，退出换算 1 组计量单位的设置。

(13) 选中"(03)换算 2 组<固定换算率>"计量单位组，单击"单位"按钮，打开"计量单位"对话框。

(14) 单击"增加"按钮，输入计量单位编码"9"，计量单位名称"个"，单击"保存"按钮。

(15) 输入计量单位编码 901，计量单位名称"包"，在"换算率"文本框中输入 10，单击"保存"按钮。再输入计量单位编码 902，计量单位名称"大包"，在"换算率"文本框中输入 100，单击"保存"按钮，如图 1-23 所示。

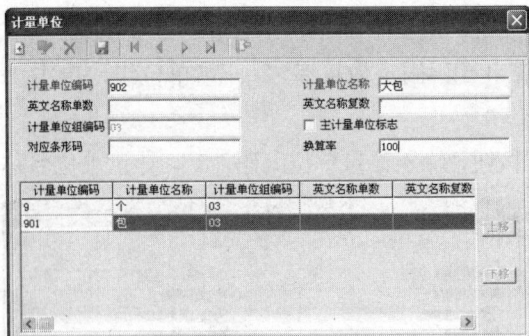

图 1-23　换算 2 组的计量单位

(16) 单击"退出"按钮,退出换算 2 组计量单位的设置,如图 1-24 所示。

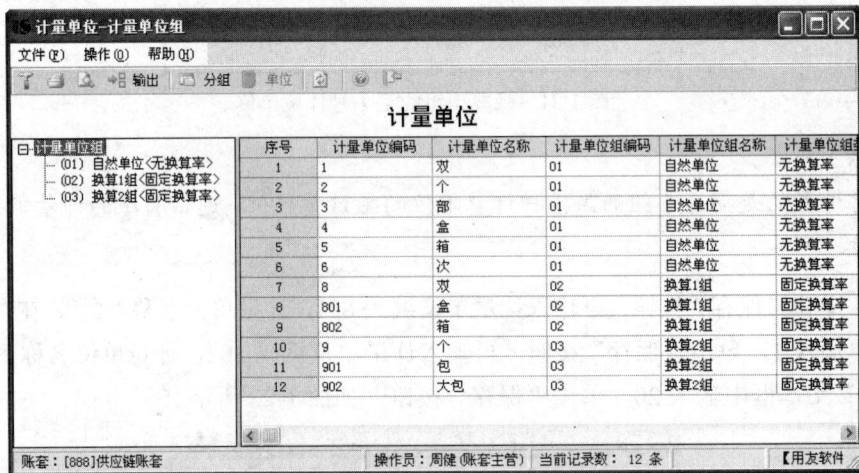

图 1-24　全部的计量单位

提示

- 先建立计量单位组,再建立计量单位。
- 主计量单位的换算率为 1,本计量单位组的其他单位以此为依据,按照换算率折合。
- 固定换算组的每一个辅计量单位对主计量单位的换算率不能为空。
- 被存货引用后的主、辅计量单位均不允许删除,但可以修改辅计量单位的使用顺序及其换算率。如果在单据中使用了某一计量单位,该计量单位的换算率就不允许再修改。
- 浮动换算组可以修改为固定换算组。浮动换算的计量单位只能包括两个计量单位,同时,其辅计量单位换算率可以为空。在单据中使用该浮动换算率时需要手工输入换算率,或通过输入数量、件数,系统自动计算出换算率。

3) 存货档案

存货档案是供应链所有子系统核算的依据和基础,必须科学、合理地对其分类,准确、完整地提供存货档案数据。

存货档案主要是对企业全部存货目录的设立和管理，包括随同发货单或发票一起开具的应税劳务，也应设置在存货档案中。存货档案可以进行多计量单位设置。

操作步骤

(1) 执行"存货"|"存货档案"命令，打开"存货档案"窗口。

(2) 选中"(01)商品-(01001)鞋"存货分类，如图1-25所示。

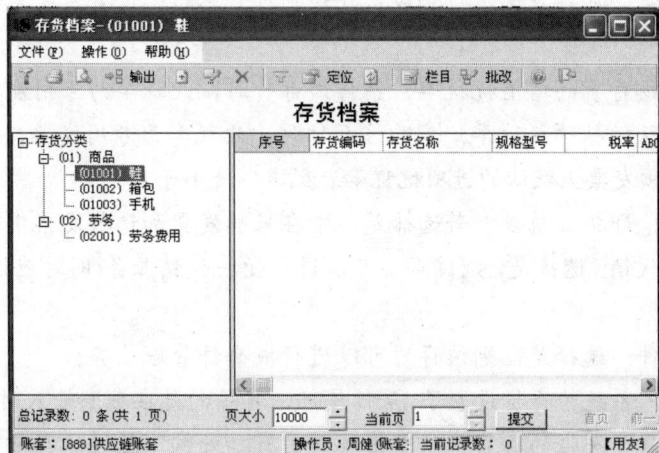

图 1-25　"存货档案"窗口

(3) 单击"增加"按钮，打开"增加存货档案"对话框。

(4) 根据所给资料填制"001 明辉女正装鞋"的存货档案的"基本"选项卡，如图1-26所示。

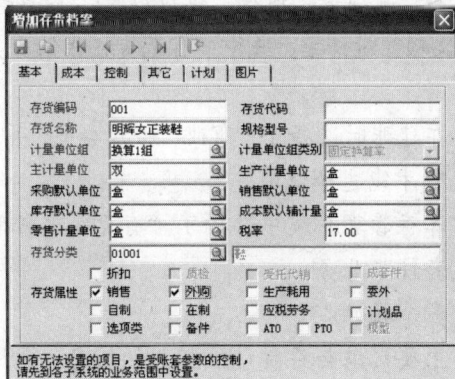

图 1-26　"增加存货档案"对话框

提示

- "增加存货档案"对话框中有6个选项卡，即"基本"、"成本"、"控制"、"其他"、"计划"、"图片"，对存货不同的属性分别归类。

- "基本"选项卡中主要记录企业存货的基本信息。其中"蓝色字体"项为必填项。

- 存货编码：存货编码必须唯一且必须输入。最大长度30个字符，可以用0～9或字符A～Z表示。

- 存货代码：必须唯一，最大长度 30 个字符，非必填项。可以用"存货分类码 + 存货编码"构成存货代码。

- 存货名称：存货名称必须输入。

- 计量单位组和主计量单位：可以参照输入。根据已选的计量单位组，带出主计量单位。如果要修改，则需要先删除该主计量单位，再输入其他计量单位。

- 采购、销售、库存默认单位和成本默认辅计量单位：设置各子系统默认时使用的计量单位。

- 税率：指该存货的增值税税率。销售该存货时，此税率为专用发票或普通发票上该存货默认的销项税税率；采购该存货时，此税率为专用发票、运费发票等可以抵扣的进项发票上默认的进项税税率。税率不能小于零。

- 是否折扣：即折让属性。若选择是，则在采购发票和销售发票中输入折扣额。

- 是否受托代销：选择是，则该存货可以进行受托代销业务(同时应设置为外购属性)处理。

- 是否成套件：选择是，则该存货可以进行成套件管理业务。

- 存货属性：系统为存货设置了 17 种属性，其目的是在参照输入时缩小参照范围。具有"销售"属性的存货可用于出售；具有"外购"属性的存货可用于采购；具有"生产耗用"属性的存货可用于生产领用；具有"自制"属性的存货可由企业生产；具有"在制"属性的存货是指正在制造过程中；具有"应税劳务"属性的存货可以抵扣进项税，是指可以开具在采购发票上的运输费等应税劳务。

- 如果"受托代销"是灰颜色即处于无法选择的状态，则需要在"企业应用平台"窗口中，打开"业务"选项卡，执行"供应链"|"库存管理"|"初始设置"|"选项"命令，打开"选项"对话框。选中"有无受托代销业务"复选框，单击"确定"按钮退出即可。

- 受托代销业务只有在建账时选择了"商业"核算类型，并且在采购管理中确定"是否受托代销业务"后才能选择使用。

- 成套件业务只有在库存管理系统中选择了"有无成套件管理"后，才能在存货档案中选择"是否成套件"业务。

- 同一存货可以设置多个属性。

- "成本"选项卡中主要记录与存货计价相关的信息，如图 1-27 所示。

- 计划价/售价：指工业企业使用计划价核算存货，商业企业使用售价核算存货，通过仓库、部门、存货设置计划价/售价核算。在单据录入时显示存货的计划价或售价。

- 如果在存货系统中选择"按存货"核算，则此处必须对每一个存货记录设置计价方式。计价方式一经使用，不能修改。

- 如果需要选择"主要供货单位"和"默认仓库"，则应该先建立"供应商档案"和"仓库档案"。

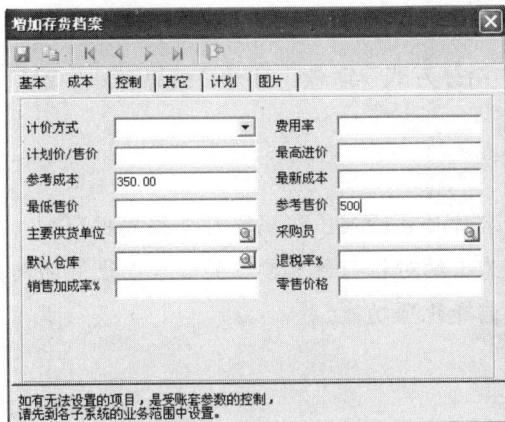

图 1-27 "成本"选项卡

- "控制"选项卡中主要记录与生产、库存相关的信息。
- "是否批次管理"选项和"是否保质期管理"选项需要在"库存系统"中设置了"是否有批次管理"和"是否有保质期管理"后才可以选择。
- 如果企业有零出库业务，则不能选择"出库跟踪入库"。
- "其他"选项卡中主要记录与业务环节无关的一些辅助信息。

(5) 单击"保存"按钮，保存存货档案信息。

(6) 重复上述步骤，输入全部存货档案。存货档案列表如图 1-28 所示。

图 1-28 存货档案列表

提示

由于此时还未启动"采购管理"系统，在设置"奥尔马手表"的存货档案时还不能设置"是否委托代销"属性，待启动"采购管理"系统后再补充设置。

8. 设置结算方式

为了便于提高银行对账的效率，系统提供了设置银行结算方式的功能。该功能主要用来建立和管理用户在经营活动中所涉及的结算方式，其设置应该与财务结算方式一致。

操作步骤

执行“收付结算”|“结算方式”命令，打开“结算方式”窗口。按实验资料输入结算方式。

提示

- 结算方式编码和名称必须输入。编码要符合编码规则。
- 票据管理标志是为出纳对银行结算票据的管理而设置的功能，需要进行票据登记的结算方式需要选择此项功能。

9. 开户银行

“开户银行”用于设置本企业在收付结算中对应的各个开户银行信息。系统支持多个开户银行和账号。在供应链管理系统中，如果需要开具增值税专用发票，则需要设置开户银行信息。同时，在客户档案中还必须输入客户的开户银行信息和税号信息。

操作步骤

执行“收付结算”|“本单位开户银行”命令，打开“本单位开户银行”窗口。按实验资料输入开户银行信息。

提示

- 开户银行编码必须唯一，最大长度为 3 个字符。
- 银行账号必须唯一，最大 20 个字符。
- “暂封标识”用于标识银行的使用状态。如果某个账号临时不用，可以设置暂封标识。

10. 仓库档案

仓库是用于存放存货的场所，对存货进行核算和管理，首先应对仓库进行管理。因此，设置仓库档案是供应链管理系统的重要基础工作之一。此处设置的仓库可以是企业实际拥有的仓库，也可以是企业虚拟的仓库。全部仓库档案的设置结果如图 1-29 所示。

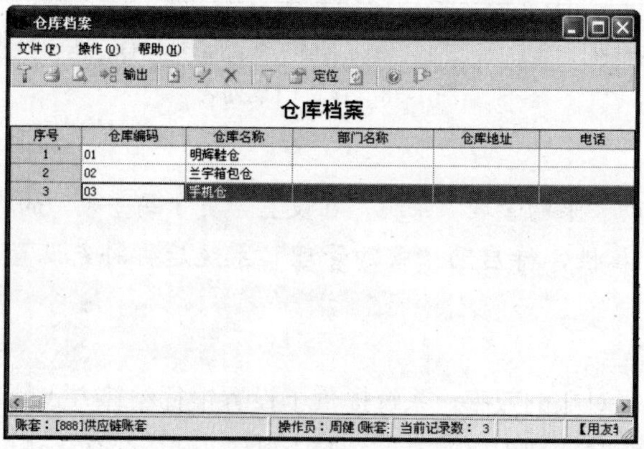

序号	仓库编码	仓库名称	部门名称	仓库地址	电话
1	01	明辉鞋仓			
2	02	兰宇箱包仓			
3	03	手机仓			

图 1-29　仓库档案

操作步骤

执行"业务"|"仓库档案"命令，打开"仓库档案"窗口。按实验资料设置企业仓库。

提示

- 仓库编码、仓库名称必须输入。
- 仓库编码必须唯一，最大长度 10 个字符。
- 每个仓库必须选择一种计价方式。系统提供 6 种计价方式，工业企业为计划价法、全月平均法、移动平均法、先进先出法、后进先出法和个别计价法；商业企业为售价法、全月平均法、移动平均法、先进先出法、后进先出法和个别计价法。

11. 收发类别

设置收发类别，是为了使用户对企业的出入库情况进行分类汇总、统计而设置的，用以标识材料的出入库类型。用户可以根据企业的实际情况进行灵活设置。

操作步骤

执行"业务"|"收发类别"命令，打开"收发类别"窗口。按实验资料输入收发类别。全部收发类别的设置结果如图 1-30 所示。

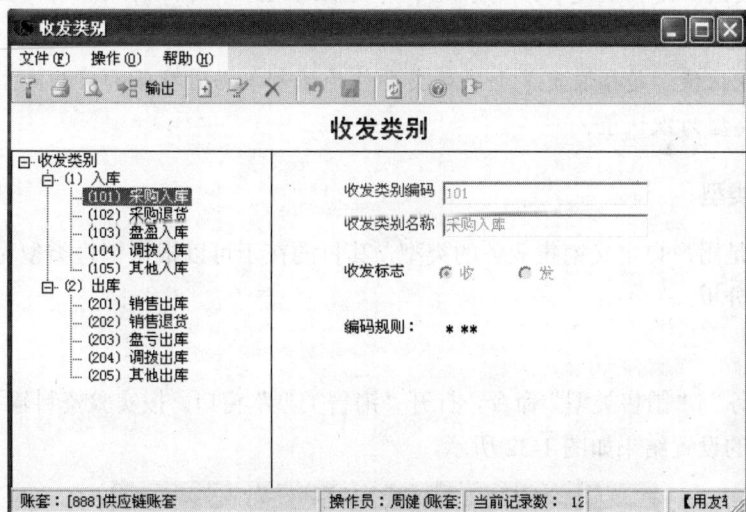

图 1-30　"收发类别"窗口

提示

- 必须按编码方案设定的编码规则输入。
- 先建立上级收发类别，再建立下级类别。

12. 采购类型

采购类型是用户对采购业务所作的一种分类，是采购单据上的必填项。如果企业需要按照采购类别进行采购统计，则必须设置采购类型。

操作步骤

执行"业务"|"采购类型"命令，打开"采购类型"窗口。按实验资料输入采购类型。全部采购类型的设置结果如图 1-31 所示。

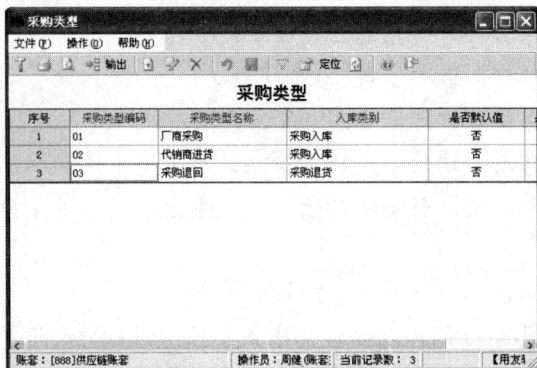

图 1-31 "采购类型"窗口

提示

- 采购类型编码和采购类型名称必须输入。编码位数视采购类型的多少设定。
- 入库类别：是指设定在采购系统中填制采购入库单时，输入采购类型后，系统默认的入库类别。
- 是否默认值：是指设定某个采购类型作为填制单据时默认的采购类型，只能设定一种类型为默认值。

13. 销售类型

销售类型是用户自定义销售业务的类型，其目的在于可以根据销售类型对销售业务数据进行统计和分析。

操作步骤

执行"业务"|"销售类型"命令，打开"销售类型"窗口。按实验资料输入销售类型。全部销售类型的设置结果如图 1-32 所示。

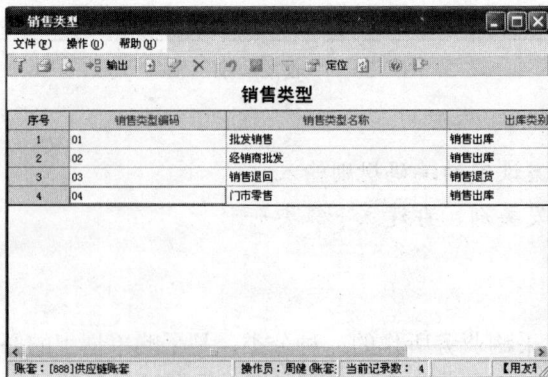

图 1-32 "销售类型"窗口

提示

- 销售类型编码和销售类型名称必须输入。
- "出库类别"是设定在销售系统中填制销售出库单时，输入销售类型后，系统默认的出库类别。以便销售业务数据传递到库存管理系统和存货核算系统时进行出库统计和财务制单处理。
- "是否默认值"是指设定某个销售类型作为填制单据时默认的销售类型，只能设定一种类型为默认值。

14. 费用项目

费用项目主要用于处理在销售活动中支付的代垫费用、各种销售费用等业务。

操作步骤

(1) 执行"业务"|"费用项目分类"命令，打开"费用项目分类"窗口。设置一个"无分类"，结果如图 1-33 所示。

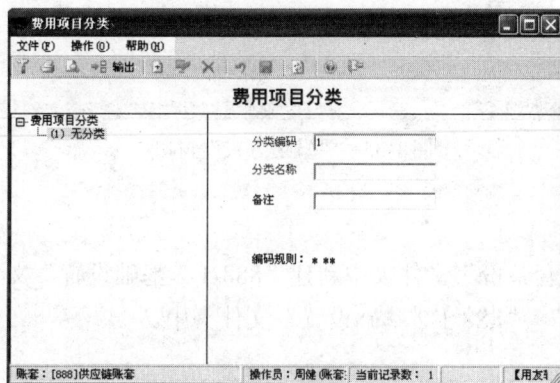

图 1-33　"费用项目分类"窗口

(2) 执行"业务"|"费用项目"命令，打开"费用项目"窗口。按实验资料输入费用项目。全部费用项目的设置结果如图 1-34 所示。

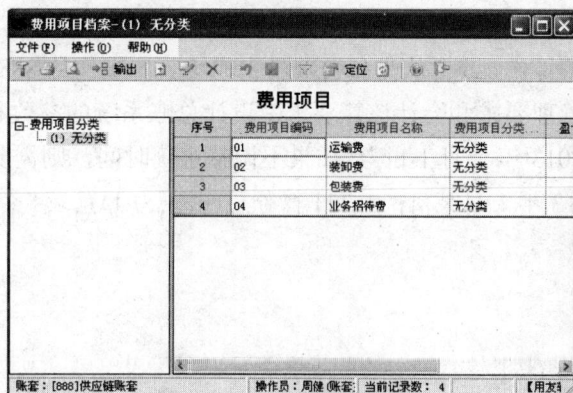

图 1-34　"费用项目"窗口

15. 发运方式

发运方式是指设定采购业务、销售业务中存货的运输方式。

操作步骤

执行"业务"|"发运方式"命令,打开"发运方式"窗口。按实验资料输入发运方式。全部发运方式的设置结果如图 1-35 所示。

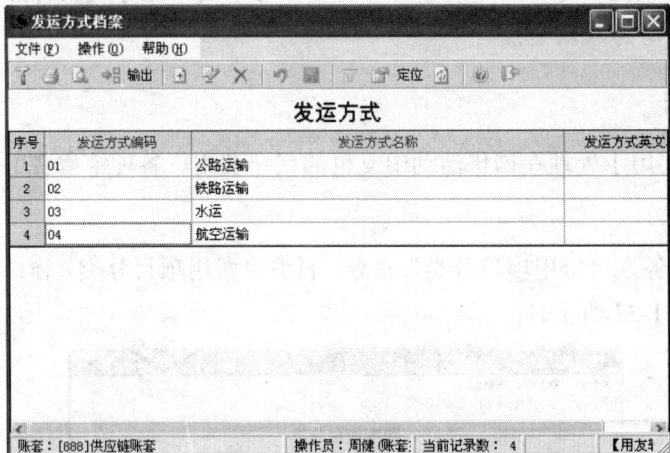

序号	发运方式编码	发运方式名称	发运方式英文
1	01	公路运输	
2	02	铁路运输	
3	03	水运	
4	04	航空运输	

图 1-35　"发运方式"窗口

16. 账套备份

在 C:\"供应链账套备份"文件夹中新建"888-1-2 基础设置"文件夹。将账套输出至 C:\"供应链账套备份"\"888-1-2 基础设置"文件夹中。

实验三　财务基础设置

实验准备

已经完成实验二的操作,或者从光盘引入已完成实验二操作的 888-1-2 账套备份数据。分析企业业务流程、管理要求和会计核算要求,设计总账系统的参数和相应的基础设置。将系统时间调整为"2013 年 1 月 1 日",如果不调整系统时间,则需要在每次登录账套时将操作日期修改为 2013 年 1 月某日;由 111 操作员(密码为 1)登录"企业应用平台"系统。

实验要求

- 设置总账系统参数。
- 设置会计科目。
- 设置凭证类别。

- 录入期初余额。
- 账套备份。

实验资料

(1) 888 账套总账系统的参数

不允许修改、作废他人填制的凭证。

(2) 设置会计科目

修改会计科目"应收账款"、"应收票据"和"预收账款"辅助核算为"客户往来"，受控于"应收系统"；修改会计科目"应付票据"和"预付账款"辅助核算为"供应商往来"，受控于"应付系统"；增加"220201 应付货款"科目，设置为"供应商往来"，增加"220202 暂估应付款"科目。

(3) 设置凭证类别(如表 1-10 所示)

表 1-10　凭证类别

类 别 字	类 别 名 称	限 制 类 型	限 制 科 目
收	收款凭证	借方必有	1001,1002
付	付款凭证	贷方必有	1001,1002
转	转账凭证	凭证必无	1001,1002

(4) 总账系统期初余额(如表 1-11 所示)

表 1-11　总账系统期初余额　　　　　　　　　　单位：元

资　产			负债和所有者权益		
科　目	方向	金　额	科　目	方向	金　额
库存现金	借	8 000	短期借款	贷	200 000
银行存款	借	380 000	暂估应付款	贷	155 000
库存商品	借	1 019 500	长期借款	贷	500 000
商品进销差价	借	2 600	实收资本	贷	1 206 500
受托代销商品	借	48 000	盈余公积	贷	207 600
发出商品	借	272 000	未分配利润	贷	220 000
固定资产	借	880 000			
累计折旧	贷	121 000			
合计	借	2 489 100	合计	贷	2 489 100

实验指导

1. 设置总账系统参数

操作步骤

(1) 在"企业应用平台"窗口中，打开"业务"选项卡，执行"财务会计"|"总账"命令，打开"总账"系统。

(2) 在"总账"系统中，执行"总账"|"设置"|"选项"命令，打开"选项"对话框。

(3) 单击"权限"标签，然后再单击"编辑"按钮。

(4) 取消"允许修改、作废他人填制的凭证"复选框的选中状态。

(5) 单击"确定"按钮。

2. 设置会计科目辅助核算类别

操作步骤

(1) 在"企业应用平台"窗口中，打开"设置"选项卡，执行"基础档案"|"财务"|"会计科目"命令，打开"会计科目"对话框。

(2) 在"会计科目"对话框中，双击"1122 应收账款"，或在选中"1122 应收账款"后单击"修改"按钮，打开"会计科目_修改"对话框。

(3) 在"会计科目_修改"对话框中，单击"修改"按钮。

(4) 选中"客户往来"复选框，默认"受控系统"为"应收系统"，如图 1-36 所示。

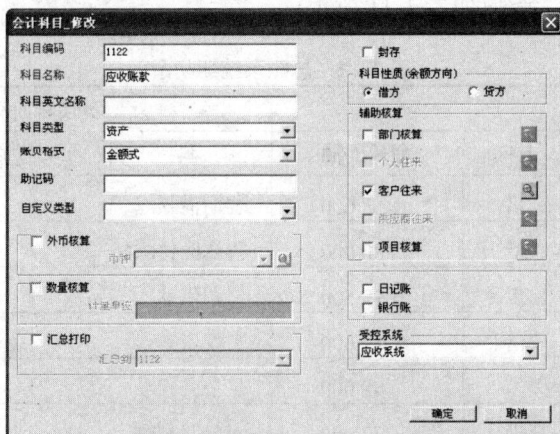

图 1-36 "会计科目_修改"对话框

(5) 单击"确定"按钮。以此方法修改其他的会计科目。

3. 修改会计科目

操作步骤

(1) 在"会计科目"对话框中，双击"1321 代理业务资产"，打开"会计科目_修改"对话框。

(2) 在"会计科目_修改"对话框中，单击"修改"按钮。

(3) 修改会计科目名称为"受托代销商品"，单击"确定"按钮。

4. 设置凭证类别

操作步骤

(1) 在"企业应用平台"窗口中，打开"设置"选项卡，执行"基础档案"|"财务"|"凭证类别"命令，打开"凭证类别"对话框。

(2) 在"凭证类别"对话框中，选中"收款凭证"、"付款凭证"、"转账凭证"单选按钮。

(3) 单击"确定"按钮，打开"凭证类别"窗口。

(4) 单击"修改"按钮，根据所给资料设置各种凭证类别的限制内容，如图 1-37 所示。

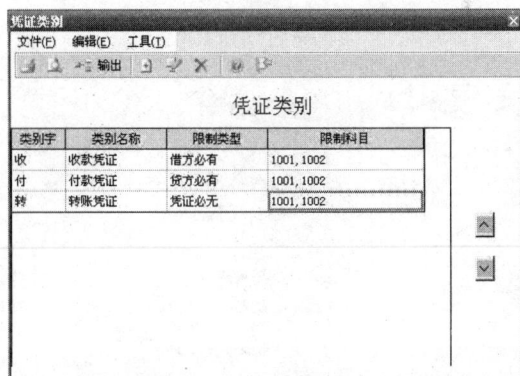

图 1-37　"凭证类别"窗口

5. 录入期初余额

操作步骤

(1) 在"企业应用平台"窗口中，打开"业务"选项卡，执行"财务会计"|"总账"|"设置"|"期初余额"命令，打开"期初余额录入"对话框。

(2) 在"期初余额录入"对话框中，依次录入每一个会计科目的期初余额。

(3) 单击"试算"按钮，生成"期初试算平衡表"，如图 1-38 所示。

图 1-38　期初试算平衡表

6. 账套备份

在 C:\"供应链账套备份"文件夹中新建"888-1-3 财务基础设置"文件夹。将账套输出至 C:\"供应链账套备份"\"888-1-3 财务基础设置"文件夹中。

第2章

采 购 管 理

功能概述

用友 ERP-U8 管理系统，通过普通采购、直运采购、受托代销采购等采购流程对不同的采购业务进行有效的控制和管理，以便帮助企业降低采购成本，提升企业竞争力。

采购管理系统包括以下主要功能。

- 对供应商进行有效管理。通过对供应商进行分类管理，维护供应商档案信息和供应商存货对照表，便于企业与供应商建立长期稳定的采购渠道。同时，系统还可以对供应商的交货时间、货物质量、供应价格等进行分析评价，确定审查合格的供应商，并调整供应商档案。

- 严格管理采购价格。供应链管理系统可以对采购价格进行严格管理，为企业降低采购成本提供依据。

- 可以选择采购流程。企业根据采购计划、请购单、销售订单生成采购订单，也可以手工输入请购单、采购订单；采购业务可以从请购开始，也可以直接从采购开始；还可以在收到采购货物时直接输入采购到货单，或者根据采购订单拷贝采购到货单；质量检验部门对货物验收后，还要输入采购入库单，或者根据采购到货单生成采购入库单。可以选择的采购流程，为企业对不同采购业务进行不同管理提供了方便。

- 及时进行采购结算。接收供应商开具的采购发票后，直接将采购发票与采购入库单进行采购结算，并将结算单直接转给财务部门进行相应的账务处理，便于及时支付货款。

- 采购执行情况分析。可以对采购订单的执行情况进行分析，便于分清责任，及时发现、解决采购过程中出现的问题。以便及时组织采购，保证生产顺利进行，并能保持较低的库存，为降低成本提供保证。

实验目的与要求

运用采购管理系统对普通采购业务、受托代销业务、直运采购业务、退货业务和暂估业务等进行处理，及时进行采购结算；能够与应付款管理系统、总账系统集成使用，以便及时处理采购款项，并对采购业务进行相应的账务处理。通过本章的学习，要求能够掌握采购业务的处理流程和处理方法，深入了解采购管理系统与供应链系统的其他子系统、与ERP 系统中的相关子系统之间的紧密联系和数据传递关系，以便正确处理采购业务和与采购相关的其他业务。

教学建议

建议本章讲授 6 课时，上机操作练习 8 课时。

实验一　采购系统初始化

实验准备

已经完成第 1 章实验三的操作，或者引入光盘中的 888-1-3 账套备份数据。将系统日期修改为"2013 年 1 月 31 日"，以"周健"操作员(密码为 1)的身份登录 888 账套的"企业应用平台"。

实验要求

- 分别启动采购管理、库存管理、存货核算和应付款管理系统并设置系统参数。
- 修改具有"受托代销"要求的存货档案。
- 分别进行采购管理、库存管理、存货核算和应付款管理系统的初始设置并输入供应链各个模块启用期间的期初余额。
- 对采购管理和库存管理或存货核算系统进行期初记账。
- 备份 888 账套的期初数据。

实验资料

1. 设置系统参数

(1) 设置采购管理系统参数

- 启用受托代销业务
- 普通业务必有订单

- 允许超订单到货及入库
- 订单\到货单\发票单价录入方式：手工录入
- 专用发票默认税率：17%

(2) 修改存货档案

将伊梦非智能手机、伊梦智能手机设置为"受托代销"属性。

(3) 设置库存管理系统参数

- 有受托代销业务
- 有组装业务
- 采购入库审核时改现存量
- 销售出库审核时改现存量
- 其他出入库审核时改现存量
- 不允许超可用量出库
- 出入库检查可用量
- 自动带出单价的单据包括全部出库单
- 其他设置由系统默认

(4) 设置存货核算系统参数

- 核算方式：按仓库核算
- 暂估方式：单到回冲
- 销售成本核算方式：按销售发票
- 委托代销成本核算方式：普通销售发票
- 零成本出库按参考成本价核算
- 结算单价与暂估单价不一致需要调整出库成本
- 其他设置由系统默认

(5) 应付款管理系统参数设置和初始设置

- 应付款管理系统选项(如表 2-1 所示)

表 2-1 应付款管理系统选项

应付款核销方式	按单据	单据审核日期依据	单据日期
控制科目依据	按供应商	受控科目制单方式	明细到单据
采购科目依据	按存货	汇兑损益方式	月末处理

- 初始设置

基本科目设置：应付科目 220201，预付科目 1123，采购科目 1401；税金科目 22210101，银行承兑科目 2201，商业承兑科目 2201。

结算方式科目设置：现金支票、转账支票、电汇结算方式科目为 1002。

2. 启用期初数据

1) 采购管理系统(采购系统价格均为不含税价)

期初暂估单:

(1) 2012 年 12 月 18 日,明辉女正装鞋 100 双,单价 350 元,入明辉鞋仓,购自上海明辉鞋业有限公司。

(2) 2012 年 12 月 8 日,明辉男正装鞋 240 双,单价 500 元,入明辉鞋仓,购自上海明辉鞋业有限公司。

受托代销期初数:

(1) 2012 年 12 月 10 日,伊梦非智能手机 10 部,单价 2000 元,入手机仓,上海伊梦电子科技公司委托代销。

(2) 2012 年 12 月 28 日,伊梦智能手机 8 部,单价 3500 元,入手机仓,上海伊梦电子科技公司委托代销。

2) 库存系统、存货系统期初数(如表 2-2 所示)

表 2-2　库存系统和存货系统期初数

仓库名称	存货编码和名称	数 量	单价/元	金额/元	期初差异	差价科目
明辉鞋仓	001 明辉女正装鞋	50	350	17 500	—	
明辉鞋仓	002 明辉女休闲鞋	600	400	24 000	—	
明辉鞋仓	003 明辉女凉鞋	100	200	20 000	—	
明辉鞋仓	004 明辉男正装鞋	40	500	20 000	—	
明辉鞋仓	005 明辉男休闲鞋	200	450	90 000	—	
明辉鞋仓	006 明辉男凉鞋	200	300	60 000	—	
兰宇箱包仓	007 兰宇女式钱包	300	120	36 000	—	
兰宇箱包仓	009 兰宇男式钱包	500	150	75 000	—	
手机仓	011 伊梦非智能手机	10	2000	20 000	5000	1407 商品进销差价
手机仓	012 伊梦智能手机	10	3500	35 000	5000	1407 商品进销差价
手机仓	013 宏丰非智能手机	10	1800	18 000	4000	1407 商品进销差价
手机仓	014 宏丰智能手机	6	3700	22 200	3000	1407 商品进销差价

注: 存货期初差异计入"商品进销差异"账户。

实验指导

1. 设置系统参数

1) 设置采购管理系统参数

采购管理系统参数的设置,是指在处理日常采购业务之前,确定采购业务的范围、类型，以及对各种采购业务的核算要求，这是采购管理系统初始化的一项重要工作。因为一旦采购管理系统进行期初记账或开始处理日常业务，有的系统参数就不能修改，有的也不能重新设置。因此，在系统初始化时应该设置好相关的系统参数。

操作步骤

(1) 在企业应用平台中，打开"业务"选项卡，执行"供应链"|"采购管理"命令，打开采购管理系统。

(2) 在系统菜单下，执行"设置"|"采购选项"命令，弹出"采购系统选项设置—请按照贵单位的业务认真设置"对话框，如图 2-1 所示。

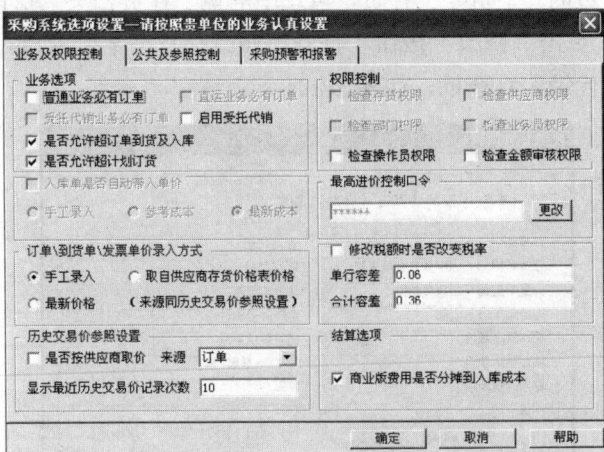

图 2-1　采购系统基本参数设置

(3) 打开"业务及权限控制"选项卡，对本单位需要的参数进行选择。选中"普通业务必有订单"、"启用受托代销"和"是否允许超订单到货及入库"复选框，以及"订单\到货单\发票单价录入方式"选项区域中的"手工录入"单选按钮，其他选项可以按系统默认设置。

(4) 打开"公共及参照控制"选项卡，修改"单据默认税率"为17%，如图 2-2 所示。

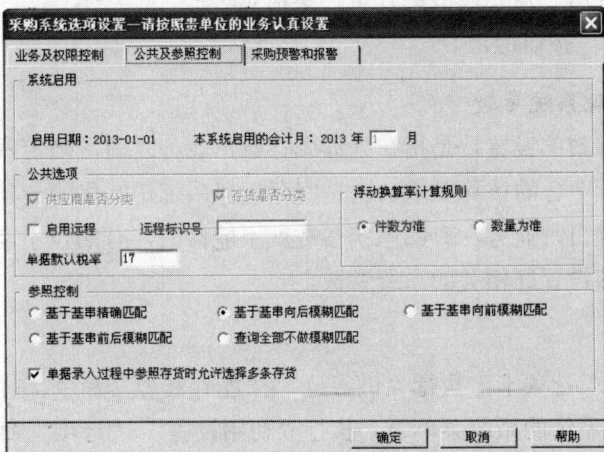

图 2-2　采购系统控制参数

(5) 所有参数选定后，单击"确定"按钮，保存系统参数的设置。

2) 修改存货档案

由于存货档案中的伊梦手机属于受托代销商品，需要将其属性设置为"受托代销"，但只有在采购管理系统中选中"启用受托代销"复选框，才能在存货档案中设置存货属性为"受托代销"。因此，需要修改受托代销商品的存货属性。

操作步骤

(1) 打开"设置"选项卡，执行"存货"|"存货档案"命令，打开"存货档案"窗口。

(2) 选中窗口左边的"手机"类存货，再选中右侧"存货档案"窗口中的"011 伊梦非智能手机"所在行，单击"修改"按钮，打开"修改存货档案"窗口。

(3) 选中"受托代销"复选框，如图 2-3 所示。

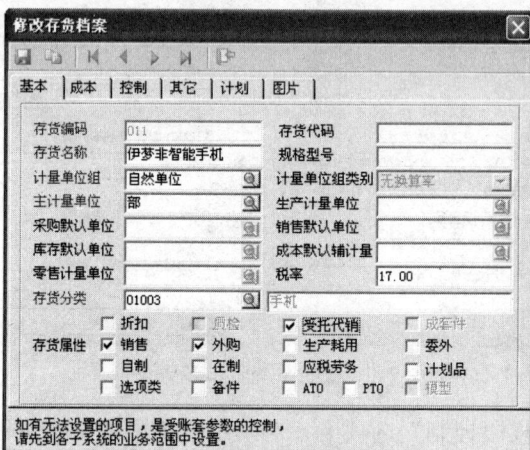

图 2-3 "修改存货档案"窗口

(4) 单击"保存"按钮，保存对存货档案的修改信息。

(5) 单击"下一张"按钮，打开"修改存货档案"的"012 伊梦智能手机"对话框。重复上述步骤，保存所有需要修改的存货档案信息。

(6) 单击"退出"按钮退出。

3) 设置库存管理系统参数

库存管理系统参数的设置，是指在处理库存日常业务之前，确定库存业务的范围、类型，以及对各种库存业务的核算要求，这是库存管理系统初始化的一项重要工作。因为一旦库存管理开始处理日常业务，有的系统参数就不能修改，有的也不能重新设置。因此，在系统初始化时应该设置好相关的系统参数。

操作步骤

(1) 打开"业务"选项卡，执行"供应链"|"库存管理"命令，打开库存管理系统。

(2) 在库存管理系统的系统菜单下，执行"初始设置"|"选项"命令，打开"库存选项设置"对话框。

(3) 选中"通用设置"选项卡中的"有无受托代销业务"、"有无组装拆卸业务"、"采购入库审核时改现存量"、"销售出库审核时改现存量"和"其他出入库审核时改现存量"复选框，如图 2-4 所示。

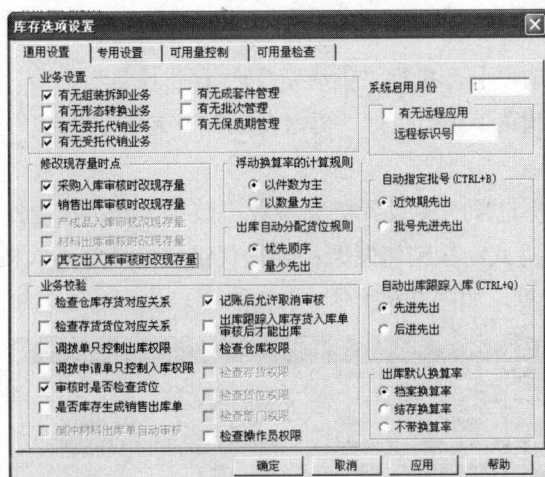

图 2-4　库存系统通用参数

(4) 打开"专用设置"选项卡，在"自动带出单价的单据"选项区域中选中"销售出库单"、"其他出库单"和"调拨单"复选框，如图 2-5 所示。

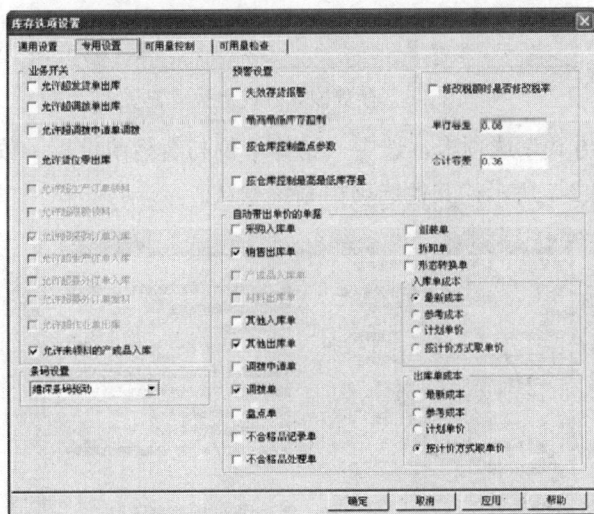

图 2-5　库存系统专用参数

(5) 打开"可用量控制"选项卡，默认不允许超可用量出库。

(6) 打开"可用量检查"选项卡，选中"出入库是否检查可用量"复选框。

(7) 单击"确定"按钮，保存库存系统的参数设置。

4) 设置存货核算系统参数

存货核算系统参数的设置，是指在处理存货日常业务之前，确定存货业务的核算方式、核算要求,这是存货核算系统初始化的一项重要工作。因为一旦存货核算系统开始处理日常业务,有的系统参数就不能修改,有的也不能重新设置。因此,在系统初始化时应该设置好相关的系统参数。

操作步骤

(1) 打开"业务"选项卡,执行"供应链"|"存货核算"命令,打开存货核算系统。

(2) 在存货核算系统菜单中,执行"初始设置"|"选项"|"选项录入"命令,打开"选项录入"对话框。

(3) 在"核算方式"选项卡中设置核算参数。核算方式:按仓库核算;暂估方式:单到回冲;销售成本核算方式:按销售发票;委托代销成本核算方式按普通销售核算;零成本出库按参考成本价核算,如图 2-6 所示。

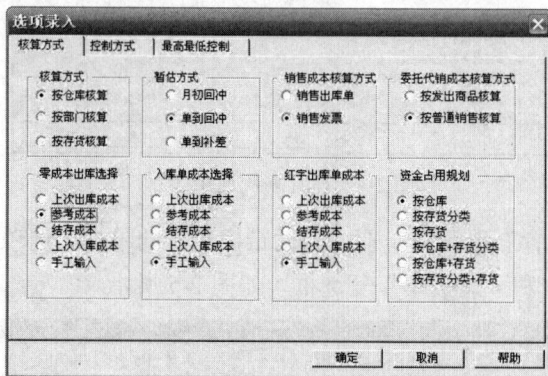

图 2-6　存货核算方式参数设置

(4) 打开"控制方式"选项卡,选中"结算单价与暂估单价不一致是否需要调整出库成本"复选框,如图 2-7 所示,其他选项由系统默认。

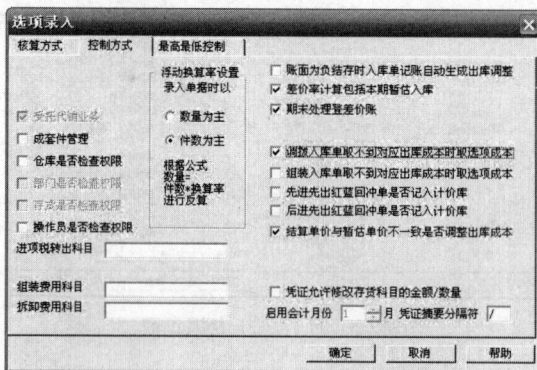

图 2-7　存货控制方式参数设置

(5) 单击"确定"按钮,保存存货核算系统参数的设置。

5) 应付款管理系统参数设置和初始设置

应付款管理系统与采购管理系统在联用情况下,存在着数据传递关系。因此,启用采购管理系统的同时,应该启用应付款管理系统。应付款管理系统的参数设置和初始设置,都是系统的初始化工作，应该在处理日常业务之前完成。如果应付款管理系统已经进行了日常业务处理，则其系统参数和初始设置就不能随便修改。

操作步骤

(1) 执行"业务"|"财务会计"命令，进入应付款管理系统。

(2) 在系统菜单下，执行"设置"|"选项"命令，弹出"账套参数设置"对话框。

(3) 打开"常规"选项卡，单击"编辑"按钮，使所有参数处于可修改状态。"单据审核日期依据"选择"单据日期"，如图2-8所示。

(4) 打开"凭证"选项卡，"受控科目制单方式"选择"明细到单据"，如图2-9所示。

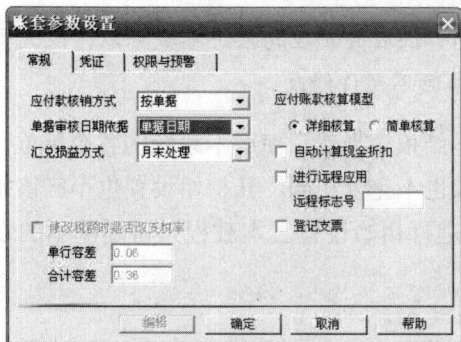

图2-8 应付款管理系统常规参数设置　　图2-9 应付款管理系统凭证参数设置

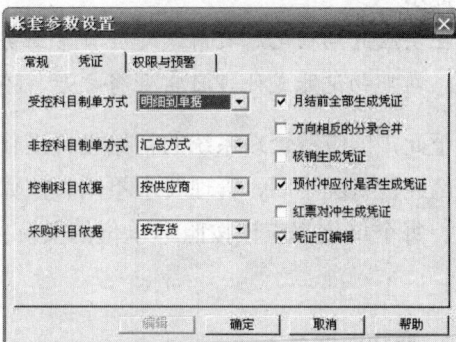

(5) 单击"确定"按钮，保存应付款管理系统的参数设置。

(6) 执行"设置"|"初始设置"命令，打开"初始设置"窗口。单击"设置科目"中的"基本科目设置"，根据实验要求对应付款管理系统的基本科目进行设置，如图 2-10 所示。

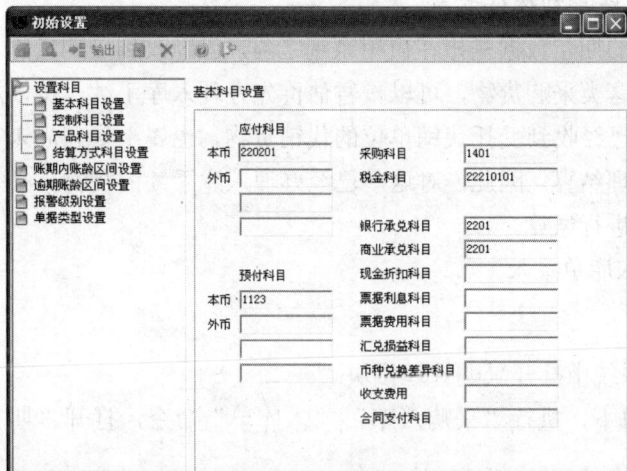

图2-10 应付款管理系统基本科目设置

(7) 执行"结算方式科目设置"命令，根据实验要求对应付款管理系统的结算方式科目进行设置。具体结算方式科目设置如图2-11所示。

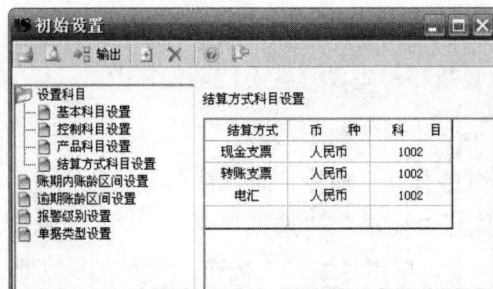

图 2-11　应付款管理系统结算科目设置

提示

在供应链期初记账之前或处理日常业务之前，供应链管理的系统参数可以修改或重新设置；在期初记账或处理日常业务之后，有的参数不允许修改。

至此，供应链管理系统的初始设置工作基本结束。当然，使用本系统的各个单位，由于生产经营状况不同、管理要求不同、核算要求也不完全相同，其初始设置也不应该完全相同。每个单位都应该按照本单位的实际情况进行初始设置。本教程只讲述基本的设置方法。

2. 期初数据录入

由于供应链管理系统是一个有机联系的整体，各个模块之间存在着直接的数据传递关系，彼此影响，相互制约。因此，不仅对其系统参数、初始设置要考虑各个模块之间的数据传递关系，而且对初始数据的录入也要考虑它们之间的影响关系，注意数据录入的先后顺序。

1) 采购管理系统期初数据录入

采购管理系统的期初数据是指在启用系统之前，已经收到采购货物，但尚未收到对方开具的发票。对于这类采购货物，可以按暂估价先办理入库手续，待以后收到发票，再进行采购结算。对于已经收到受托代销单位的代销货物，也属于货到尚未实现销售，需要实现销售之后才能办理结算。因此，对这些已经办理入库手续的货物，必须录入期初入库信息，以便将来及时进行结算。

(1) 期初暂估入库单录入

操作步骤

① 在供应链系统中打开采购管理模块。

② 在系统菜单下，执行"采购入库"|"入库单"命令，打开"期初采购入库单"窗口，如图 2-12 所示。

③ 单击"增加"按钮，按实验资料要求录入第 1 张期初采购入库单信息。具体信息如图 2-13 所示。

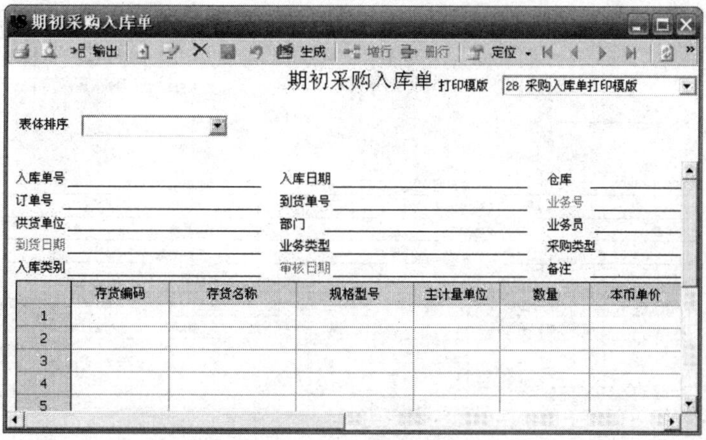

图 2-12　期初暂估入库单

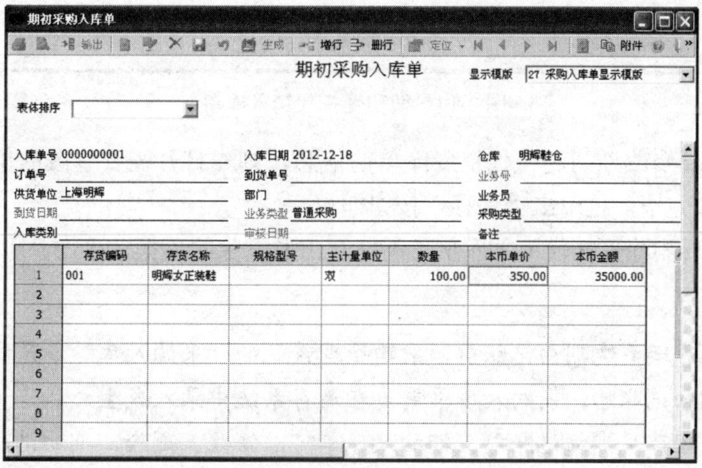

图 2-13　期初暂估入库单信息

④ 单击"保存"按钮，保存期初采购入库单信息。

⑤ 单击"增加"按钮，录入第 2 张采购暂估入库单信息。单击"保存"按钮。

⑥ 如果需要修改期初暂估入库单的信息，则先打开需要修改的暂估单，单击"修改"
按钮，修改完毕，再单击"保存"按钮即可。

⑦ 如果需要删除暂估单，则打开需要删除的暂估单，单击"删除"按钮即可。

(2) 期初受托代销入库单录入

操作步骤

① 执行"采购入库"|"受托代销入库单"命令，打开"期初采购入库单"窗口。

② 单击"增加"按钮，按实验资料要求录入期初受托代销入库单信息，如图 2-14 所示。

③ 单击"保存"按钮。

④ 单击"增加"按钮，录入新的受托代销入库单信息，并单击"保存"按钮。

⑤ 单击"退出"按钮。期初受托代销入库单全部录入之后，单击"退出"按钮，退
出期初入库单录入界面。

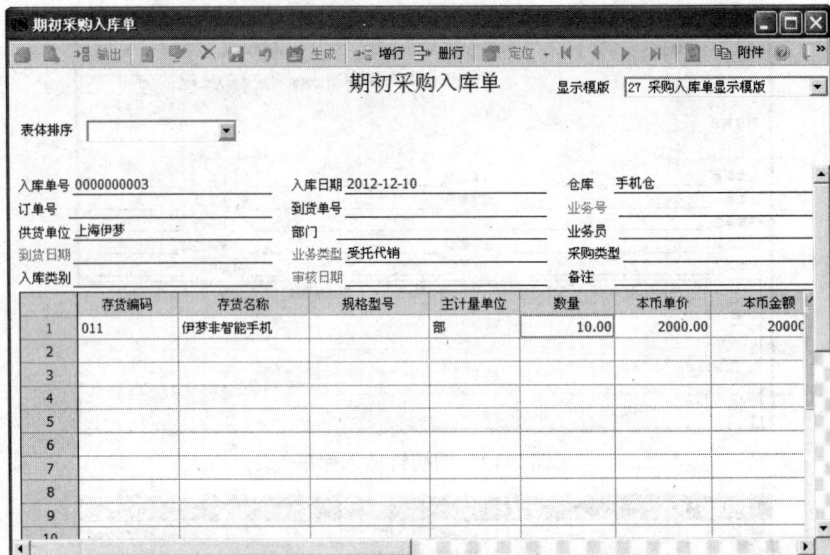

图 2-14　期初受托代销入库单

⑥　如果需要修改期初受托代销入库单的信息，则先打开需要修改的单据，单击"修改"按钮，修改完毕，再单击"保存"按钮即可。

⑦　如果需要删除受托代销入库单，则打开需要删除的单据，单击"删除"按钮即可。

提示

- 在采购管理系统期初记账前，采购管理系统的"采购入库"，只能录入期初入库单。期初记账后，采购入库单需要在库存系统中录入或生成。
- 采购管理系统期初记账前，期初入库单可以修改、删除，期初记账后，不允许修改和删除。
- 如果采购货物尚未运达企业但发票已经收到，则可以录入期初采购发票，表示企业的在途物资；待货物运达后，再办理采购结算。

2) 库存管理系统期初数据录入

库存管理系统期初数据录入方法有两种：一是在库存管理系统中直接录入；二是从存货核算系统中取数。

(1) 库存系统直接录入

操作步骤

①　在库存管理系统中，执行"初始设置" |"期初结存"命令，打开"库存期初"窗口。

②　在"库存期初"窗口中将仓库选择为"明辉鞋仓"。

③　单击"修改"按钮，再单击"存货编码"栏中的参照按钮，选择"明辉女正装鞋"，在"单价"栏中输入 200。

④　以此方法继续输入"明辉鞋仓"的其他期初结存数据。单击"保存"按钮，保存录入存货信息，如图 2-15 所示。

图 2-15　库存期初余额录入

⑤ 在"库存期初"窗口中将仓库选择为"兰宇箱包仓"。单击"修改"按钮，依次输入"兰宇箱包仓"的期初结存数据并保存，如图 2-16 所示。

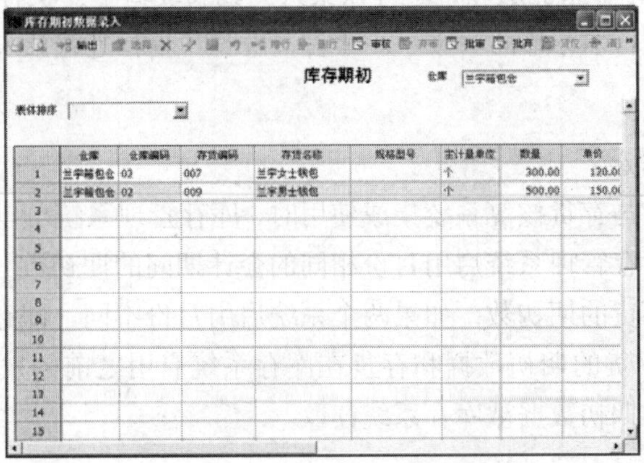

图 2-16　兰宇箱包仓期初结存

⑥ 在"库存期初"窗口中将仓库选择为"手机仓"。单击"修改"按钮，依次输入"手机仓"的期初结存数据并保存，如图 2-17 所示。

⑦ 单击"审核"或"批审"按钮，确认该仓库录入的存货信息。

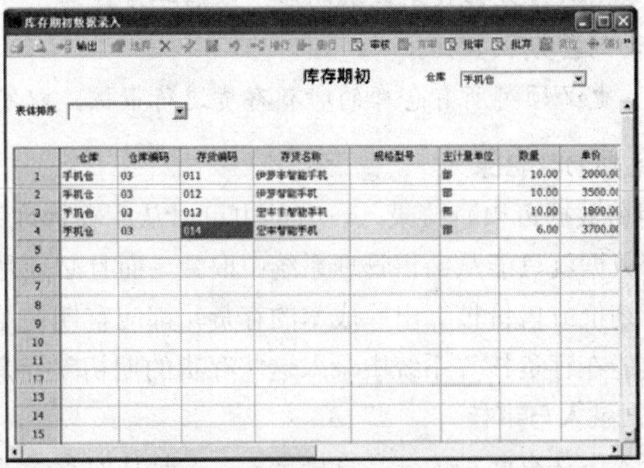

图 2-17　手机仓期初结存

提示

- 库存期初结存数据必须按照仓库分别录入。
- 如果默认存货在库存系统的计量单位不是主计量单位，则需要录入该存货的单价和金额，由系统计算该存货数量。
- 退出存货期初数据录入功能时，系统对当前仓库的所有期初数据进行合法性检查，并提示不完整的数据项。
- 库存期初数据录入完成后，必须进行审核工作。期初结存数据的审核实际是期初记账的过程，表明该仓库期初数据录入工作的完结。
- 库存期初数据审核是分仓库分存货进行的，即针对一条存货记录进行审核。如果执行"批审"功能，则对选中仓库的所有存货执行审核，但并非审核所有仓库的存货。
- 审核后的库存期初数据不能修改、删除，但可以弃审后进行修改或删除。
- 如果有期初不合格品数据，也可以录入到期初数据中。执行"初始设置"|"期初数据"|"期初不合格品"命令，单击"增加"按钮进行录入，并单击"审核"按钮后退出。

(2) 从存货系统取数

当库存管理系统与存货核算系统集成使用时，库存管理系统可以从存货核算系统中读取存货核算系统与库存管理系统启用月份相同的会计期间的期初数。如果两个系统启用月份相同，则直接取存货的期初数；如果两个系统启用月份不同，即存货先启，库存后启，则期初数据需要将存货的期初数据和存货在库存系统启用之前的发生数进行汇总求出结存，才能作为存货的期初数据被库存系统读取。

提示

- 取数只能取出当前仓库的数据，即一次只能取出一个仓库的期初数据。
- 如果当前仓库已经存在期初数据，系统将提示"是否覆盖原有数据"。一般应选择覆盖，否则，期初数据会发生重复。
- 只有第一年启用时，才能使用取数功能；以后年度结转上年后，取数功能不能使用，系统自动结转期初数据。
- 取数成功后，也必须对所有仓库的所有存货进行审核，以完成期初记账工作。

3) 存货核算系统期初数据录入

存货核算系统期初数据可以直接录入，有的也可以从库存管理系统中读取。"分期收款发出商品"的期初数据就只能从销售管理系统中取数，而且必须是销售管理系统录入审核后才能取数。按计划价或售价核算出库成本的存货，都应有期初差异或差价，初次使用存货核算系统时，只能在存货核算系统中录入这些存货的期初差异余额或期初差价余额。

(1) 存货期初数据录入与审核

存货期初数据录入方法有两种：一是直接录入；二是从库存管理系统取数。其直接录入方法与库存管理系统类似，在此不再赘述。这里主要讲述用取数的方法录入存货核算期初数据。

操作步骤

① 在用友 ERP-U8 存货核算系统中，执行"初始设置"|"期初数据"|"期初余额"命令，打开"期初余额"窗口。

② 仓库选择"明辉鞋仓"。

③ 双击"取数"按钮，系统自动从库存管理系统中取出该仓库的全部存货信息，如图 2-18 所示。

图 2-18 存货核算系统期初取数

④ 可以将供应商等信息补充完整。

⑤ 以此方法继续对"兰宇箱包仓"和"手机仓"进行取数操作。

⑥ 单击"对账"按钮，选择所有仓库，系统自动对存货核算与库存管理系统的存货数据进行核对，如图 2-19 所示。如果对账成功，单击"确定"按钮。

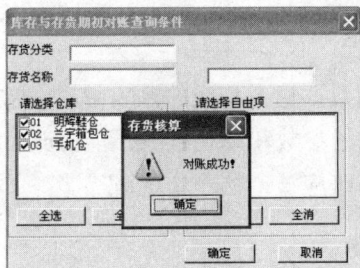

图 2-19 存货核算系统与库存管理系统期初对账

⑦ 单击"退出"按钮退出。

(2) 存货期初差异录入

按计划价或售价核算出库成本的存货，应该在存货核算系统中录入期初差异余额。

操作步骤

① 在存货核算系统中，执行"初始设置"|"期初数据"|"期初差价"命令，打开"期初差价"窗口。

② 仓库选择"手机仓"。

③ 录入差价科目"1244 商品进销差价",如图 2-20 所示。

图 2-20 录入存货期初差价

④ 单击"保存"按钮,系统弹出"保存完毕"信息提示框,单击"确定"按钮。

提示

- 如果存货核算系统的核算方式为按部门核算,则"仓库"下拉列表中显示所有按计划价或售价核算部门下属的仓库;如果存货核算系统的核算方式为按仓库核算,则"仓库"下拉列表中显示所有按计划价或售价核算的仓库,存货的差异或差价按核算仓库输入;如果存货核算系统的核算方式为按存货核算,则"仓库"下拉列表中显示所有仓库,仓库中存货的差异或差价应按存货输入。
- 先录入存货期初余额,再录入存货期初差异或差价。
- 存货期初差价只能在存货核算系统中录入,不能从库存管理系统中取数,也不能在库存管理系统中录入。

3. 期初记账

期初记账是指将有关期初数据记入相应的账表中,它标志着供应链管理系统各个子系统的初始工作全部结束,相关的参数和期初数据不能修改、删除。如果供应链管理系统各个子系统集成使用,则期初记账应该遵循一定的顺序。

1) 采购管理系统期初记账

操作步骤

(1) 执行"采购管理"|"设置"|"采购期初记账"命令,打开"期初记账"对话框,如图 2-21 所示。

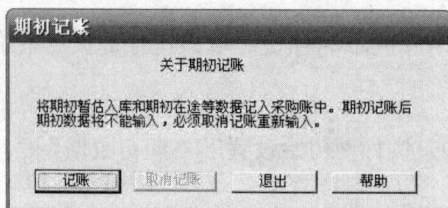

图 2-21 采购管理系统期初记账

(2) 单击"记账"按钮,弹出"期初记账完毕"信息提示框。

(3) 单击"确定"按钮,完成采购管理系统期初记账。

2) 存货核算系统期初记账

操作步骤

(1) 执行"存货核算系统"|"初始设置"|"期初数据"|"期初余额"命令,打开"期初余额"窗口。

(2) 单击"记账"按钮,系统弹出"期初记账成功"信息提示框。单击"确定"按钮,完成期初记账工作。

提示

● 供应链管理系统各个子系统集成使用时,采购管理系统先记账;库存管理系统所有仓库的所有存货必须审核确认;最后,存货核算系统记账。

● 如果没有期初数据,可以不输入期初数据,但必须执行记账操作。

● 如果期初数据是运行"结转上年"功能得到的,为未记账状态,则需要执行记账功能后,才能进行日常业务的处理。

● 如果已经进行业务核算,则不能恢复记账。

● 存货核算系统在期初记账前,可以修改存货计价方式,期初记账后,不能修改计价方式。

4. 账套备份

在 C:\"供应链账套备份"文件夹中新建"888-2-1 采购系统初始化"文件夹。将账套输出至 C:\"供应链账套备份"\"888-2-1 采购系统初始化"文件夹中。

实验二　普通采购业务(一)

实验准备

已经完成第 2 章实验一的操作,或者引入光盘中的 888-2-1 账套备份数据。将系统日期修改为"2013 年 1 月 31 日",以 111 操作员(密码为 1)的身份登录 888 账套的"企业应用平台"。

实验要求

● 设置"允许修改采购系统采购专用发票的编号"。

● 单据设计;分别在采购模块的"采购专用发票"、"采购到货单"和"采购订单"单据的表体项目中增加"换算率"、"采购单位"和"件数"3 项内容;为库存模块中"采购入库单"增加表体内容"库存单位"、"应收件数"、"件数"、"换算率"和"应收数量"。

- 录入或生成请购单、采购订单、采购到货单、采购入库单等普通采购业务单据，并进行审核确认。
- 录入或生成采购发票，并按要求修改采购发票编号。
- 进行采购结算。
- 支付采购款项或确认应付账款。
- 在总账系统查看有关凭证。
- 账套备份。

实验资料

星宇商贸公司日常采购业务如下(采购部，业务员：吴小蕾)。

(1) 2013 年 1 月 8 日，向上海明辉鞋业有限公司提出采购请求，请求采购明辉女休闲鞋 20 箱(400 双)，报价 380 元/双(7 600/箱)；女凉鞋 30 箱(600 双)，报价 180 元/双(3 600/箱)；女正装鞋 10 箱(200 双)，报价 320 元/双(6 400/箱)。

(2) 2013 年 1 月 8 日，上海明辉鞋业有限公司同意采购请求，但要求修改采购价格。经协商，本公司同意对方提出的订购价格：女休闲鞋单价 400(8 000 元/箱)，女凉鞋单价 200(4 000 元/箱)，女正装鞋单价 350 (7 000 元/箱)。并正式签订订货合同，要求本月 10 日到货。

(3) 2013 年 1 月 10 日，收到上海明辉鞋业有限公司发来的鞋和专用发票，发票号码 ZY00098。该批货品系本月初采购，发票载明女休闲鞋 20 箱，单价 400 元；女凉鞋 30 箱，单价 200 元；女正装鞋 10 箱，单价 350 元。经检验质量全部合格，办理入库(明辉鞋仓)手续。财务部门确认该笔存货成本和应付款项，尚未付款。

(4) 2013 年 1 月 14 日，向北京兰宇箱包有限公司订购兰宇女式潮流包 20 大包(2000 个)，单价 550 元，要求本月 20 日到货。

(5) 2013 年 1 月 18 日，向北京兰宇箱包有限公司订购兰宇男式时尚包 10 大包(1000 个)，单价 850 元，要求本月 25 日到货。

(6) 2013 年 1 月 25 日，向北京宏丰电子科技公司订购宏丰非智能手机 20 部，单价 1800 元；订购宏丰智能手机 50 部，单价 3 700 元，要求本月 30 日到货。

(7) 2013 年 1 月 30 日，收到北京宏丰电子科技公司的专用发票，发票号码 ZY00168。发票载明宏丰非智能手机 20 部，单价 1800 元；宏丰智能手机 50 部，单价 3 700 元，增值税率 17%。全部验收入库，尚未支付款项。

实验指导

1. 设置采购专用发票"允许手工修改发票编号"

采购发票编号既可以由系统统一编号，也可以由用户自行编号。用户进行手工编号或修改编号，需要先进行单据设置，否则，只能由系统编号，用户不能修改。

操作步骤

(1) 在"设置"选项卡中，执行"单据设置"|"单据编码设置"命令，打开"单据编号设置"对话框。

(2) 选择"单据类型"|"采购管理"|"采购专用发票"选项，单击"修改"按钮，选中"手工改动，重号时自动重取"复选框，如图 2-22 所示。

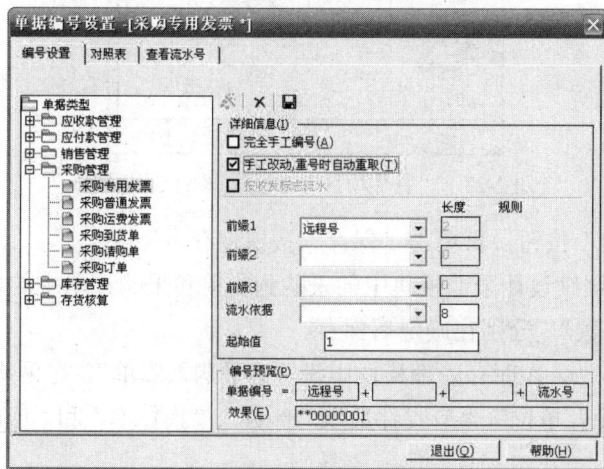

图 2-22 "单据编号设置"对话框

(3) 单击"保存"按钮，再单击"退出"按钮退出。

(4) 如果需要修改其他单据编号的设置，可以重新选中需要修改的单据类型，选中"手工改动，重号时自动重取"复选框，并保存修改设置。

2. 单据设计

由于本企业的部分存货采用多计量单位制，因此需要在有关的单据中增加可以分别进行主、辅计量核算的项目内容。需要追加这些内容的包括采购模块的"采购专用发票"、"采购到货单"和"采购订单"，库存模块中的"采购入库单"和销售模块中的有关单据。

下面设计采购模块和库存模块单据。

操作步骤

(1) 在"设置"选项卡中，执行"单据设置"|"单据格式设置"命令，打开"单据格式设置"窗口。

(2) 在"单据格式设计"窗口中，执行"U8 单据目录分类"|"采购管理"|"专用发票"|"显示"|"专用发票显示模板"命令，在窗口右侧打开"专用发票"。

(3) 单击"单据格式设计"窗口，执行"编辑"|"表体项目"命令(或单击鼠标右键，选择快捷菜单中的"表体项目")，打开"表体项目"对话框。

(4) 选中"换算率"、"采购单位"和"件数"复选框，如图 2-23 所示。

图 2-23 "表体项目"对话框(采购专用发票)

(5) 单击"确定"按钮,再单击"保存"按钮保存。

(6) 以此方法,继续设计采购模块中的采购到货单和采购订单中的表体项目"换算率"、"采购单位"和"件数",分别在确定后保存。

(7) 按照上述方法,在库存管理模块中设置"采购入库单"。在采购入库单显示模板的表体项目中增加"库存单位"、"应收件数"、"件数"、"换算率"和"应收数量",如图 2-24所示。

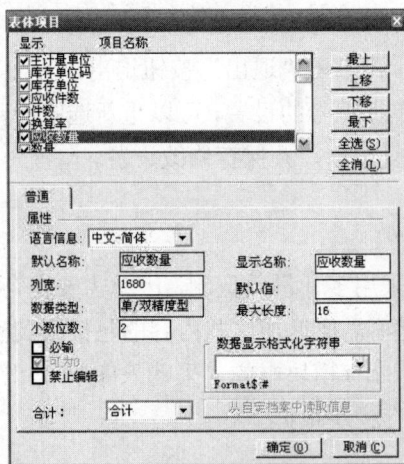

图 2-24 "表体项目"对话框(采购入库单)

3. 第 1 笔业务的处理

本笔业务只需录入请购单。

操作步骤

(1) 在"业务"选项卡中,执行"供应链"|"采购管理"命令,打开采购管理系统。

(2) 执行"请购"|"请购单"命令,打开"采购请购单"窗口。

(3) 单击"增加"按钮,选择采购类型为"普通采购",修改采购日期为 2013-01-08,

部门为"采购部",采购类型为"厂商采购",存货名称选择"明辉女休闲鞋",在"数量"栏输入 20,在"无税单价"栏输入 7 600。继续输入女凉鞋和女正装鞋的信息,如图 2-25 所示。

图 2-25   "采购请购单"窗口

(4) 单击"保存"按钮。

(5) 单击"审核"按钮,直接审核该请购单。

提示

● 请购单的制单人与审核人可以为同一人。

● 审核后的请购单不能直接修改。

● 如果要修改审核后的请购单,需要先"弃审",再"修改",修改后单击"保存"按钮确认并保存修改信息。

● 没有审核的请购单可以直接删除;已经审核的请购单需要先"弃审",然后才能"删除"。

● 要查询采购请购单,可以查看"请购单列表"。在列表中,双击需要查询的单据,可以打开该请购单。也可以在此执行"弃审"、"删除"操作。

4. 第 2 笔业务的处理

本笔业务需要录入采购订单。采购订单可以直接输入,也可以根据请购单自动生成。这里采用"拷贝采购请购单"的方式直接生成"采购订单"。

操作步骤

(1) 在采购管理系统中,执行"采购订货"|"采购订单"命令,打开"采购订单"窗口。

(2) 单击"增加"按钮,修改订单日期为 2013-01-08。

(3) 将光标置于表体中,单击鼠标右键,弹出快捷菜单,如图 2-26 所示。

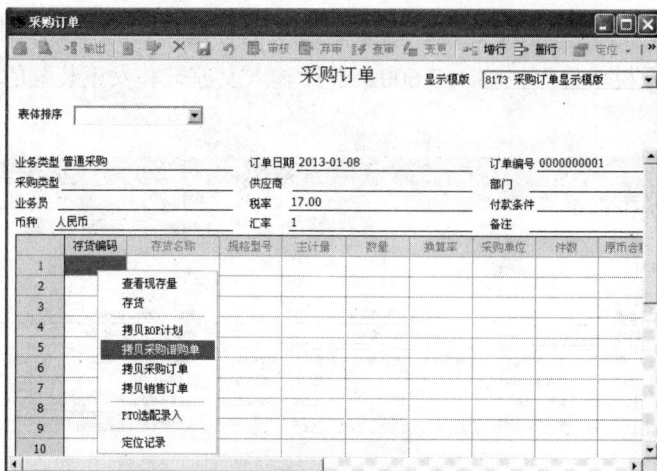

图 2-26　"采购订单"窗口

(4) 执行"拷贝采购请购单"命令，打开"过滤条件窗口"，如图 2-27 所示。

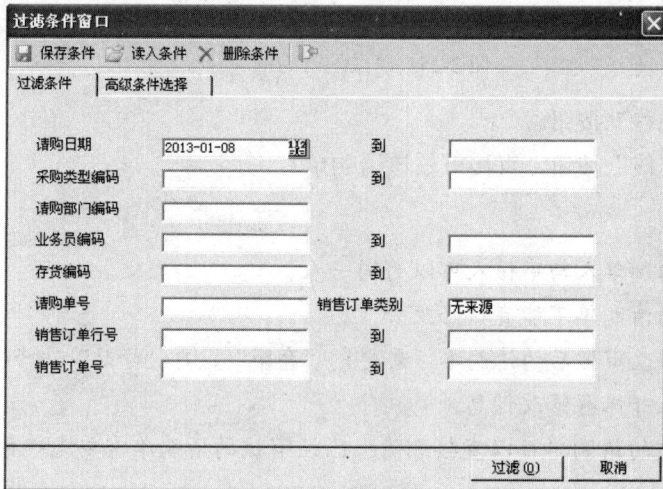

图 2-27　过滤条件窗口

(5) 单击"过滤"按钮，打开"生单选单列表"窗口，双击鼠标左键选中需要拷贝的请购单，即打上"Y"选中标志，如图 2-28 所示。

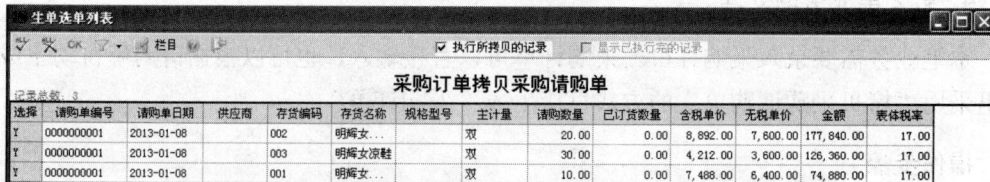

采购订单拷贝采购请购单

选择	请购单编号	请购单日期	供应商	存货编码	存货名称	规格型号	主计量	请购数量	已订货数量	含税单价	无税单价	金额	表体税率
Y	0000000001	2013-01-08		002	明辉女…		双	20.00	0.00	8,892.00	7,600.00	177,840.00	17.00
Y	0000000001	2013-01-08		003	明辉女凉鞋		双	30.00	0.00	4,212.00	3,600.00	126,360.00	17.00
Y	0000000001	2013-01-08		001	明辉女…		双	10.00	0.00	7,488.00	6,400.00	74,880.00	17.00

图 2-28　"生单选单列表"窗口

(6) 单击"确定"按钮，选中的请购单资料自动传递到采购订单中，如图 2-29 所示。

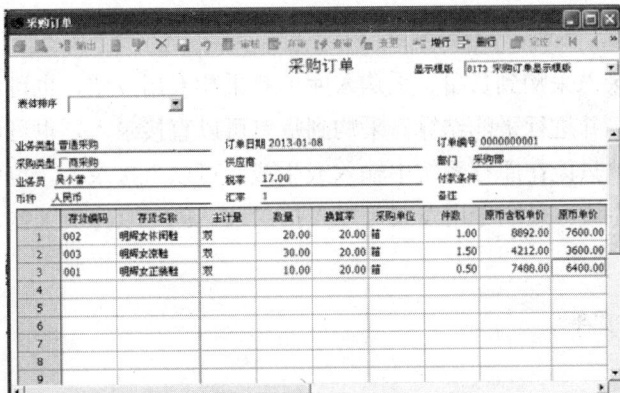

图 2-29 拷贝生成采购订单

(7) 修改不含税单价信息：女休闲鞋 8 000 元，女凉鞋 4 000 元，女正装鞋 7 000 元，补充录入供货单位，在"计划到货日期"栏选择 2013-01-10。修改完成后单击"保存"按钮，如图 2-30 所示。

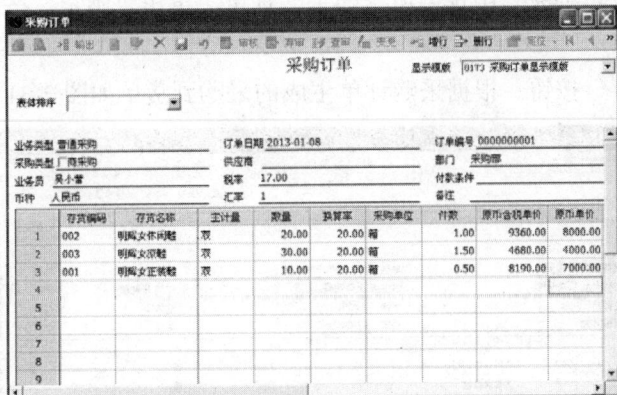

图 2-30 修改、审核采购订单

(8) 单击"审核"按钮，审核确认拷贝生成的采购订单。

提示

- 如果要取消"生单选单列表"窗口中的选择，可以在 Y 处双击鼠标取消。
- 拷贝采购请购单生成的采购订单可以直接保存并审核。
- 拷贝采购请购单生成的采购订单信息可以修改。但是如果根据请购单拷贝生成的采购订单已经审核，则不能直接修改，需要先"弃审"再"修改"。
- 拷贝采购请购单生成的采购订单如果已经生成到货单或采购入库单，也不能直接修改、删除采购订单信息，需要将其下游单据删除后，才能修改。
- 如果需要按计划批量生单，需要执行"采购管理"｜"采购订货"｜"计划批量生单"命令，打开"过滤条件"窗口，过滤选择请购单，由系统自动成批生成采购订单。
- 如果需要查询采购订单，可以查看"采购订单列表"。

5. 第 3 笔业务的处理

该笔业务需要录入采购到货单、采购入库单和采购专用发票，也可以只录入采购入库单和采购专用发票，并进行采购结算。采购到货单可以直接录入，也可以根据采购订单拷贝生成；采购入库单只能在库存系统中输入或生成，可以直接录入，也可以根据采购到货单、采购订单自动生成；采购专用发票可以直接录入，也可以拷贝采购入库单或采购订单生成。

1) 生成采购到货单

操作步骤

(1) 在采购管理系统中，执行"采购到货"|"到货单"命令，打开"到货单"窗口。

(2) 单击"增加"按钮，修改日期为 2013-01-10。

(3) 在表体任何栏目位置，单击鼠标右键，执行"拷贝采购订单"命令，单击"过滤"按钮，系统弹出"生单选单列表"窗口。

(4) 在"生单选单列表"中选中所选的采购订单，单击"确定"按钮，系统自动生成到货单。

(5) 单击"保存"按钮。根据采购订单生成的采购到货单如图 2-31 所示。

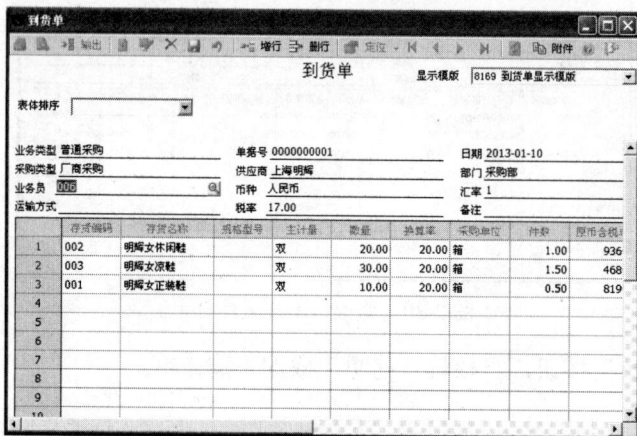

图 2-31　采购到货单

(6) 单击"退出"按钮。

提示

- 采购到货单可以手工录入，也可以拷贝采购订单生成到货单。
- 如果采购到货单与采购订单信息有差别，可以直接据实录入到货单信息，或者直接修改生成的到货单信息，再单击"保存"按钮确认修改的到货单。
- 采购到货单不需审核。
- 没有生成下游单据的采购到货单可以直接删除。
- 已经生成下游单据的采购到货单不能直接删除，需要先删除下游单据后，才能删除采购到货单。

2) 生成采购入库单

当采购管理系统与库存管理系统集成使用时，采购入库单需要在库存管理系统中录入。如果采购管理系统不与库存管理系统集成使用，则采购入库业务在采购管理系统中进行处理。

操作步骤

(1) 在企业应用平台中，启动"库存管理系统"。

(2) 在库存管理系统中，执行"入库业务"|"采购入库单"命令，打开"采购入库单"窗口。

(3) 单击"生单"按钮，打开"选择采购订单或采购到货单"对话框，如图 2-32 所示。

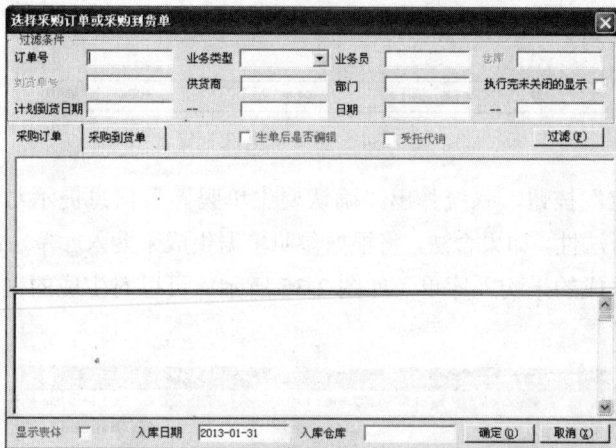

图 2-32 "选择采购订单或采购到货单"对话框

(4) 打开"采购到货单"选项卡，系统提示信息如图 2-33 所示。

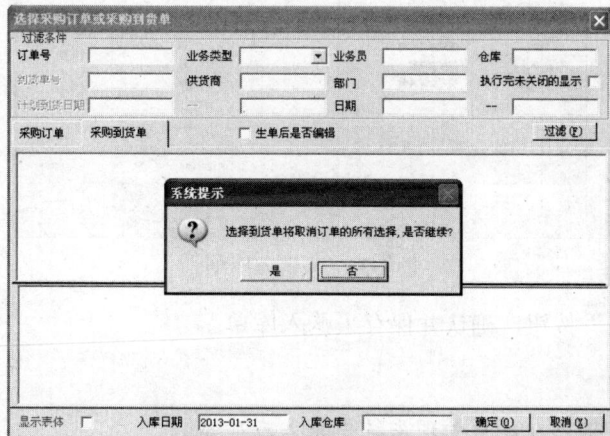

图 2-33 "采购到货单"选项卡

(5) 单击"是"按钮，出现待选择的"采购到货单"。单击"过滤"按钮，选中栏出现Y。选中窗口左下方的"显示表体"复选框，则窗口下部显示所选择单据的表体记录，可以修改。

(6). 在表体中的空白位置参照输入相关信息，单击"仓库"栏参照按钮，选择"明辉鞋仓"，如图 2-34 所示。

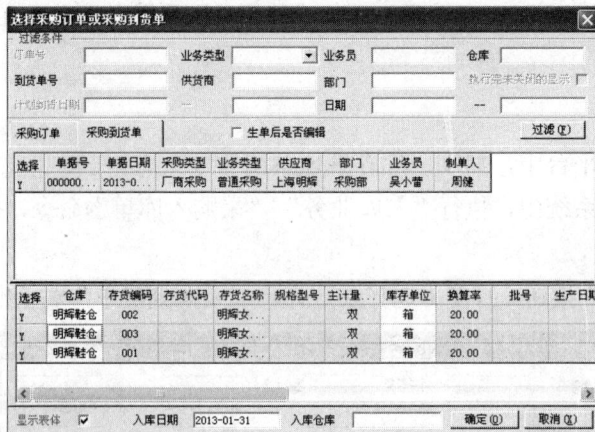

图 2-34　生单单据选择

(7). 单击"确定"按钮，系统弹出"确认要生单吗？"信息提示对话框。单击"是"按钮，则系统检查合法性。如果合法，将根据参照单据生成采购入库单，否则提示警告信息。

(8). 系统显示生成的采购入库单，如图 2-35 所示。可以对生成的采购入库单进行有限制的修改。

图 2-35　采购入库单

(9). 单击"审核"按钮，确认并保存采购入库单。

提示

- 采购入库单必须在库存管理系统中录入或生成。
- 在库存管理系统中录入或生成的采购入库单，可以在采购管理系统中查看，但不能修改或删除。
- 如果需要手工录入采购入库单，则在库存管理系统中打开"采购入库单"窗口时，单击"增加"按钮，可以直接录入采购入库单信息。

- 如果在采购选项中设置了"普通业务必有订单",则采购入库单不能手工录入,只能参照生成。如果需要手工录入采购入库单,则需要先取消"普通业务必有订单"选项。
- 采购入库单可以拷贝采购订单生成,也可以拷贝采购到货单生成。如果拷贝采购订单生成,则单击"生单"按钮,打开"过滤条件"窗口,选择单据后单击"确定"按钮,生成采购入库单。
- 根据上游单据拷贝生成下游单据后,上游单据不能直接修改、弃审。删除下游单据后,其上游单据才能执行"弃审"操作,弃审后才能修改。
- 要查询采购入库单,可以在采购系统中查看"采购入库单列表"。

3) 填制采购发票

采购发票是供应商开出的销售货物的凭证,系统根据采购发票确认采购成本,并据以登记应付账款。采购发票按业务性质分为蓝字发票和红字发票;按发票类型分为增值税专用发票、普通发票和运费发票。

收到供应商开具的增值税专用发票,则需要在采购管理系统中录入采购专用发票,或根据采购订单和采购入库单生成采购专用发票;如果收到供应商开具的普通发票,则录入或生成普通发票。

操作步骤

(1) 在采购管理系统中,执行"采购发票"|"专用采购发票"命令,打开"专用发票"窗口。

(2) 单击"增加"按钮,输入表头部分的信息。默认业务类型为"普通采购",修改发票日期为"2013 年 1 月 10 日",并修改发票号为 ZY00098。

(3) 在表体任何栏目位置,单击鼠标右键,从快捷菜单中选择"拷贝采购入库单"命令(当然也可以拷贝采购订单),如图 2-36 所示。

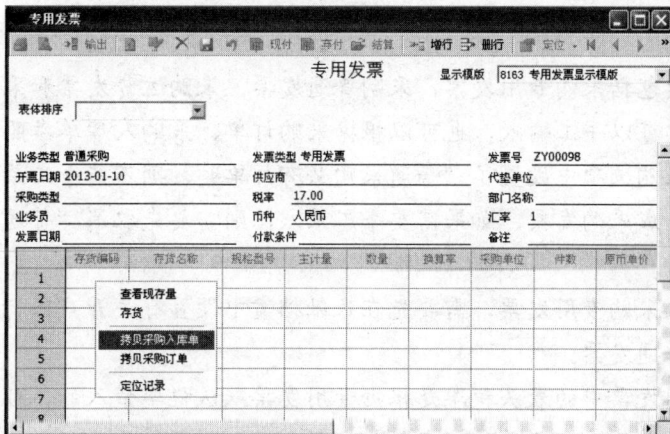

图 2-36　拷贝采购入库单

(4) 执行"拷贝采购入库单"命令,打开"过滤条件"窗口。

(5) 单击“过滤”按钮，系统显示“采购入库单列表”。双击所要选择的采购入库单，选择栏显示 Y，如图 2-37 所示。

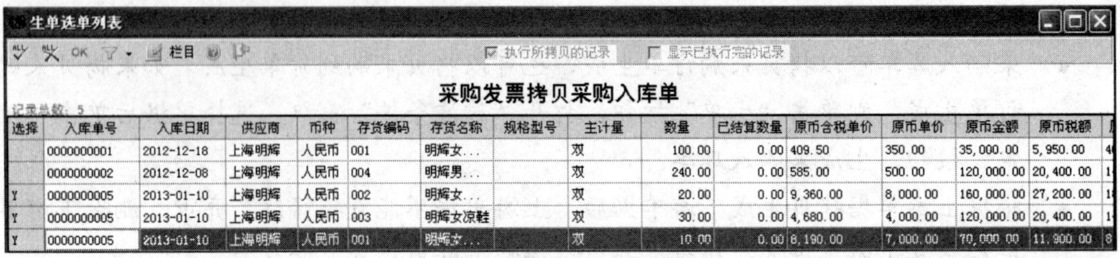
生单选单列表
栏目
执行所拷贝的记录
显示已执行完的记录
采购发票拷贝采购入库单
记录总数：5
选择 | 入库单号 | 入库日期 | 供应商 | 币种 | 存货编码 | 存货名称 | 规格型号 | 主计量 | 数量 | 已结算数量 | 原币含税单价 | 原币单价 | 原币金额 | 原币税额
0000000001 | 2012-12-18 | 上海明辉 | 人民币 | 001 | 明辉女... | 双 | 100.00 | 0.00 | 409.50 | 350.00 | 35,000.00 | 5,950.00
0000000002 | 2012-12-08 | 上海明辉 | 人民币 | 004 | 明辉男... | 双 | 240.00 | 0.00 | 585.00 | 500.00 | 120,000.00 | 20,400.00
Y | 0000000005 | 2013-01-10 | 上海明辉 | 人民币 | 002 | 明辉女... | 双 | 20.00 | 0.00 | 9,360.00 | 8,000.00 | 160,000.00 | 27,200.00
Y | 0000000005 | 2013-01-10 | 上海明辉 | 人民币 | 003 | 明辉女凉鞋 | 双 | 30.00 | 0.00 | 4,680.00 | 4,000.00 | 120,000.00 | 20,400.00
Y | 0000000005 | 2013-01-10 | 上海明辉 | 人民币 | 001 | 明辉女... | 双 | 10.00 | 0.00 | 8,190.00 | 7,000.00 | 70,000.00 | 11,900.00

图 2-37　采购入库单列表

(6) 单击“确定”按钮，系统将采购入库单自动传递过来，生成采购专用发票，如图 2-38 所示。

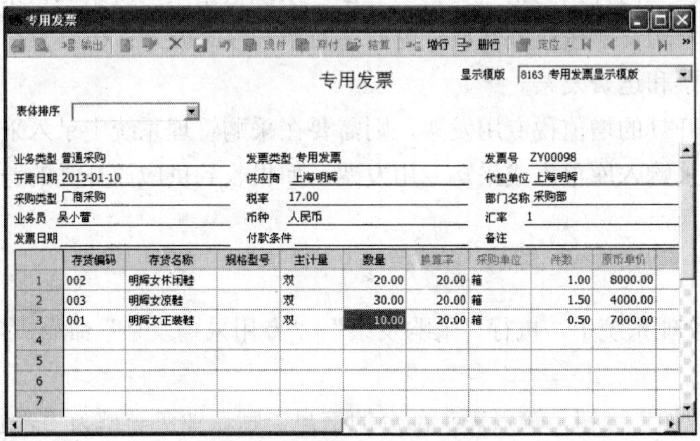
专用发票
输出 现付 弃付 结算 增行 删行 定位
专用发票
显示模版 8163 专用发票显示模版
表体排序
业务类型 普通采购
发票类型 专用发票
发票号 ZY00098
开票日期 2013-01-10
供应商 上海明辉
代垫单位 上海明辉
采购类型 厂商采购
税率 17.00
部门名称 采购部
业务员 吴小蕾
币种 人民币
汇率 1
发票日期
付款条件
备注
存货编码 | 存货名称 | 规格型号 | 主计量 | 数量 | 换算率 | 采购单位 | 件数 | 原币单价
1 | 002 | 明辉女休闲鞋 | 双 | 20.00 | 20.00 | 箱 | 1.00 | 8000.00
2 | 003 | 明辉女凉鞋 | 双 | 30.00 | 20.00 | 箱 | 1.50 | 4000.00
3 | 001 | 明辉女正装鞋 | 双 | 10.00 | 20.00 | 箱 | 0.50 | 7000.00

图 2-38　采购专用发票录入

(7) 所有信息输入、修改完成后，单击“保存”按钮，保存参照采购入库单生成的采购专用发票。

提示

- 采购发票包括采购专用发票、采购普通发票、采购运费发票和采购红字发票。
- 采购发票可以手工输入，也可以根据采购订单、采购入库单参照生成。
- 如果在采购选项中设置了“普通采购必有订单”，则不能手工录入采购发票，只能参照生成采购发票。如果需要手工录入，则需要先取消“普通业务必有订单”选项。
- 如果录入采购专用发票，需要先在基础档案中设置有关开户银行信息，否则，只能录入普通发票。
- 采购专用发票中的表头税率是根据专用发票默认税率带入的，可以修改。采购专用发票的单价为无税单价，金额为无税金额，税额等于无税金额与税率的乘积。
- 普通采购发票的表头税率默认为 0，运费发票的税率默认为 7%，可以进行修改；普通发票、运费发票的单价为含税单价，金额为价税合计。

- 如果收到供应商开具的发票但没有收到货物,可以对发票压单处理,待货物运达后,再输入采购入库单并进行采购结算;也可以先将发票输入系统,以便实时统计在途物资。
- 在采购管理系统中可以查看"采购发票列表"来查询采购发票。

4) 采购结算

采购结算就是采购报账,是指采购人员根据采购入库单、采购发票核算采购入库成本。采购结算生成采购结算单,它是记载采购入库单记录与采购发票记录对应关系的结算对照表。采购结算分为自动结算和手工结算。

采购自动结算是由系统自动将符合条件的采购入库单记录和采购发票记录进行结算。系统按照 3 种结算模式进行自动结算:入库单和发票结算、红蓝入库单结算、红蓝发票结算。

操作步骤

(1) 在采购管理系统中,执行"采购结算"|"自动结算"命令,系统弹出"自动结算"对话框,如图 2-39 所示。

(2) 根据需要输入结算过滤条件和结算模式,如单据的起止日期、选择单据和发票结算模式,单击"确定"按钮,系统自动进行结算。如果存在完全匹配的记录,则系统弹出信息提示对话框,如图 2-40 所示。如果不存在完全匹配的记录,则系统弹出"状态:没有符合条件的红蓝入库单和发票"信息提示框。

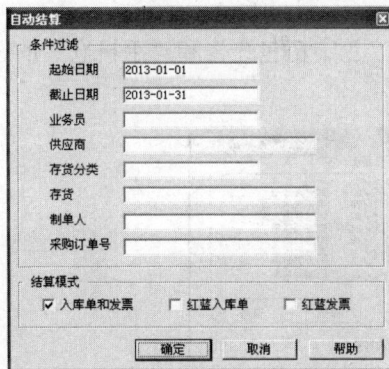

图 2-39 "自动结算"对话框   图 2-40 成功结算信息

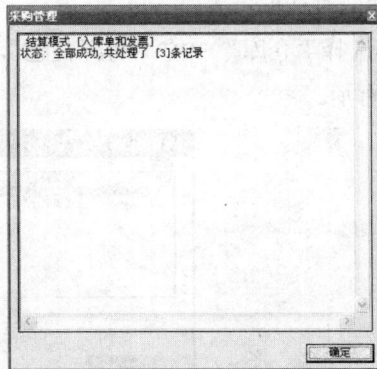

(3) 执行"结算单列表"命令,双击需要查询的结算表,可以打开结算表,查询、打印本次自动结算结果,如图 2-41 所示。

(4) 单击"退出"按钮。

提示

- 设置采购自动结算过滤条件时,存货分类与存货是互斥的,即同时只能选择一个条件进行过滤。
- 结算模式为复选,可以同时选择一种或多种结算模式。

- 执行采购结算后的单据不能进行修改、删除操作。
- 如果需要删除已经结算的发票或采购入库单,可以在"结算单列表"中打开该结算单并删除,这样才能对采购发票或采购入库单执行相关的修改、删除操作。

图 2-41 采购结算单

5) 采购成本核算

采购成本的核算在存货核算系统中进行,存货核算系统记账后,才能确认采购商品的采购成本。

操作步骤

(1) 在存货核算系统中,执行"业务核算"|"正常单据记账"命令,打开"正常单据记账条件"对话框。

(2) 选择"仓库"中的"明辉鞋仓",取消对"兰宇箱包仓"和"手机仓"的选择,如图 2-42 所示。

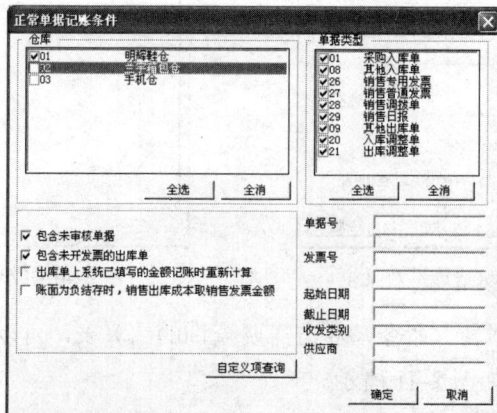

图 2-42 "正常单据记账条件"对话框

(3) 单击"确定"按钮,打开"正常单据记账"窗口。

(4) 单击"全选"按钮,如图 2-43 所示。

(5) 单击"记账"按钮,将采购入库单记账。

(6) 单击"退出"按钮。

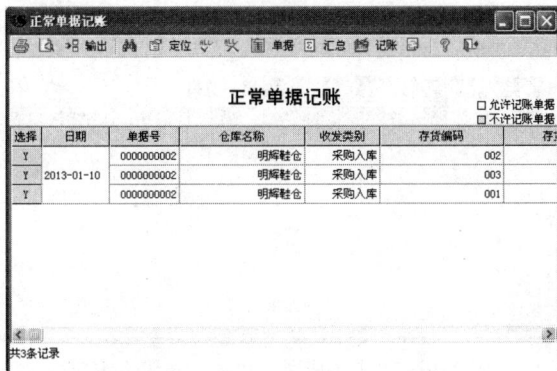

图 2-43 "正常单据记账"窗口

(7) 执行"财务核算"|"生成凭证"命令，打开"生成凭证"窗口，如图 2-44 所示。

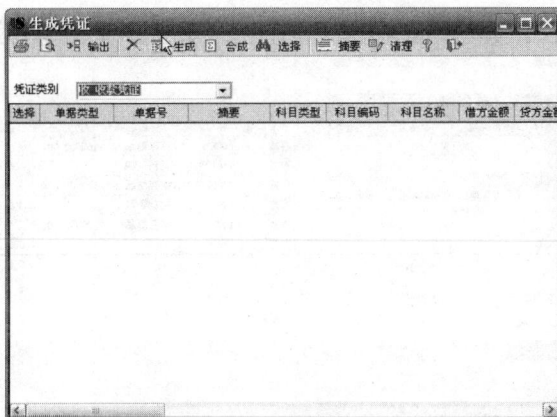

图 2-44 "生成凭证"窗口

(8) 单击"选择"按钮，打开"查询条件"对话框。

(9) 选中"(01)采购入库单(报销记账)"复选框，如图 2-45 所示。

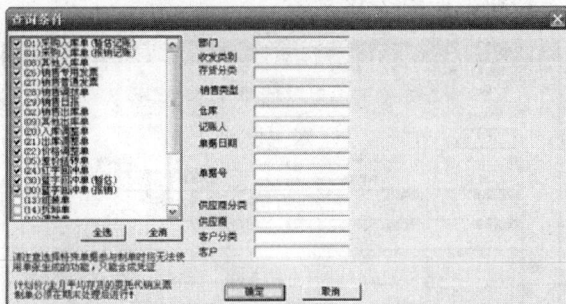

图 2-45 "查询条件"对话框

(10) 单击"确定"按钮，打开"未生成凭证单据一览表"窗口。

(11) 单击"选择"栏，或单击"全选"按钮，选中待生成凭证的单据，如图 2-46 所示。单击"确定"按钮。

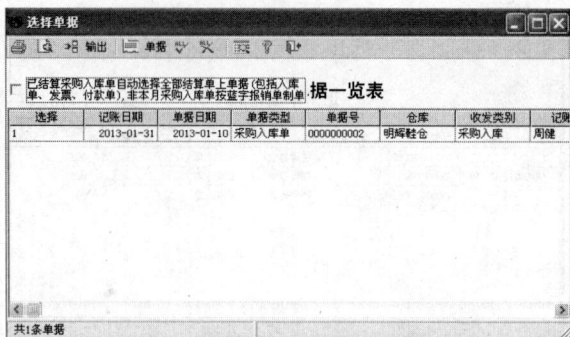

图 2-46　"未生成凭证单据一览表"窗口

(12) 选择"转账凭证",分别录入或选择"存货"科目编码 1405,"对方"科目编码 1401,如图 2-47 所示。

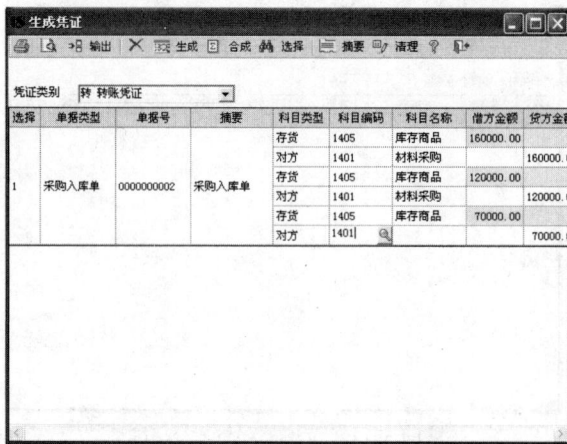

图 2-47　录入存货和对方科目

(13) 单击"生成"按钮,生成一张转账凭证,修改凭证日期为"2013-01-31"。

(14) 单击"保存"按钮,如图 2-48 所示。

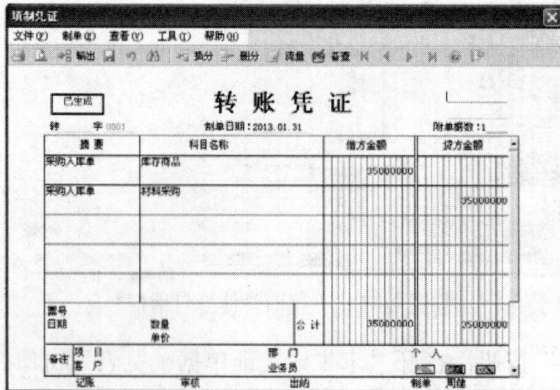

图 2-48　存货入库的转账凭证

(15) 单击"退出"按钮退出。

6) 财务部门确认应付账款

采购结算后的发票会自动传递到应付款管理系统，需要在应付款管理系统中审核确认后进行制单，形成应付账款并传递给总账系统。

操作步骤

(1) 进入应付款管理系统，执行"应付单据处理"|"应付单据审核"命令，打开"单据过滤条件"对话框。输入相关查询条件，如图 2-49 所示。

图 2-49 "单据过滤条件"对话框

(2) 单击"确定"按钮，系统弹出"应付单据列表"窗口。

(3) 单击"选择"栏，或单击"全选"按钮，如图 2-50 所示。

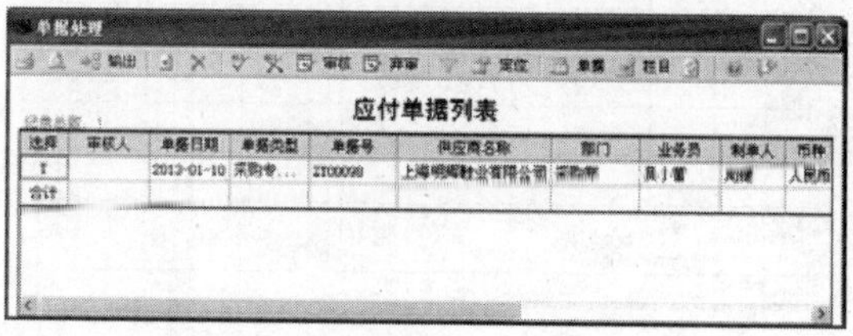

图 2-50 "应付单据列表"窗口

(4) 单击"审核"按钮，系统完成审核并给出审核报告，如图 2-51 所示。

(5) 单击"确定"按钮后退出。

(6) 执行"制单处理"命令，打开"制单查询"对话框，如图 2-52 所示，选择"发票制单"复选框。

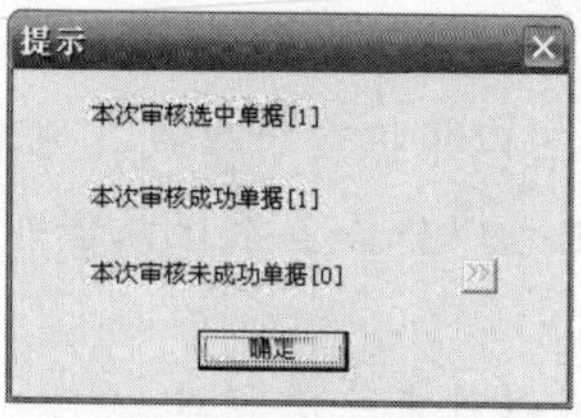

图 2-51 应付单据审核

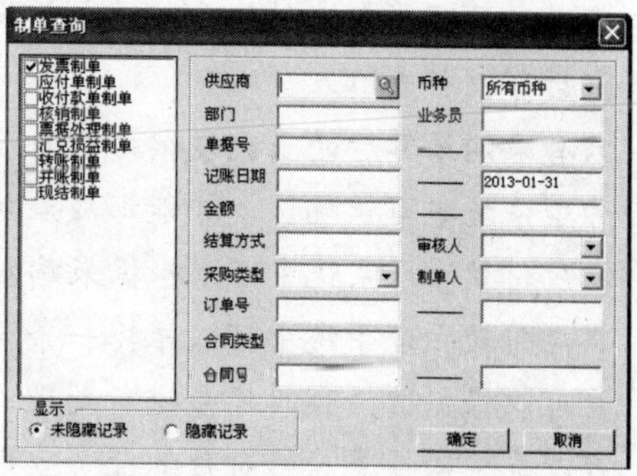

图 2-52 "制单查询"对话框

(7) 单击"确定"按钮，打开"采购发票制单"窗口。

(8) 选择"转账凭证"，修改制单日期为 2013-01-31，再单击"全选"按钮，选中要制单的"采购入库单"，如图 2-53 所示。

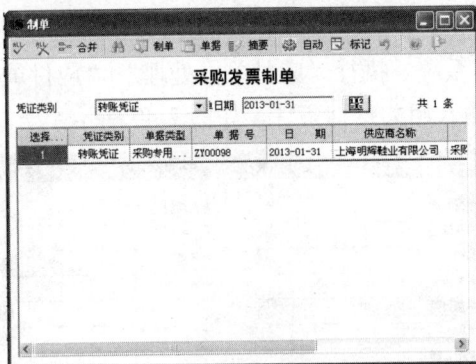

图 2-53　"采购发票制单"窗口

(9) 单击"制单"按钮，生成一张转账凭证，如图 2-54 所示。

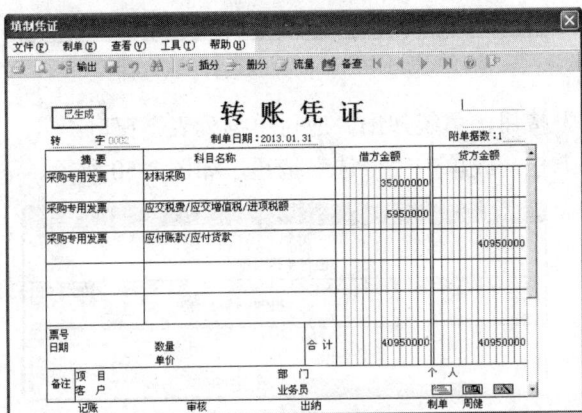

图 2-54　生成转账凭证

(10) 打开总账系统，执行"凭证"|"查询凭证"命令。选择"未记账凭证"，打开所选凭证，可以查询在应付款系统中生成并传递至总账的记账凭证。

提示

- 应付科目可以在应付款系统的初始设置中设置。而此账套未设置，所以在生成凭证后可以补充填入。
- 只有采购结算后的采购发票才能自动传递到应付款管理系统，并且需要在应付款管理系统中审核确认，才能形成应付账款。
- 在应付款管理系统中可以根据采购发票制单，也可以根据应付单或其他单据制单。
- 在应付款管理系统中可以根据一条记录制单，也可以根据多条记录合并制单，用户可以根据选择制单序号进行处理。
- 可以在采购结算后针对每笔业务立即制单，也可以月末一次制单。

● 采购发票需要在存货核算系统记账。但可以在采购发票记账前制单,也可以在采购发票记账后再制单。

6. 第 4 笔业务的处理

在采购管理系统中,填制并审核一张"采购订单",订单日期为 2013-01-14,计划到货日期为 2013-01-20。

7. 第 5 笔业务的处理

填制一张"采购订单",订单日期为 2013-01-18,计划到货日期为 2013-01-25。

8. 第 6 笔业务的处理

填制一张"采购订单",订单日期为 2013-01-25,计划到货日期为 2013-01-30。

9. 第 7 笔业务的处理

该笔业务需要录入采购到货单、采购入库单和采购专用发票,也可以只录入采购入库单和采购专用发票,并进行采购结算。

操作步骤

1) 生成采购到货单

(1) 在采购管理系统中,执行"业务"|"采购到货"|"到货单"命令,打开"到货单"窗口。

(2) 单击"增加"按钮,修改日期为 2013-01-30,选择采购类型为"厂商采购",部门为"采购部"。

(3) 单击鼠标右键,执行"拷贝采购订单"命令,弹出"过滤条件"窗口。单击"过滤"按钮,打开"生单选单列表"窗口。

(4) 在"生单选单列表"窗口中,选中要生成到货单的第 4 号订单中的"宏丰非智能手机"和"宏丰智能手机"的选择栏,再单击"确定"按钮,生成一张采购到货单。

(5) 单击"保存"按钮,如图 2-55 所示。

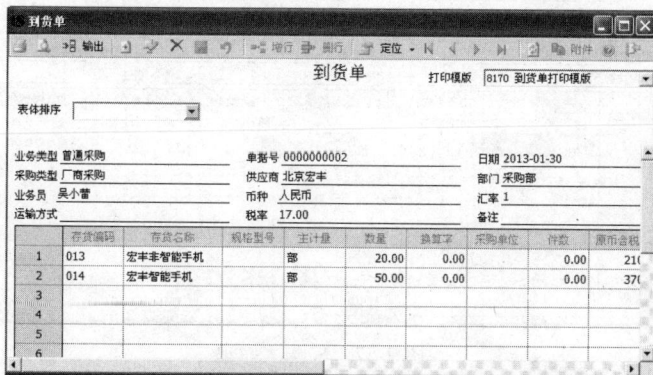

图 2-55 采购到货单

2) 采购入库单

(1) 在库存管理系统中，执行"入库业务"|"采购入库单"命令，打开"采购入库单"窗口。

(2) 单击"生单"按钮，打开"选择采购订单或采购到货单"对话框。

(3) 选择"采购到货单"选项卡，系统在自动切换到采购到货单前，出现提示信息。

(4) 单击"是"按钮，出现待选择的"采购到货单"。单击"选择"栏，选择栏出现 Y。选中"显示表体"复选框，则窗口下部显示所选择单据的表体记录。

(5) 在表体中的空白位置参照输入相关信息，如图 2-56 所示。

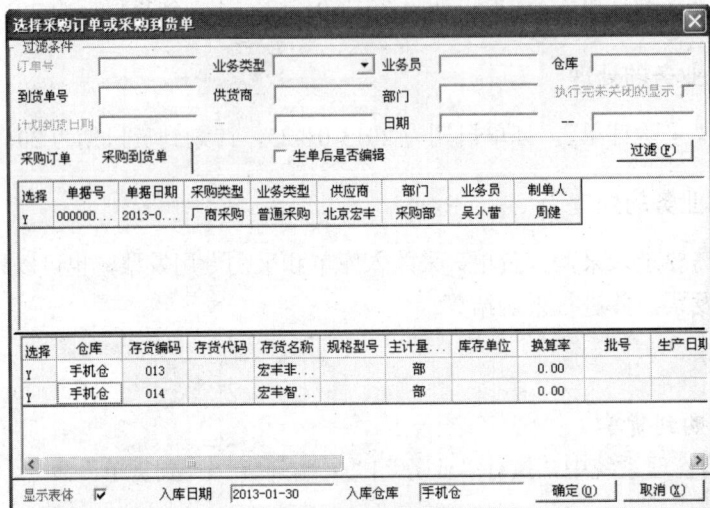

图 2-56　生单单据选择

(6) 单击"确定"按钮，系统弹出"确认要生单吗？"信息提示框，单击"是"按钮。

(7) 系统显示生成的采购入库单，如图 2-57 所示。

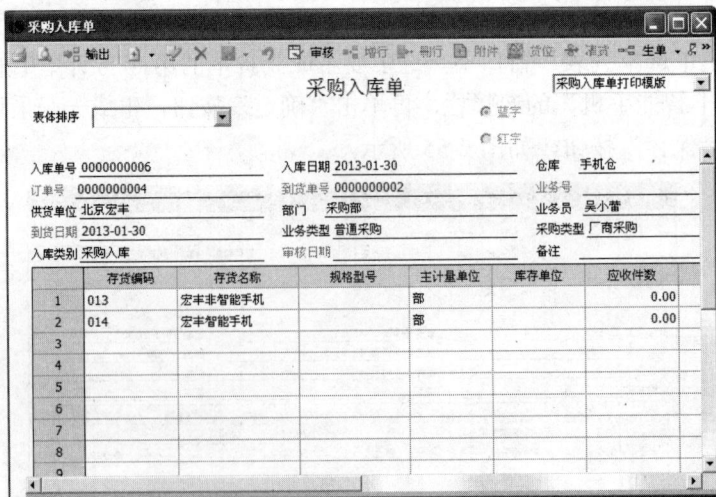

图 2-57　采购入库单

(8) 单击"审核"按钮，确认并保存采购入库单。

3) 填制采购发票

(1) 在采购管理系统中,执行"采购发票"|"专用采购发票"命令,打开"专用发票"窗口。

(2) 单击"增加"按钮,默认业务类型为"普通采购",修改发票号为 ZY00168。

(3) 在表体任何栏目位置,单击鼠标右键,弹出快捷菜单。

(4) 执行"拷贝采购入库单"命令,打开"过滤条件"窗口。单击"过滤"按钮,系统显示"生单选单列表"窗口。

(5) 分别单击第 6 号入库单前的选择栏(共两行),再单击"确定"按钮,系统将采购入库单自动传递过来,生成采购专用发票,如图 2-58 所示。

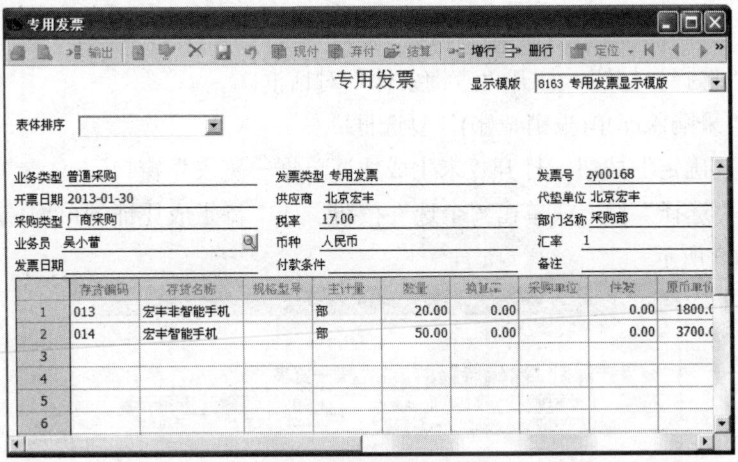

图 2-58 采购专用发票录入

(6) 单击"保存"按钮,保存采购专用发票。

4) 采购结算

(1) 在采购管理系统中,执行"采购结算"|"自动结算"命令,系统自动弹出"自动结算"对话框。

(2) 单击"确定"按钮,系统自动进行结算。

5) 采购成本核算

(1) 在存货核算系统中,执行"业务核算"|"正常单据记账"命令,打开"正常单据记账条件"对话框。

(2) 取消对"明辉鞋仓"和"兰宇箱包仓"的选择。

(3) 单击"确定"按钮,打开"正常单据记账"窗口。

(4) 单击"全选"按钮,如图 2-59 所示。

(5) 单击"记账"按钮,将采购入库单记账。

(6) 单击"退出"按钮,退出"正常单据记账"窗口。

(7) 执行"财务核算"|"生成凭证"命令,打开"生成凭证"窗口。

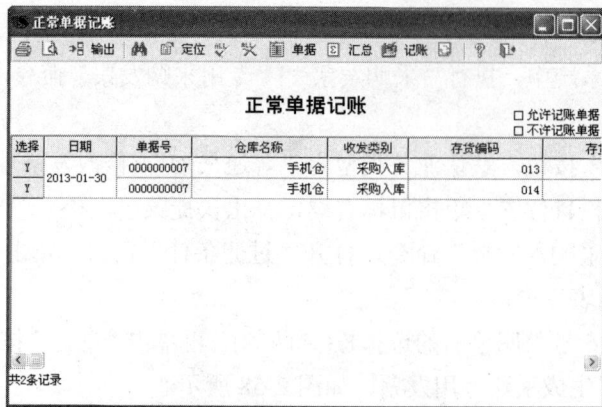

图 2-59 "正常单据记账"窗口

(8) 单击"选择"按钮,打开"查询条件"对话框。

(9) 选中"采购入库单(报销记账)"复选框。

(10) 单击"确定"按钮,打开"未生成凭证单据一览表"窗口。

(11) 单击"选择"栏,或单击"全选"按钮,选中待生成凭证的单据,单击"确定"按钮,如图 2-60 所示。

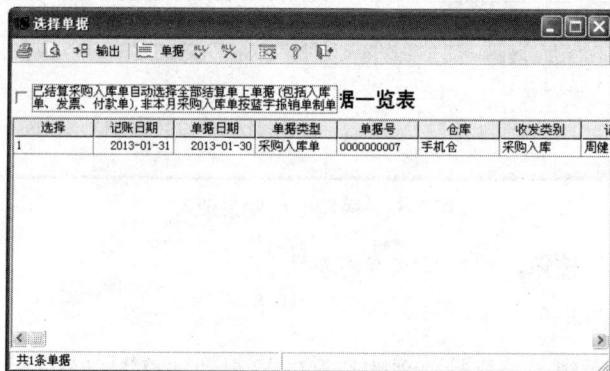

图 2-60 "未生成凭证单据一览表"窗口

(12) 选择"转账凭证",分别录入或选择"存货"科目编码 1405,"对方"科目编码 1401。

(13) 单击"生成"按钮,生成一张转账凭证,修改凭证日期为 2013-01-31。

(14) 单击"保存"按钮,如图 2-61 所示。

(15) 单击"退出"按钮退出。

6) 财务部门确认应付账款

(1) 在应付款管理系统中,执行"应付单据处理"|"应付单据审核"命令,打开"单据过滤条件"对话框。

(2) 单击"确定"按钮,系统显示"应付单据列表"。

(3) 单击"选择"栏,或单击"全选"按钮。

(4) 单击"审核"按钮,系统完成审核并给出审核报告。

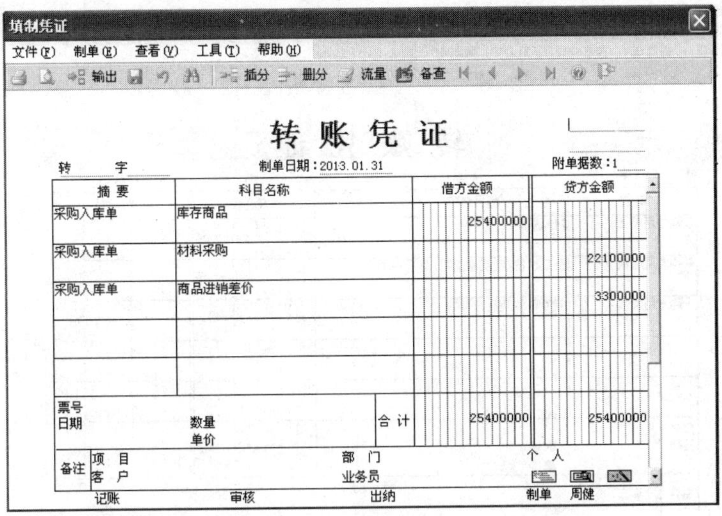

图 2-61 存货入账的凭证

(5) 单击"确定"按钮后退出。

(6) 执行"制单处理"命令，打开"制单查询"对话框，选择"发票制单"。

(7) 单击"确定"按钮，打开"采购发票制单"窗口。

(8) 选择"转账凭证"，修改制单日期为 2013-01-31，再单击"全选"按钮，选中要制单的采购入库单，如图 2-62 所示。

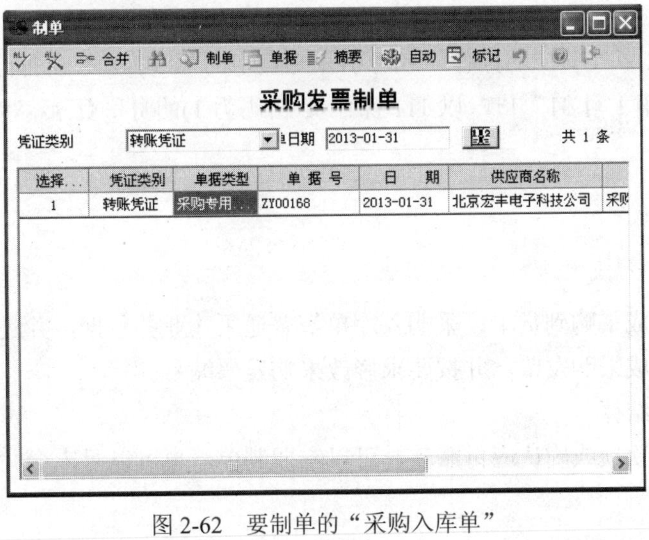

图 2-62 要制单的"采购入库单"

(9) 单击"制单"按钮，生成一张转账凭证，如图 2-63 所示。

10. 账套备份

在 C:\"供应链账套备份"文件夹中新建"888-2-2 普通采购业务(一)"文件夹。将账套输出至 C:\"供应链账套备份"\"888-2-2 普通采购业务(一)"文件夹中。

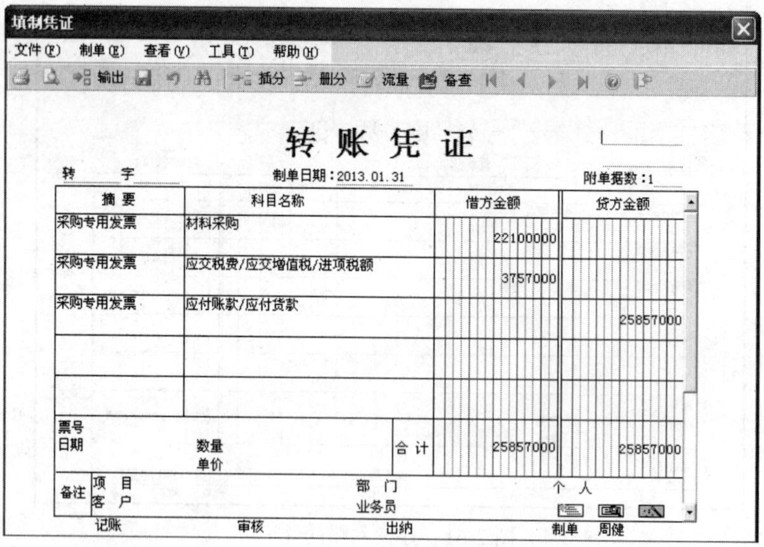

图 2-63　转账凭证

实验三　普通采购业务(二)

实验准备

已经完成第 2 章实验二的操作，或者引入光盘中的 888-2-2 账套备份数据。将系统日期修改为"2013 年 1 月 31"日，以 111 操作员(密码为 1)的身份登录 888 账套的"企业应用平台"。

实验要求

- 录入或生成采购到货单、采购入库单等普通采购业务单据，并进行审核确认。
- 录入或生成采购发票，并按要求修改采购发票编号。
- 进行采购结算。
- 支付采购款项或确认应付账款，可以立即制单，也可以月末合并制单。

实验资料

星宇商易公司日常采购业务如下(采购部，业务员：吴小蕾)。

(1) 2013 年 1 月 10 日，收到上海明辉鞋业有限公司的专用发票，发票号码 ZY00088。发票载明明辉男正装鞋 12 箱(240 双)，单价 500 元(1 0000/箱)，增值税率 17%。本公司验收入库后立即支付货款和税款(现金支票 XJ0001)。

(2) 2013 年 1 月 19 日，收到北京兰宇箱包有限公司根据 1 月 14 日订购单，发来的兰宇女式潮流包和专用发票，发票号码 ZY00112。发票上写明兰宇女式潮流包 20 大包(2000 个)，单价 550 元，增值税率 17%。同时附有一张运杂费发票，发票载明运杂费 2000 元(不能抵扣进项税)，订货合同约定运杂费由本公司承担。经检验，质量合格(入兰宇箱包仓)，财务部门确认采购成本和该笔应付款项。

(3) 2013 年 1 月 23 日，收到北京兰宇箱包有限公司根据 1 月 18 日订购单，发来的兰宇男式时尚包和专用发票，发票号码 ZY00188，合同约定运费由对方承担。专用发票上写明兰宇男式时尚包 10 大包(1000 个)，单价 850 元，增值税率 17%。在验收入库(兰宇箱包仓)时发现损坏 1 大包，属于合理损耗。本公司确认后立即付款 50%(电汇 DH00887666)。

实验指导

1. 第 1 笔业务的处理

本笔业务系 2012 年 12 月入库的男正装鞋，因此，只需输入采购发票，执行采购结算并支付款项的操作。

操作步骤

1) 采购发票与采购结算

(1) 在采购管理系统中，执行"采购发票"|"专用采购发票"命令，打开"采购专用发票"窗口。单击"增加"按钮，修改开票日期为 2013-01-10，选择部门名称为"采购部"，业务员为"吴小蕾"，并修改发票号为 ZY00088。

(2) 期初已经输入该笔业务的入库单，直接拷贝采购入库单，生成采购专用发票。单击鼠标右键执行"拷贝采购入库单"命令打开"过滤条件"窗口，单击"过滤"按钮，打开"生单选单列表"窗口，选中第 2 张入库单的"选择"栏，如图 2-64 所示。

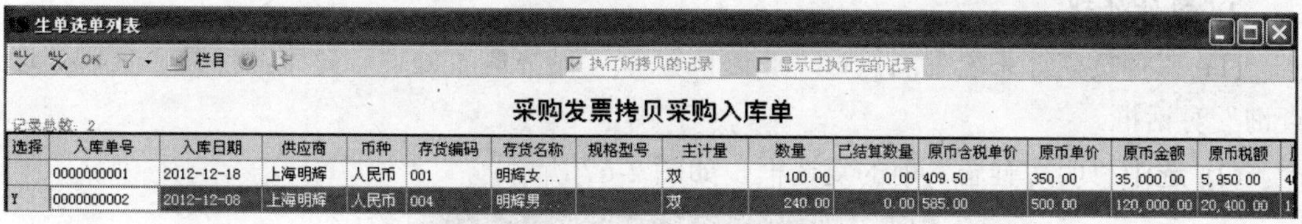

图 2-64　"生单选单列表"窗口

(3) 单击"确定"按钮，生成一张"采购专用发票"。

(4) 单击"保存"按钮，如图 2-65 所示。

(5) 单击"现付"按钮，打开"现付"窗口。选择结算方式为现金支票，录入结算金额为 140 400 元，票据号为 XJ0001，银行账号为 110001015678 等信息。

(6) 对完成已现付的发票，单击"结算"按钮，即可进行采购发票和采购入库单的自动结算工作，发票上显示"已现付"和"已结算"，如图 2-66 所示。

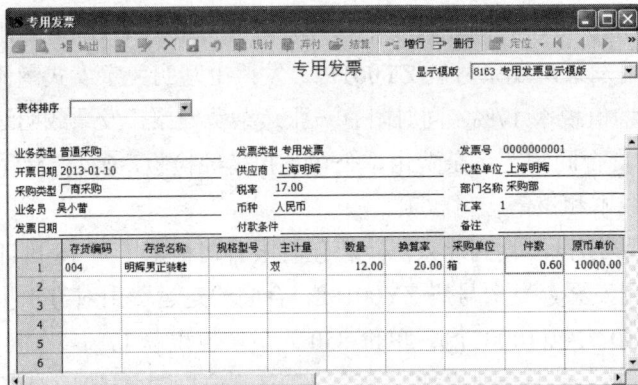

图 2-65　拷贝生成采购专用发票

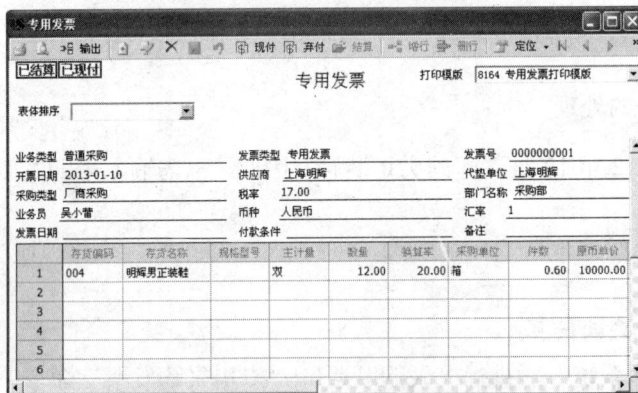

图 2-66　现付结算

提示

对于上月末的暂估业务, 执行采购结算后, 还需要在存货核算系统中进行暂估处理(具体步骤见存货核算), 以便根据采购发票价格改写账簿资料, 确认采购成本。

2) 暂估处理

(1) 在存货核算系统中, 执行"业务核算"|"结算成本处理"命令, 打开"暂估处理查询"对话框。

(2) 选中"明辉鞋仓"前的复选框, 如图 2-67 所示。

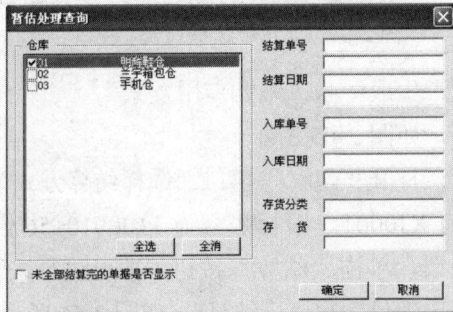

图 2-67　"暂估处理查询"对话框

(3) 单击"确定"按钮，打开"暂估结算表"窗口。

(4) 单击"选择"栏，或单击"全选"按钮，选中要暂估结算的结算单，如图 2-68 所示。

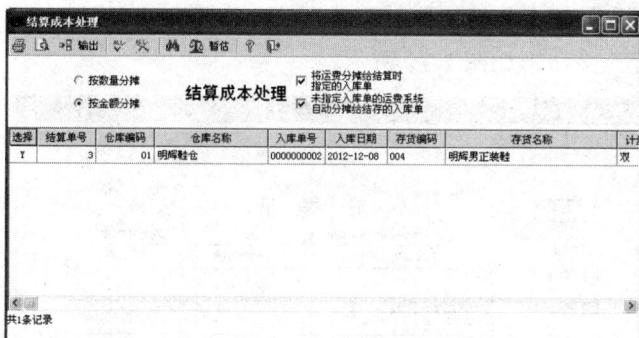

图 2-68　暂估结算表

(5) 单击"暂估"按钮。

3) 生成"红字回冲单"凭证

(1) 在存货核算系统中，执行"财务核算"|"生成凭证"命令，打开"生成凭证"窗口。

(2) 单击"选择"按钮，打开"查询条件"对话框。

(3) 选中"(24)红字回冲单"复选框和要生成凭证的单据，如图 2-69 所示。

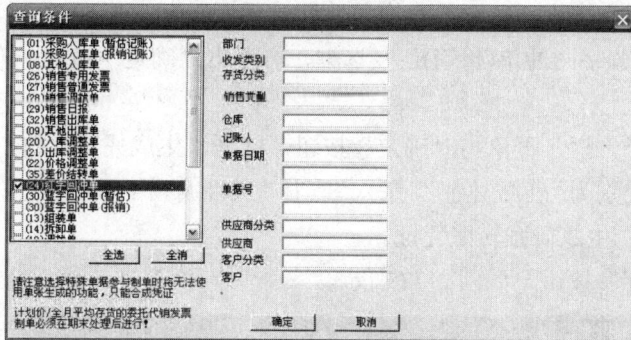

图 2-69　"查询条件"对话框

(4) 单击"确定"按钮，打开"未生成凭证单据一览表"窗口。

(5) 单击"选择"栏，如图 2-70 所示。

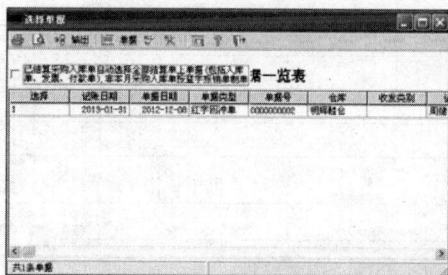

图 2-70　"未生成凭证单据一览表"窗口

(6) 单击"确定"按钮，打开"生成凭证"窗口。

(7) 录入"存货"科目编码为 1405，对方科目编码为 220202，选择"转账凭证"。

(8) 单击"生成"按钮，生成一张转账凭证。

(9) 单击"保存"按钮，如图 2-71 所示。

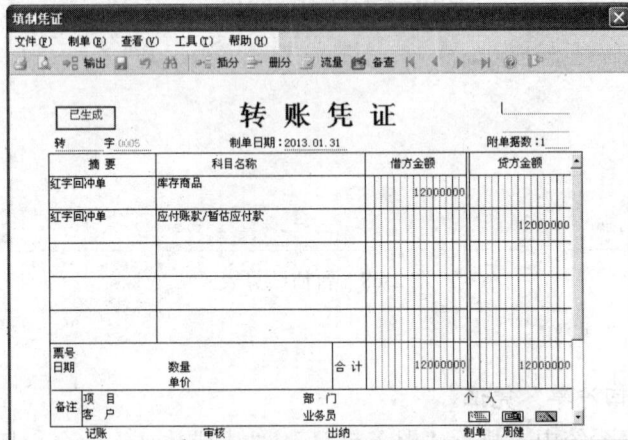

图 2-71　冲销暂估入账的凭证

4) 生成"蓝字回冲单(报销)"凭证

(1) 执行"财务核算"|"生成凭证"命令，打开"生成凭证"窗口。

(2) 单击"选择"按钮，打开"查询条件"对话框。

(3) 选中"(30)蓝字回冲单(报销)"复选框，再单击"确定"按钮，打开"未生成凭证单据一览表"窗口。

(4) 单击"选择"栏，再单击"确定"按钮，打开"生成凭证"窗口。

(5) 修改凭证类别为"转账凭证"，录入"存货"科目编码 1405，"对方"科目编码 1401。单击"生成"按钮，生成一张转账凭证。

(6) 单击"保存"按钮，如图 2-72 所示。

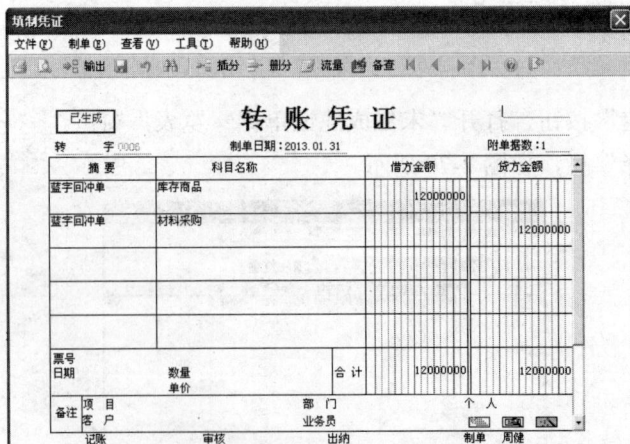

图 2-72　存货入库的凭证

(7) 单击"退出"按钮退出。

5) 现付单据审核与制单

(1) 在应付款管理系统中，执行"日常处理"|"应付单据处理"|"应付单据审核"命令，打开"单据过滤条件"对话框。选择"包含已现结发票"复选框，如图 2-73 所示。

图 2-73 "单据过滤条件"对话框

(2) 单击"确定"按钮，打开"应付单据列表"窗口。

(3) 单击"选择"栏，选中已现付单据。单击"审核"按钮，完成对现付发票的审核，如图 2-74 所示。

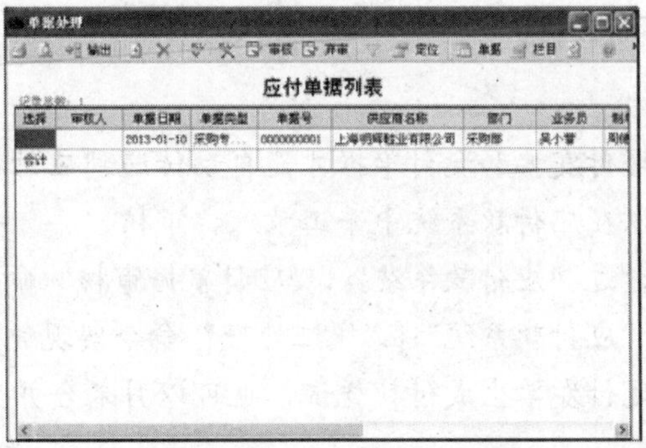

图 2-74 "应付单据列表"窗口

(4) 单击"确定"按钮，再单击"退出"按钮退出。

(5) 执行"制单处理"命令，选择"现结制单"复选框，如图 2-75 所示。

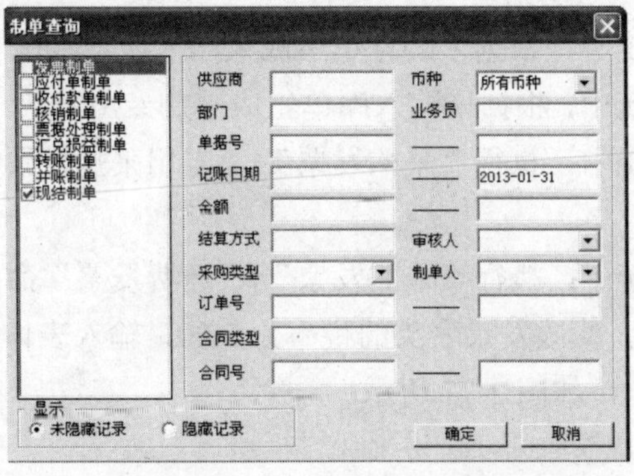

图 2-75 "制单查询"对话框

(6) 单击"确定"按钮，打开"现结制单"窗口。

(7) 单击"全选"按钮，选择凭证类别为"付款凭证"。单击"制单"按钮，生成一张付款凭证自动传递到总账系统，如图 2-76 所示。在总账系统中可以查询、审核该付款凭证。

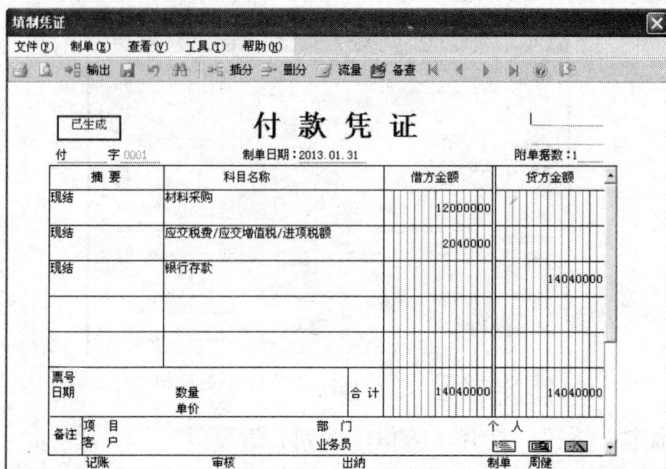

图 2-76　现结付款凭证

(8) 单击"保存"按钮。

提示

- 采购结算后，现付发票和现付单据才能自动传递到应付款系统。
- 付款单据也可以在应付款系统中手工录入、审核。
- 现付单据只能通过"应付款系统"|"应付单据审核"命令实现审核。
- 现付发票通过"应付款系统"|"凭证处理"命令实现凭证生成。
- 可以根据每张现付发票生成付款凭证，也可以月末合并生成付款凭证。

2. 第 2 笔业务的处理

本笔业务需要录入采购入库单、采购发票、运费发票并进行手工结算。

操作步骤

(1) 在库存管理系统中，根据采购订单生成采购入库单。

(2) 在采购管理系统中，根据采购入库单生成采购专用发票，修改发票号为 ZY00112。

(3) 在采购管理系统中，执行"采购发票"|"专用采购发票"命令，根据采购入库单拷贝生成采购专用发票。

(4) 在采购管理系统中，执行"采购发票"|"运费发票"命令。单击"增加"按钮，手工输入一张运费发票，修改发票表头的税率为 0.00，输入表体内容，存货名称为"运输费"，单击"保存"按钮，如图 2-77 所示。

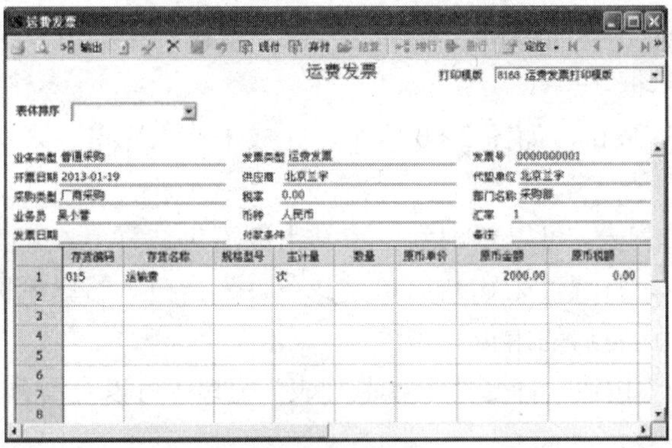

图 2-77　运费发票

(5) 在采购管理系统中，执行"采购结算"|"手工结算"命令，打开"手工结算"窗口。

(6) 单击"选单"按钮，再单击"过滤"按钮、"刷入"按钮和"刷票"按钮，并选择采购入库单、采购发票和运费发票，如图 2-78 所示。

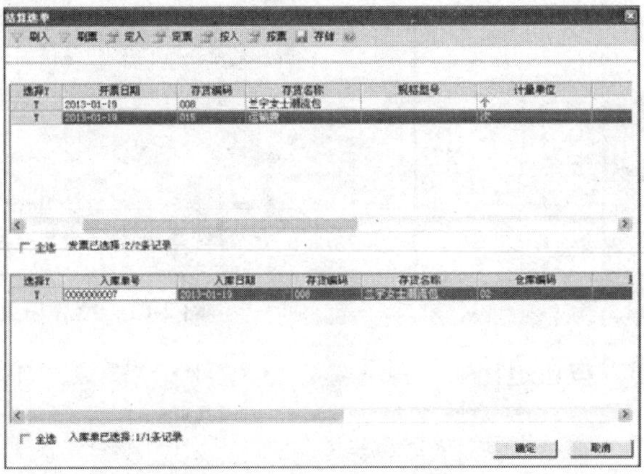

图 2-78　手工结算选单

(7) 单击"确定"按钮，如图 2-79 所示。

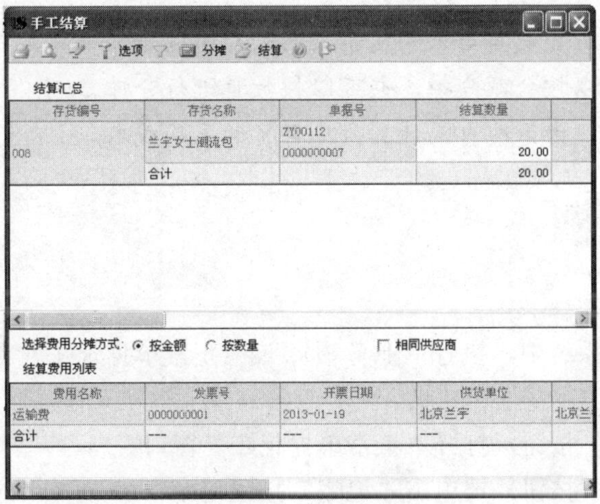

图 2-79　手工结算选票

(8) 选择“按数量”单选按钮，单击“分摊”按钮，再单击“结算”按钮，系统弹出“完成结算”信息提示框。

(9) 单击“确定”按钮，如图 2-80 所示，完成采购入库单、采购发票和运费发票之间的结算。

(10) 查询结算单列表，可以查询到兰宇女士潮流包结算单。执行“业务”|“采购结算”|“结算单列表”命令，打开“采购结算单过滤条件”窗口。结算单价为 551 元，暂估单价为 550 元，即为分摊运费后的单价。

(11) 单击“过滤”按钮，打开“结算单列表”窗口，可以查看到第 4 张结算单的内容，如图 2-81 所示。

图 2-80　完成手工结算

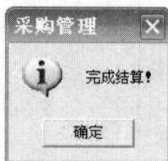

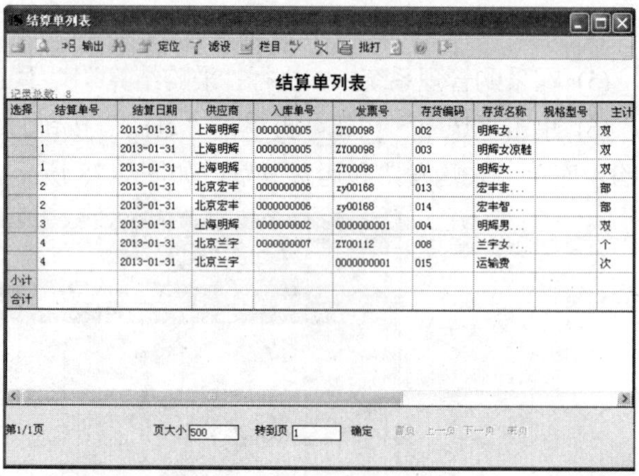

选择	结算单号	结算日期	供应商	入库单号	发票号	存货编码	存货名称	规格型号	主计
	1	2013-01-31	上海明辉	0000000005	ZY00098	002	明辉女...		双
	1	2013-01-31	上海明辉	0000000005	ZY00098	003	明辉女凉鞋		双
	1	2013-01-31	上海明辉	0000000005	ZY00098	001	明辉女...		双
	2	2013-01-31	北京宏丰	0000000006	zy00168	013	宏丰非...		部
	2	2013-01-31	北京宏丰	0000000006	zy00168	014	宏丰智...		部
	3	2013-01-31	上海明辉	0000000002	0000000001	004	明辉男...		双
	4	2013-01-31	北京兰宇	0000000007	ZY00112	008	兰宇女...		个
	4	2013-01-31	北京兰宇		0000000001	015	运输费		次
小计									
合计									

图 2-81　结算单列表

(12) 单击“退出”按钮退出。

提示

- 采购运费发票只能手工录入，并将运输费用视为一项“存货”。
- 运费发票上如果载明是市外运输费，则可以按市外运输费的 7%作为进项增值税处理，93%计入采购材料的成本。
- 采购订单、运费发票与采购发票之间只能通过手工结算完成采购结算。
- 采购运费可以按金额分摊，也可以按数量进行分摊。
- 采购结算后，由系统自动计算入库存货的采购成本。

1) 确定存货成本

(1) 单据记账

操作步骤

① 在存货核算系统中，执行“业务核算”|“正常单据记账”命令，打开“正常单据记账条件”对话框。

② 单击“确定”按钮，打开“正常单据记账”窗口。

③ 单击“全选”按钮，再单击“记账”按钮记账。

④ 单击“退出”按钮，退出。

(2) 生成凭证

操作步骤

① 在存货核算系统中,执行"财务核算"|"生成凭证"命令,打开"生成凭证"窗口。

② 单击"选择"按钮,打开"查询条件"对话框。

③ 选中"采购入库单(报销记账)"复选框。

④ 单击"确定"按钮,打开"未生成凭证单据一览表"窗口。

⑤ 单击"全选"按钮,再单击"确定"按钮。

⑥ 修改凭证类别为"转账凭证",再录入"存货"科目为1405,"对方"科目为1401。

⑦ 单击"生成"按钮,生成一张"转账凭证"。

⑧ 单击"保存"按钮保存。

2) 确定应付账款

(1) 审核应付单据

操作步骤

① 在应付款管理系统中,执行"应付单据处理"|"应付单据审核"命令,打开"单据过滤条件"对话框。

② 单击"确定"按钮,打开"应付单据列表"窗口。

③ 单击"全选"按钮,再单击"审核"按钮。

(2) 制单处理

操作步骤

① 在应付款管理系统中,执行"制单处理"命令,打开"制单查询"对话框。

② 单击"确定"按钮,打开"采购发票制单"窗口。

③ 单击"全选"按钮,修改凭证类别为"转账凭证"。再单击"制单"按钮,根据采购发票和运费发票分别生成两张转账凭证。

④ 单击"保存"按钮保存。

3. 第 3 笔业务的处理

本笔业务需要生成采购入库单,按照采购订单生成采购发票,并执行手工采购结算。

操作步骤

(1) 在库存管理系统中,执行"入库业务"|"采购入库单"命令,单击"生单"按钮,根据采购订单生单打开"选择采购订单或采购到货单"窗口。

(2) 选中"显示表体"复选框,单击"库存单位"栏参照按钮,选择"大包",再修改表体中"本次入库件数"为9.00,如图2-82所示。

(3) 单击"确定"按钮,生成采购入库单后单击"审核"按钮。

(4) 在采购管理系统中,执行"业务"|"发票"|"专用采购发票"命令,根据采购订单生成采购发票。单击"保存"按钮,再单击"现付"按钮,支付50%的款项(994 500×50% = 497 250),另外50%形成应付款项。

(5) 在采购管理系统中，执行"业务"|"采购结算"|"手工结算"命令，打开结算窗口。

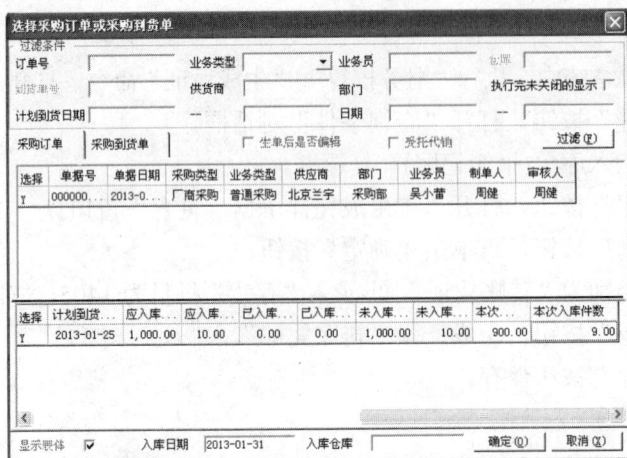

图 2-82　修改入库单数量

(6) 单击"选单"按钮，再单击"过滤"按钮、"刷入"按钮和"刷票"按钮，并选择采购发票和采购入库单，单击"确定"按钮。

(7) 输入合理损耗数量 1.00，如图 2-83 所示。

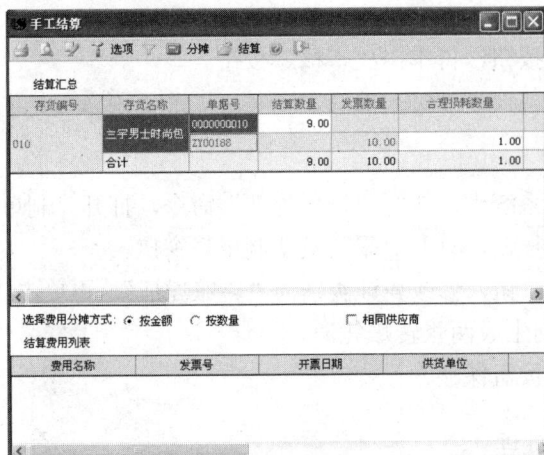

图 2-83　输入合理损耗数量

(8) 单击"分摊"按钮，再单击"结算"按钮，完成结算。

(9) 查询结算单列表，可以查询结算情况。

提示

● 如果采购入库数量小于发票数量，属于损耗，可以根据损耗原因在采购手工结算时，在相应栏内输入损耗数量，即可进行采购结算。

● 如果采购入库数量大于发票数量，则应该在相应损耗数量栏内输入负数量，系统将入库数量大于发票的数量视为赠品，不计算金额，降低入库存货的采购成本。

● 如果入库数量＋合理损耗＋非合理损耗等项目不等于发票数量，则系统提示不能结算。

- 如果针对一张入库单进行分批结算，则需要手工修改结算数量，并按发票数量进行结算，否则系统会提示"入库数量＋合理损耗＋非合理损耗不等于发票数量，不能结算"。
- 如果在生成发票时没有立即付款，可以先确认为应付账款，然后在应付款管理系统中手工录入一张付款单，审核确认后制单，或者期末合并制单。

1) 确认采购成本

在存货核算系统中，分别执行"正常单据记账"和"生成凭证"命令。

2) 应付单据审核

操作步骤

(1) 在应付款系统中，执行"应付单据处理"|"应付单据审核"命令，打开"单据过滤条件"对话框。

(2) 选中"包含已现结发票"复选框，如图 2-84 所示。

图 2-84 "单据过滤条件"对话框

(3) 单击"确定"按钮，打开"应付单据列表"窗口。

(4) 单击"全选"按钮，再单击"审核"按钮。

3) 生成现结凭证

操作步骤

(1) 在应付款系统中，执行"制单处理"命令，打开"制单查询"对话框。

(2) 选择"现结制单"复选框，取消"发票制单"复选框，如图 2-85 所示。

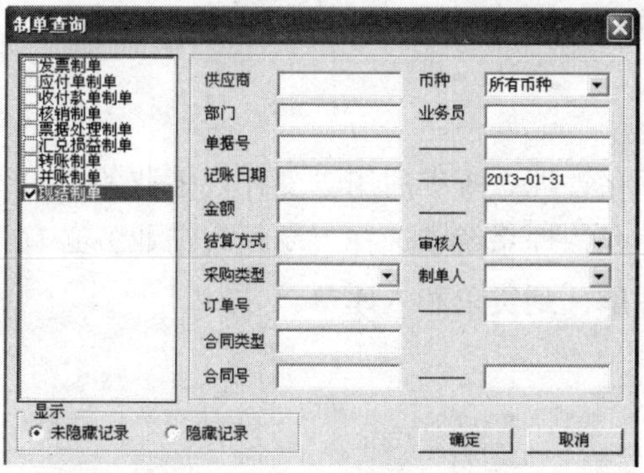

图 2-85 "制单查询"对话框

(3) 单击"确定"按钮，打开"现结制单"窗口。

(4) 单击"全选"按钮，修改凭证类别为"付款凭证"，再单击"制单"按钮，生成一张付款凭证。

(5) 单击"保存"按钮，如图 2-86 所示。

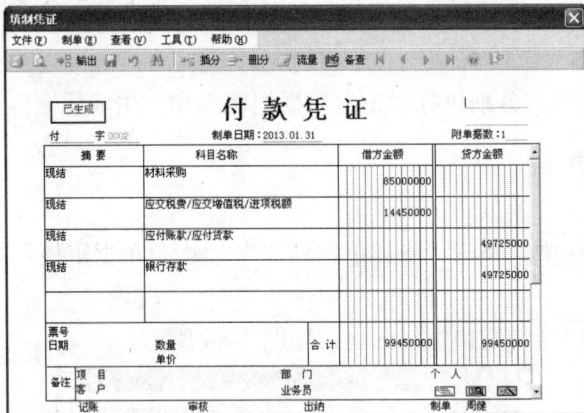

图 2-86 付款凭证

4. 账套备份

在 C:\"供应链账套备份"文件夹中新建"888-2-3 普通采购业务(二)"文件夹。将账套输出至 C:\"供应链账套备份"\"888-2-3 普通采购业务(二)"文件夹中。

实验四　受托代销业务

实验准备

已经完成第 2 章实验三的操作，或者引入光盘中的 888-2-3 账套备份数据。将系统日期修改为"2013 年 1 月 31 日"，以 111 操作员(密码为 1)的身份登录 888 账套的"企业应用平台"。

实验要求

- 在采购管理或库存管理系统中启用"受托代销业务"。
- 在采购管理或库存管理系统中选择"受托代销业务必有订单"。
- 录入受托代销订单、到货和入库单。
- 受托代销结算。

实验资料

(1) 2013 年 1 月 8 日，代上海伊梦电子科技公司代销伊梦非智能手机 10 部，智能手机 8 部，结算并收到普通发票，发票号为 PT00055，结算单价分别为 2000 元和 3500 元。

(2) 本公司受托代销上海伊梦电子科技公司的手机。2013 年 1 月 18 日，收到奥尔马表厂发来的非智能手机 10 部，智能手机 15 部，单价分别为 2000 元和 3500 元。

实验指导

1. 第 1 笔业务的处理

受托代销业务是一种先销售后结算的采购模式。其他企业委托本企业代销其商品，但商品所有权仍然归委托方，代销商品售出后，本企业与委托方进行结算，由对方开具正式的发票，商品所有权转移。

操作步骤

(1) 在采购管理系统中执行"采购结算"|"受托代销结算"命令，打开"受托代销结算"窗口。

(2) 单击"选单"按钮，参照供应商编码，选择"上海伊梦电子科技公司"。

(3) 选择"入库单"选项卡，系统弹出"选择入库单"窗口。单击"开始加载"按钮，系统将符合条件的入库单带入，分别单击"选择"栏，选择要结算的入库单记录，如图 2-87 所示。

(4) 单击"确定"按钮，返回"受托代销结算"窗口。

(5) 修改发票日期和结算日期均为 2013-01-08，在"发票号"输入 PT00055，发票类型选择"普通发票"，在"税率"文本框中选择 0.00，"采购类型"选择"代理商进货"，再拖动窗口下方的左右滚动条，分别修改"含税单价"为 2000 和 3500；如图 2-88 所示。

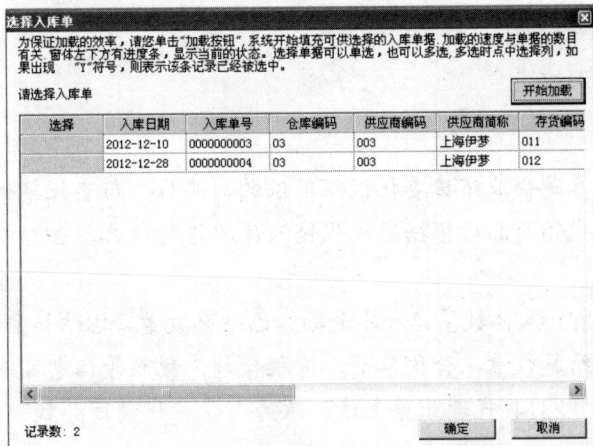

图 2-87 "选择入库单"窗口

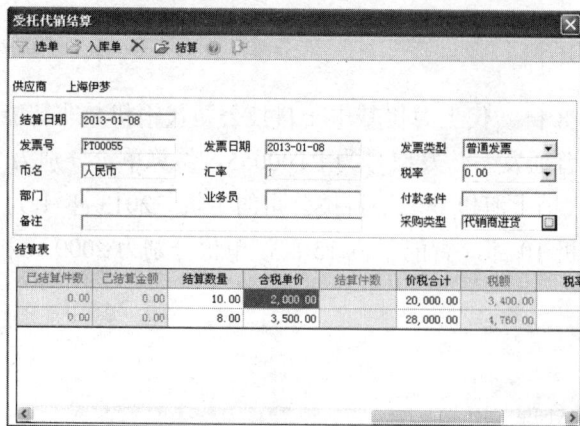

图 2-88 "受托代销结算"窗口

(6) 如果要取消本次结算,单击"删除"按钮,可以取消要结算的入库单记录。

(7) 单击"结算"按钮,系统进行结算,自动生成受托代销发票、受托代销结算单,并弹出"结算完成"信息提示对话框,如图 2-89 所示。

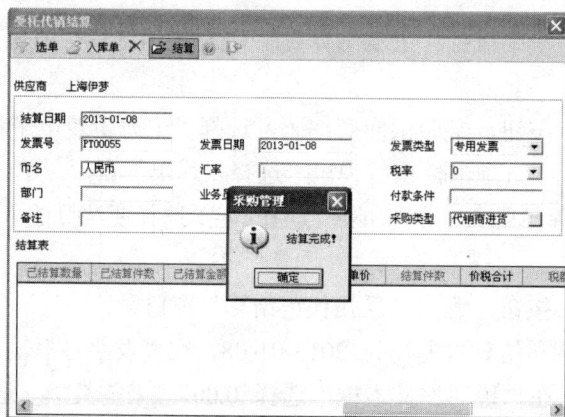

图 2-89 "结算完成"信息提示对话框

(8) 单击"确定"按钮。

(9) 单击"关闭"按钮。

提示

● 受托代销结算是企业销售委托代销单位的商品后,与委托单位办理付款结算。

● 受托方销售代销商品后根据受托代销入库单进行结算,也可以在取得委托人的发票后再结算。

● 结算表中存货、入库数量、入库金额、已结算数量、已结算金额等信息不能修改。

● 结算表中的结算数量、含税单价、价税合计、税额等信息可以修改。

● 将会计科目"2314 代理业务负债"改为"受托代销商品款"。

(10) 在应付款系统中,执行"应付单据审核"命令,打开"单据过滤条件"对话框。

(11) 单击"确定"按钮,打开"应付单据列表"窗口。单击"全选"按钮,再单击"审核"按钮。

(12) 执行"制单处理"命令，制单并保存，如图 2-90 所示。

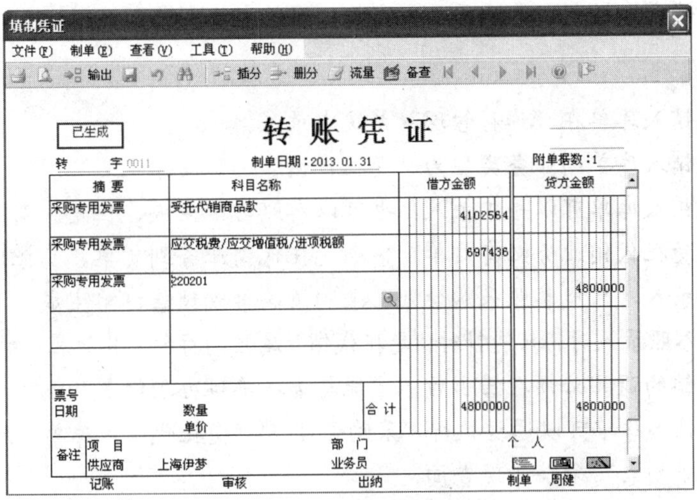

图 2-90 应付账款的凭证

2. 第 2 笔业务的处理

收到委托人发来的代销商品时，应该及时办理受托代销商品入库手续；也可以先办理到货手续，再根据到货单生成受托代销入库单。

操作步骤

(1) 在采购管理系统中，执行"采购到货"|"到货单"命令，打开"到货单"窗口。

(2) 单击"增加"按钮，"业务类型"选择"受托代销"。

(3) 继续录入"采购到货单"的其他信息，如图 2-91 所示。

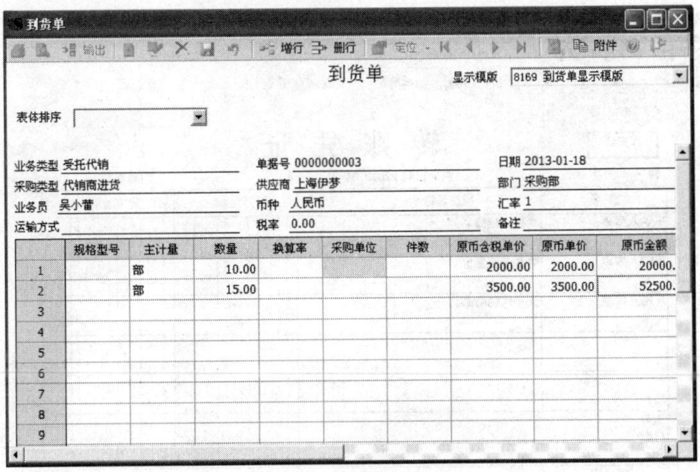

图 2-91 采购到货单

(4) 单击"保存"按钮。

(5) 在库存管理系统中，执行"业务"|"入库"|"采购入库单"命令，单击"生单"

按钮，打开"采购到货单"选项卡。单击"选择"栏，再选中"显示表体"复选框，修改入库日期为 2013-01-18，"入库仓库"选择"手机仓"。

(6) 单击"确定"按钮，生成采购入库单，再单击"审核"按钮。

提示

- 受托代销入库单在"库存管理"系统中录入。
- 受托代销入库单的业务类型为"受托代销"。
- 受托代销入库单可以手工录入，也可以参照订单生成。但是如果在采购选项中选择了"受托代销业务必有订单"，则受托代销业务到货单、受托代销入库单都不能手工录入，只能参照采购计划、采购请购单或销售订单生成。
- 手工或参照录入时，只能针对"受托代销"属性的存货，其他属性的存货不能显示。
- 受托代销的商品必须在售出后，才能与委托单位办理结算。
- 受托代销入库单可以通过执行"采购管理"|"受托代销入库单"或"采购管理"|"入库单列表"命令实现查询。

(7) 在存货核算系统中，执行"业务核算"|"正常单据记账"命令，打开"正常单据记账"对话框。

(8) 单击"确定"按钮，打开"正常单据记账"对话框。

(9) 单击"全选"按钮，再单击"记账"按钮。

(10) 单击"退出"按钮退出。

(11) 执行"财务核算"|"生成凭证"命令，打开"生成凭证"窗口。选择"采购入库单(暂估记账)"复选框，打开"未生成凭证单据一览表"窗口，选择对应的入库单，单击"确认"按钮，回到"生成凭证"窗口。录入"存货"科目编码 1321，"应付暂估"科目 2314，"差价"科目 1407，生成的凭证如图 2-92 所示。

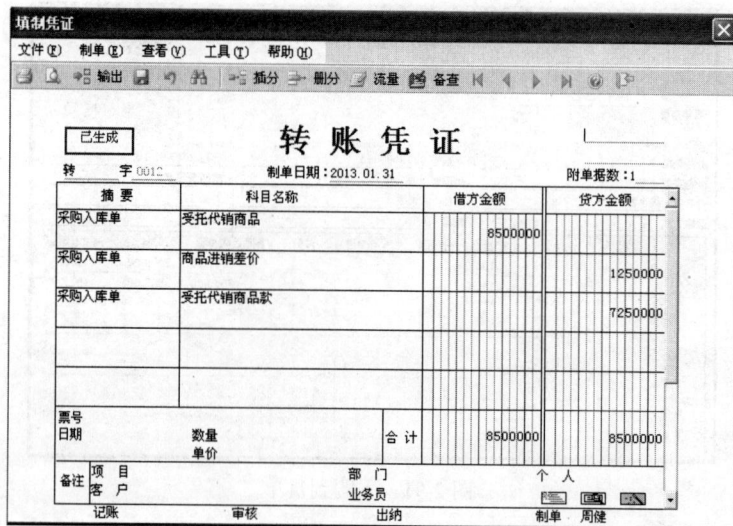

图 2-92 转账凭证

3. 账套备份

在 C:\"供应链账套备份"文件夹中新建"888-2-4 受托代销业务"文件夹。根据要求将账套备份到 C:\"供应链账套备份"\"888-2-4 受托代销业务"文件夹中。

实验五　采购特殊业务处理

采购环节的特殊业务主要包括暂估业务和采购退货业务。

实验准备

已经完成第 2 章实验四的操作，或者引入光盘中的 888-2-4 账套备份数据。将系统日期修改为"2013 年 1 月 31 日"，以 111 操作员(密码为 1)的身份登录 888 账套的"企业应用平台"。

实验要求

- 增加"非合理损耗类型"——运输部门责任。
- 对于上月暂估业务，本月发票已到，执行采购结算并确认采购成本。
- 对于本月末采购商品已到但发票未到的业务进行暂估处理。
- 尚未结算的采购退货业务的处理。
- 已经执行采购结算的采购退货业务处理。
- 备份 888 账套供应链实验数据。

实验资料

(1) 2013 年 1 月 18 日，收到 2012 年 12 月 18 日暂估业务的专用发票，发票号 ZY0021。发票上载明明辉女正装鞋 95 双，单价 350 元，短缺的 5 双为非合理损耗。已查明属于运输部门责任，运输部门同意赔偿 2047.5 元(尚未收到)。财务部门按发票开出转账支票(支票号 ZZ00558899)支付全部款项。

(2) 2013 年 1 月 20 日，向上海明辉鞋业有限公司订购明辉女凉鞋 200 双，单价 200 元。本月 25 日全部到货，办理入库手续。

(3) 2013 年 1 月 27 日，收到本月 22 日采购的宏丰智能手机 50 部，单价 3700 元。28 日验收入库时发现 10 部存在质量问题，与对方协商，退货 10 部，验收合格的手机办理入库手续。

(4) 2013 年 1 月 28 日，发现本月 25 日入库的明辉女凉鞋 10 双存在质量问题，要求该批女凉鞋全部退回。与上海明辉鞋业有限公司，对方同意全部退货。对方已经按 200 双开具专用发票。发票已于 27 日收到(发票号 ZY00258),但尚未结算。

(5) 2013 年 1 月 30 日,本月 20 日向北京兰宇箱包有限公司订购的 500 个兰宇女士钱包,单价为 120 元,30 日全部到货并办理了验收入库手续。31 日,发现 20 个钱包有质量问题,经协商,对方同意退货。当日收到对方开具的专用发票,发票号 ZY00518。

(6) 2013 年 1 月 31 日,发现本月 30 日入库的 2 部宏丰非智能手机、5 部宏丰智能手机存在质量问题,要求退货。经与北京宏丰电子科技公司协商,对方同意退货。该批手机已于 30 日办理采购结算。

(7) 2013 年 1 月 31 日,本月 20 日向北京宏丰电子科技公司订购 30 部宏丰智能手机,单价 3 700 元,手机已于本月 26 日收到并验收入库,但发票至今未收到。

实验指导

1. 第 1 笔业务的处理

本笔业务属于上年 12 月末的暂估业务,本月需要输入(拷贝生成)采购发票,执行采购结算,进行暂估处理,确认采购成本。

操作步骤

(1) 在采购管理系统中,执行“采购发票”|“专用采购发票”命令,打开“采购专用发票”窗口。

(2) 单击“增加”按钮,修改发票号为 ZY0021 项目。

(3) 在表体栏单击右键,选择要拷贝的采购入库单,选择 2012 年 12 月 18 日的入库单并单击“确定”按钮。

(4) 原采购入库单上的采购单价为 350 元,入库数量为 100 双,而发票载明单价350元,数量 95 双。此处应按发票修改,数量为 95 双。全部信息确认无误后单击“保存”按钮,如图 2-93 所示。

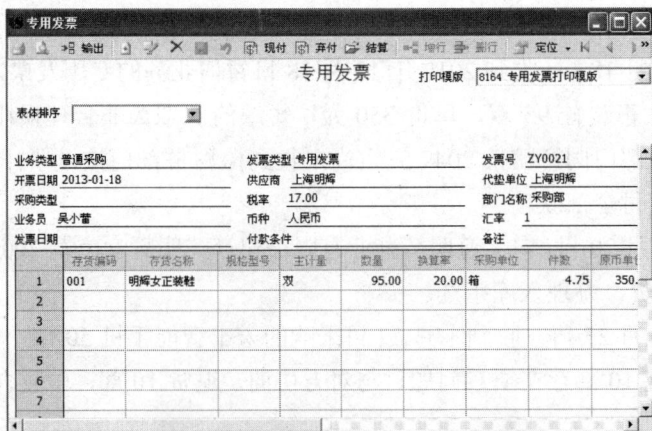

图 2-93 修改采购专用发票价格

(5) 单击"现付"按钮，打开"采购现付"对话框，输入结算方式(转账支票)、结算金额(38 902.5)、票据号(ZZ00558899)和银行账号(110001015678)，如图 2-94 所示。

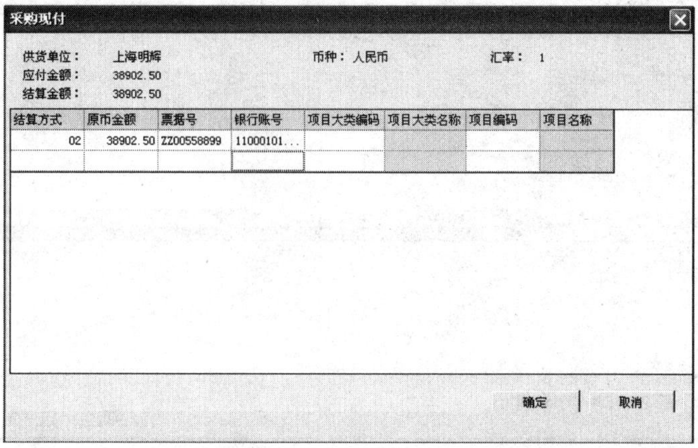

图 2-94 "采购现付"对话框

(6) 确认所有付款信息后，单击"确定"按钮，在"采购专用发票"上打上了"已现付"标记。

(7) 在采购管理系统中，选择"设置"选项卡，执行"基础档案"|"业务"|"非合理损耗类型"命令，增加非合理损耗类型编码 01，类型名称为"运输部门责任"，单击"保存"按钮，如图 2-95 所示。

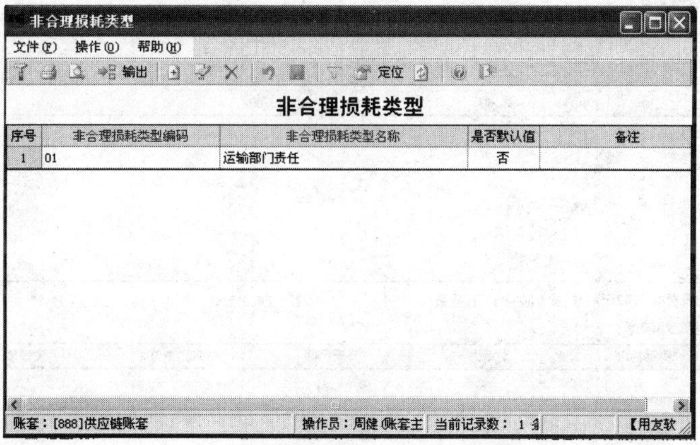

图 2-95 非合理损耗类型设置

(8) 在采购管理系统中，执行"采购结算"|"手工结算"命令，打开"手工结算"窗口。

(9) 单击"选单"按钮，再单击"过滤"按钮，设置过滤条件为"日期为 2012 年 12 月 1 日—2013 年 1 月 31 日"。单击"确定"按钮。

(10) 单击"刷入"按钮、"刷票"按钮，并选择相应的采购入库单和采购发票，如图 2 96 所示。

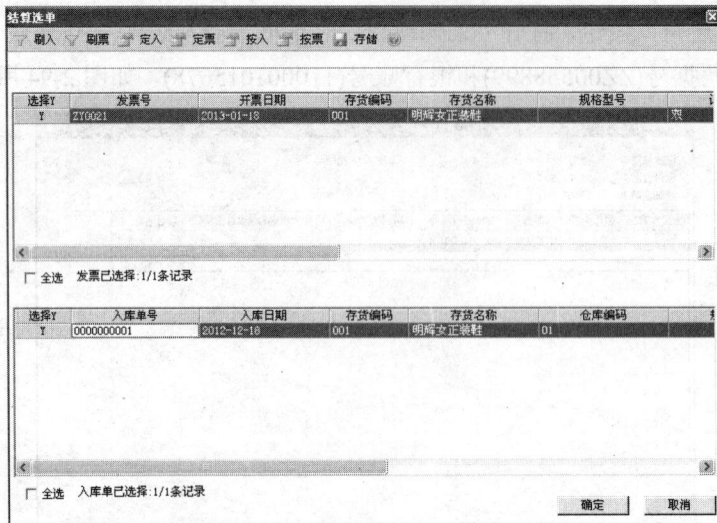

图 2-96　选择采购入库单和采购发票

(11) 单击"确定"按钮。

(12) 在发票的"非合理损耗数量"栏输入 5.00，"非合理损耗类型"选择"01 运输部门责任"，在"进项税转出金额"栏输入 297.5 元(5×350×0.17)，如图 2-97 所示。

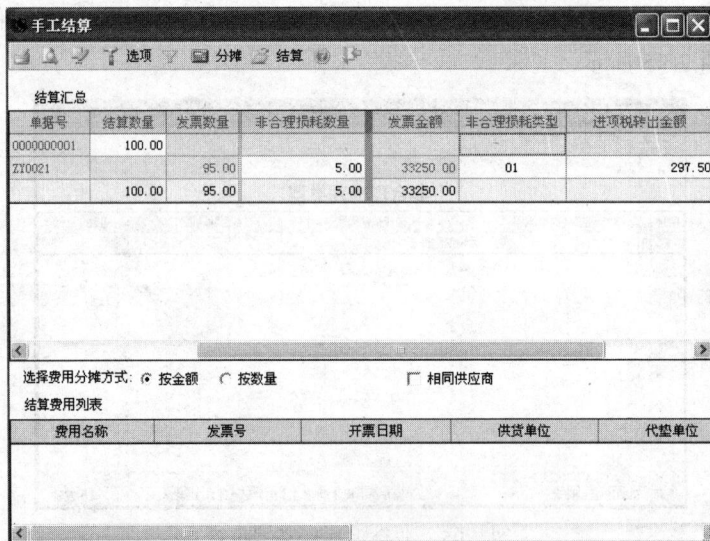

图 2-97　非合理损耗结算

(13) 单击"结算"按钮，系统弹出"完成结算"信息提示框。

提示

- 采购溢缺处理需要分清溢缺原因和类型，并分别进行处理。
- 如果为非合理损耗，需要在采购管理系统中设置非合理损耗的类型，否则，不能结算。
- 采购溢缺的结算只能采用手工结算。

- 只有"发票数量 = 结算数量 + 合理损耗数量 + 非合理损耗数量",该条入库单记录与发票记录才能进行采购结算。
- 如果入库数量大于发票数量,则在选择发票时,在发票的附加栏"合理损耗数量"、"非合理损耗数量"、"非合理损耗金额"中输入溢余数量和溢余金额,数量、金额为负数。系统将多余数量按赠品处理,只是降低了入库货物的单价,与企业的分批结算概念不同。
- 如果入库数量小于发票数量,则在选择发票时,在发票的附加栏"合理损耗数量"、"非合理损耗数量"、"非合理损耗金额"中输入短缺数量、短缺金额,数量、金额为正数。
- 如果是非合理损耗,应该转出进项税额。
- 本月对上月暂估业务执行采购结算后,还需要在存货核算系统中记账后,执行结算成本处理(具体处理方法见存货核算相关业务处理)。

1) 应付款系统

在应付款管理系统中,对"包含已现结发票"的应付单据进行审核并制单,如图 2-98 所示。

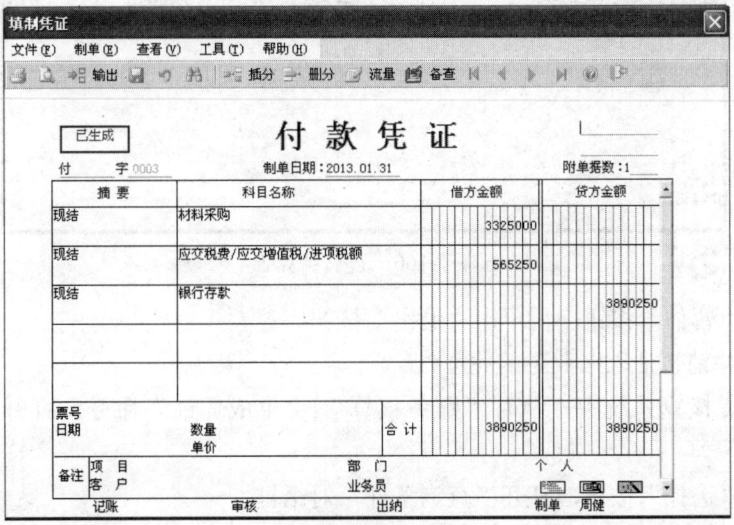

图 2-98　付款凭证

2) 存货核算系统

操作步骤

(1) 结算成本处理。

① 在存货核算系统中,执行"业务核算"|"结算成本处理"命令,打开"暂估处理查询"对话框。

② 选中"明辉鞋仓"前的复选框,如图 2-99 所示。

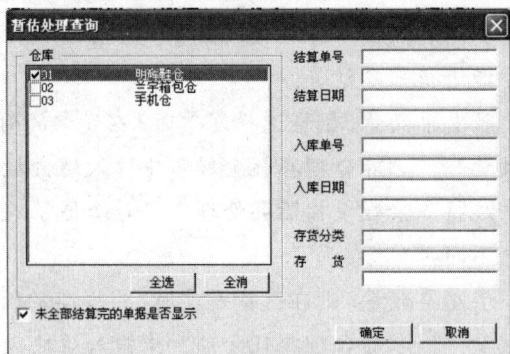

图 2-99 "暂估处理查询"对话框

③ 单击"确定"按钮，打开"结算成本处理"窗口。

④ 选中入库单号为 0000000001 的入库单，如图 2-100 所示。

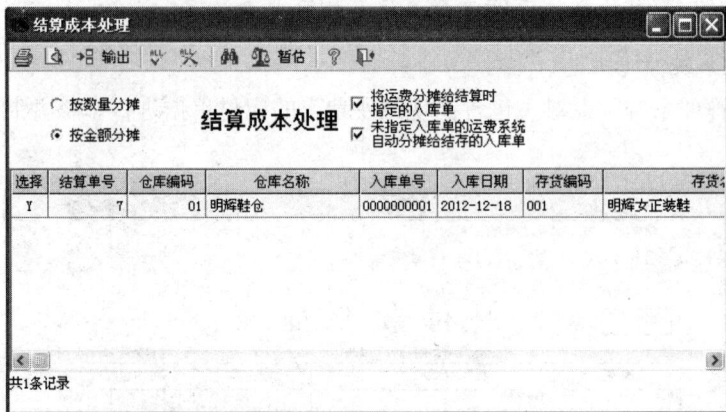

图 2-100 暂估结算表

⑤ 单击"暂估"按钮，再单击"退出"按钮。

(2) 生成冲销暂估入账业务的凭证。

① 在存货核算系统中，执行"财务核算"|"生成凭证"命令，打开"生成凭证"窗口。

② 单击"选择"按钮，打开"查询条件"对话框。

③ 选中"(24)红字回冲单"复选框，并单击"确定"按钮。

④ 选中要生成凭证的单据，修改凭证类别为"转账凭证"，录入"存货"科目编码 1405 和"对方"科目编码 220202。

⑤ 单击"确定"按钮，生成一张红字凭证，如图 2-101 所示。

(3) 生成"蓝字回冲单(报销)"的凭证。

① 在存货核算系统的"生成凭证"窗口中，单击"选择"按钮，打开"查询条件"对话框。

② 选择"(30)蓝字回冲单(报销)"复选框，如图 2-102 所示。

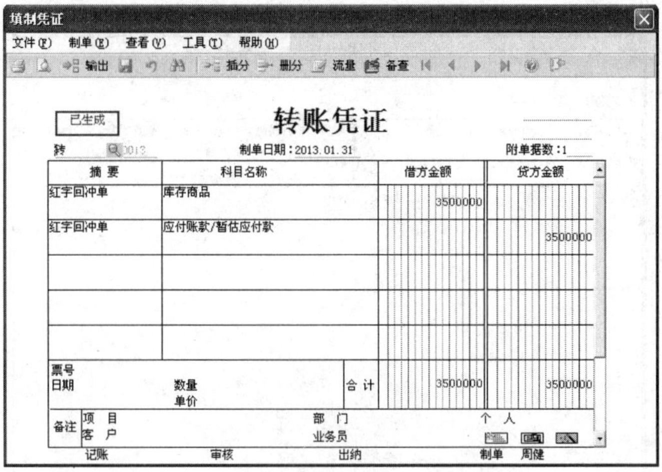

图 2-101　冲销暂估入库的凭证

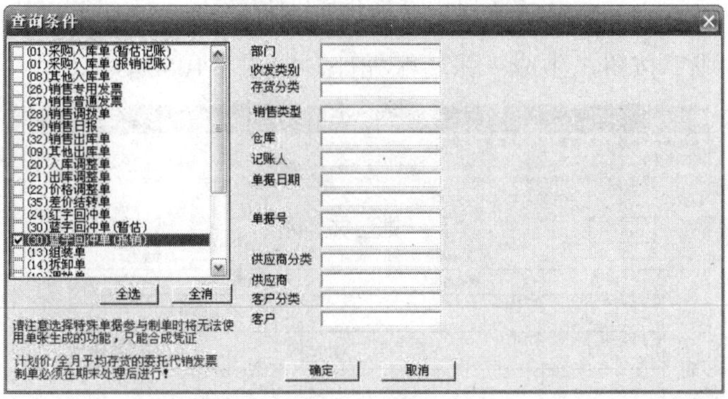

图 2-102　"查询条件"对话框

③ 单击"确定"按钮，打开"未生成记账凭证单据一览表"窗口。

④ 单击"选择"栏，如图 2-103 所示。

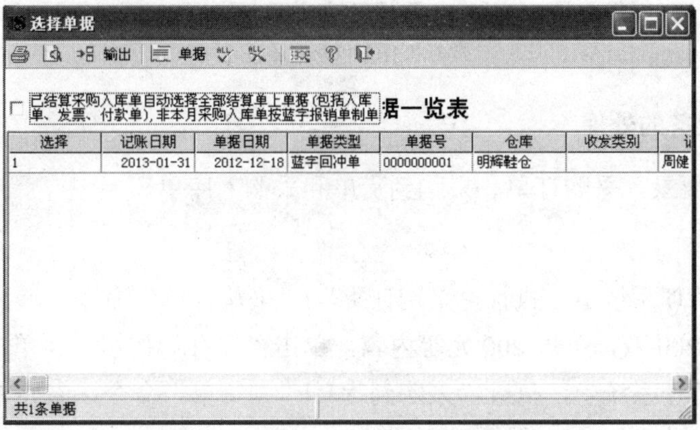

图 2-103　"未生成凭证单据一览表"窗口

⑤ 单击"确定"按钮。

⑥ 录入相关信息，如图 2 104 所示。

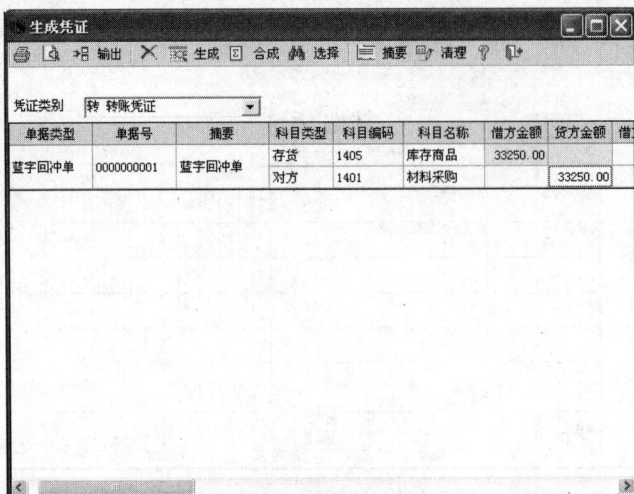

图 2-104　录入存货和对方科目

⑦ 单击"生成"按钮，生成一张转账凭证，如图 2-105 所示。

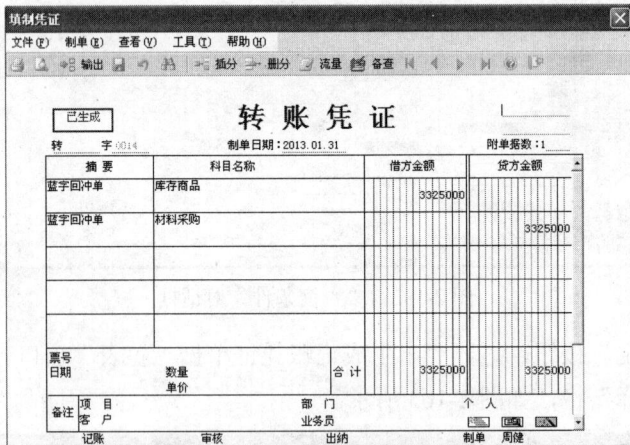

图 2-105　转账凭证

2. 第 2 笔业务的处理

本笔业务需要录入采购订单、采购到货单和采购入库单。

操作步骤

(1) 在采购管理系统中，执行"采购订货"|"采购订单"命令，增加一张采购订单。输入采购女凉鞋 200 双，单价 200 元等内容，单击"保存"按钮，再单击"审核"按钮。

(2) 在采购管理系统中，执行"采购到货"|"到货单"命令，参照采购订单生成女凉鞋的采购到货单，如图 2-106 所示。

(3) 在库存管理系统中，执行"入库业务"|"采购入库单"命令。在采购入库单窗口中，直接单击"生单"按钮，选择到货单生成采购入库单，单击"保存"按钮，再单击"审核"按钮。

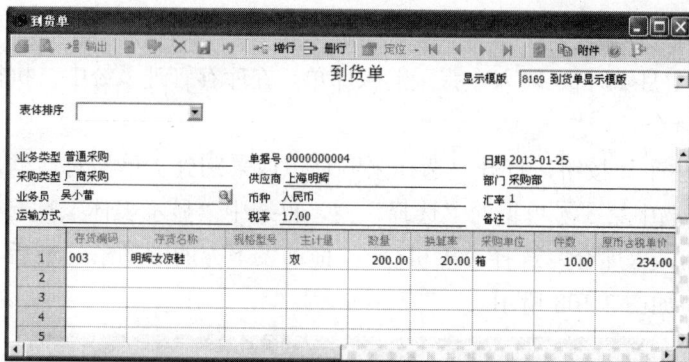

图 2-106　采购到货单

(4) 在存货核算系统中，执行"业务核算"|"正常单据记账"命令进行单据记账。

注意：

由于此时尚未收到采购发票，还未进行采购结算，暂不生成凭证，也暂不确认应付账款。

3. 第 3 笔业务的处理

本笔业务属于入库前部分退货业务，需要录入采购订单、采购到货单和退货单，并根据实际入库数量输入采购入库单。

操作步骤

1) 填制采购订单和采购到货单

(1) 2013 年 1 月 22 日，在采购管理系统中，执行"采购订货"|"采购订单"命令，增加采购订单。输入宏丰智能手机 50 部，单价 3700 元，单击"保存"按钮，再单击"审核"按钮。

(2) 2013 年 1 月 27 日，执行"到货"|"到货单"命令，根据采购订单生成采购到货单。

(3) 2013 年 1 月 28 日，入库时发现 10 部手机不合格，需要开具 10 部的退货单。执行"到货"|"到货退回单"命令，输入并保存一张红字采购到货单，退货数量为负数，如图 2-107 所示。

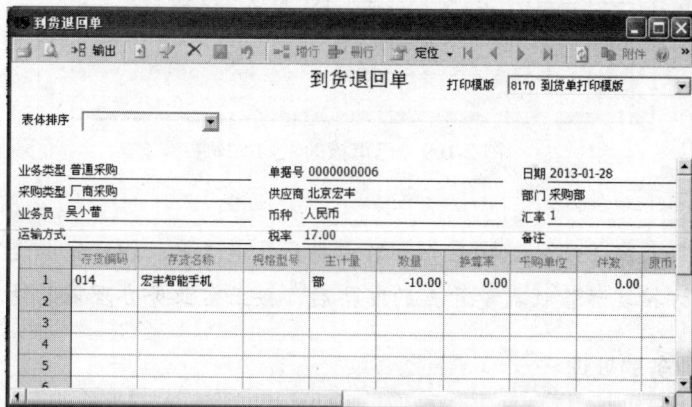

图 2-107　部分退货单

2) 填制采购入库单

(1) 2013 年 1 月 28 日，输入一张采购入库单。在库存管理系统中，执行"入库业务" | "采购入库单"命令。

(2) 单击"生单"按钮，打开"选择采购订单或采购到货单"对话框，选择"采购到货单"选项卡。选中第 5 号单据的"选择"栏，再选中"显示表体"复选框；修改入库日期为 2013-01-28，入库仓库选择"手机仓"；拖动表下方的滚动条到最后，修改"本次入库数量"为 40，如图 2-108 所示。

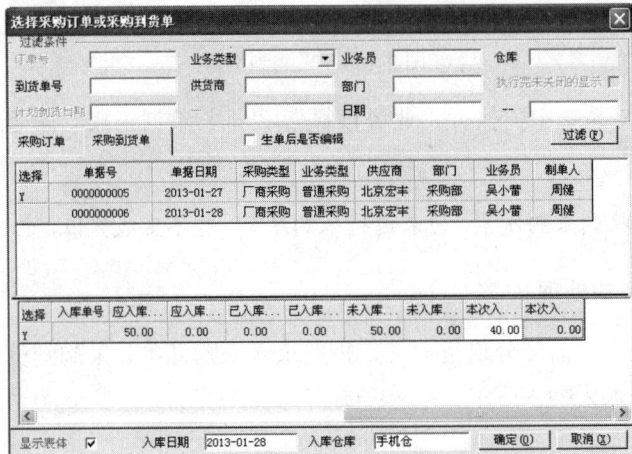

图 2-108　选择单据窗口

(3) 单击"确定"按钮，生成一张采购入库单。单击"审核"按钮，审核采购入库单，如图 2-109 所示。

图 2-109　已审核的采购入库单

提示

- 尚未办理入库手续的退货业务，只需要开具退货单，即可完成退货业务的处理。
- 收到对方按实际验收数量开具的发票后，按正常业务办理采购结算。

4. 第 4 笔业务的处理

本笔业务属于结算前全部退货业务，需要编制退货单、红字采购入库单，进行红蓝入库单和采购发票的手工结算。

操作步骤

(1) 2013 年 1 月 27 日，根据采购入库单生成采购发票，修改发票号为 ZY00258。在采购管理系统中，执行"采购发票"|"专用采购发票"命令，打开"专用发票"输入窗口，并根据 25 日填制的采购入库单生成采购专用发票，如图 2-110 所示。

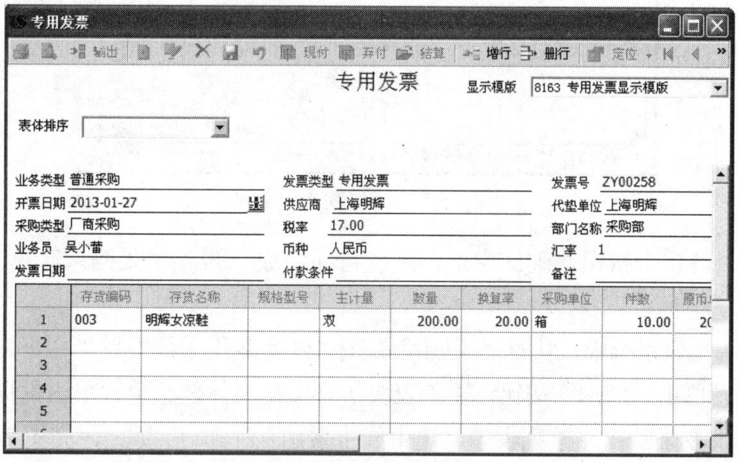

图 2-110　采购专用发票

(2) 2013 年 1 月 28 日，在采购管理系统中，执行"采购到货"|"到货退回单"命令。单击"增加"按钮，参照 25 日填制的采购到货单、采购订单生成红字退货单，单据上列明退货商品明辉女凉鞋，退货数量 200 双，单价 200 元等信息。单击"保存"按钮，如图 2-111 所示。

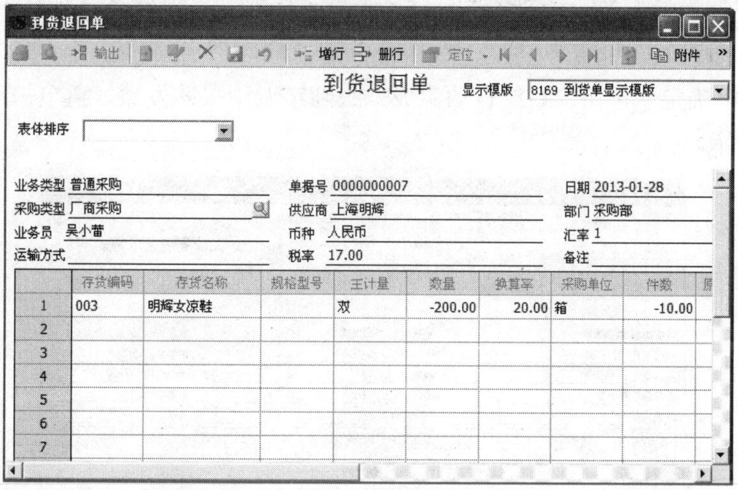

图 2-111　全额退货单

(3) 在库存管理系统中，执行"入库业务"|"采购入库单"命令，打开"采购入库单"窗口。单击"生单"按钮，选择采购到货单，在到货单列表中，选中到货单再选中"显示表体"复选框并填制其他信息(即红字到货单)，如图 2-112 所示。

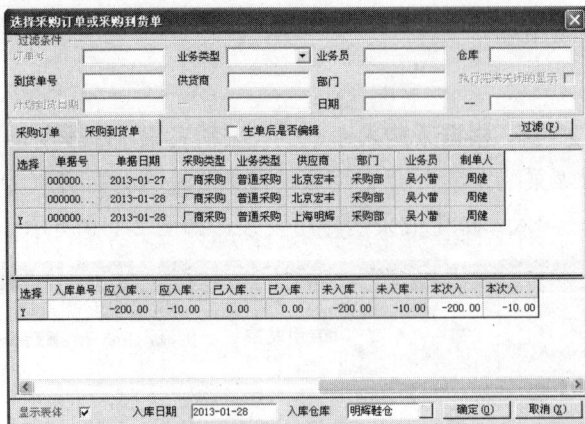

图 2-112　拷贝到货退回单

(4) 单击"确定"按钮，确认生单，系统自动生成一张红字采购入库单。单击"审核"按钮。

(5) 在采购管理系统中，执行"采购发票"|"红字专用采购发票"命令，打开"输入红字发票"窗口，单击"增加"按钮，输入表头信息。在表体任意位置单击鼠标右键，选择拷贝采购入库单，在采购入库单列表中，选中红字采购入库单(负数量)，如图 2-113 所示。

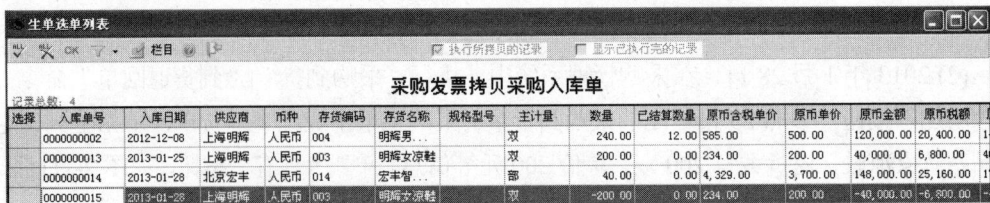

图 2-113　红字采购入库单过滤

(6) 单击"确定"按钮，系统自动生成一张红字专用采购发票，再单击"保存"按钮，如图 2-114 所示。

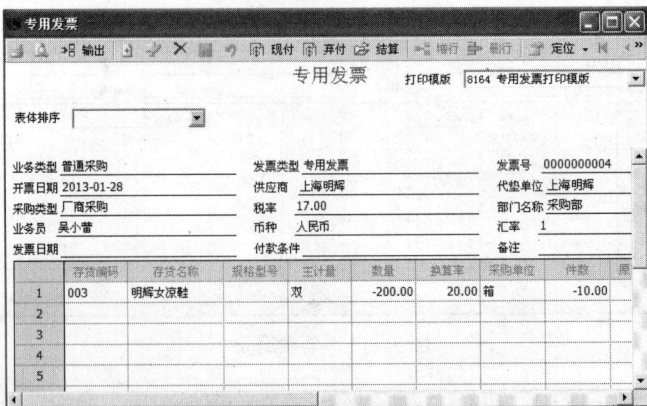

图 2-114　红字专用采购发票

(7) 在采购管理系统中，执行"采购结算"|"自动结算"命令，打开"自动结算"对

话框，选择"红蓝入库单"和"红蓝发票"复选框，如图 2-115 所示。

(8) 单击"确定"按钮，完成红蓝入库单和红蓝发票的自动结算，如图 2-116 所示。

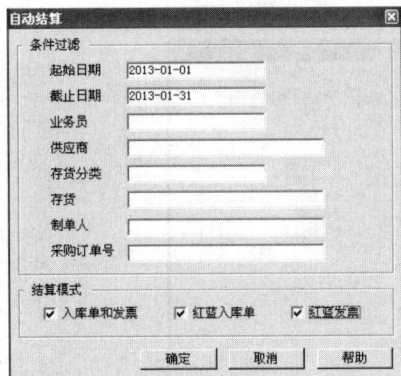

图 2-115　"自动结算"对话框　　　　图 2-116　红蓝单据结算成功

(9) 单击"确定"按钮。

提示

● 如果采购管理系统中的采购选项设置为"普通业务必有订单"，则红字采购入库单必须根据红字到货单生成。如果需要手工录入，则需要先取消采购选项的设置。

● 结算前的退货业务如果只是录入到货单，则只需开具到货退回单，不用进行采购结算，按照实际入库数量录入采购入库单即可。

● 如果退货时已经录入采购入库单，但还没有收到发票，则只需要根据退货数量录入红字入库单，对红蓝入库单进行自动结算。

● 如果已经录入采购入库单，同时退货时已经收到采购发票，则需要根据退货数量录入红字采购入库单，并录入采购发票，其中发票上的数量＝原入库单数量－红字入库单数量。这时需要采用手工结算方式将红字采购入库单与原采购入库单、采购发票进行采购结算，以冲抵原入库数量。

5. 第 5 笔业务的处理

本笔业务属于结算前部分退货。20 日已经输入采购订单；30 日开具到货单和采购入库单；31 日退货时输入红字到货单和红字采购入库单，并按合格服装的实际数量输入采购发票。

操作步骤

(1) 在采购管理系统中，执行"采购订货"|"采购订单"命令。单击"增加"按钮，修改采购日期为 20 日，订购兰宇女士钱包 500 个，单价 120 元，保存并审核。

(2) 在采购管理系统中，执行"采购到货"|"到货单"命令。单击"增加"按钮，修改日期为 30 日，收到北京兰宇箱包有限公司发来的 500 个兰宇女士钱包，参照采购订单生成采购到货单并保存。

(3) 在库存管理系统中，执行"入库业务"|"采购入库单"命令。单击"生单"按钮，选择参照"采购到货单"生成采购入库单，并在"生单选单列表"中，选中到货单，单击

"确定"按钮。在生成的采购入库单界面中,单击"审核"按钮,审核并确认采购入库单。

(4) 31 日,发现 20 个钱包存在质量问题,在采购管理系统中参照生成到货退回单并保存,如图 2-117 所示。

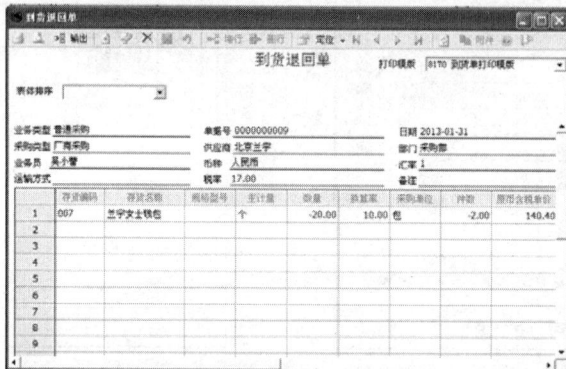

图 2-117　部分退货单

(5) 在库存管理系统中参照生成红字入库单,如图 2-118 所示。

图 2-118　部分退货红字入库单

(6) 31 日,在采购管理系统中,执行"采购发票"|"专用采购发票"命令。单击"增加"按钮,修改专用发票号为 ZY00518,根据原入库数量扣除退货数量后的实际数量(480)和发票单价 120 元,参照生成采购专用发票,如图 2-119 所示。

图 2-119　采购专用发票

(7) 执行"采购结算"|"手工结算"命令,在条件过滤窗口选择"入库单和发票",采用手工结算方式将红字采购入库单与原采购入库单和采购发票进行结算,冲抵原入库数量,如图 2-120 所示。

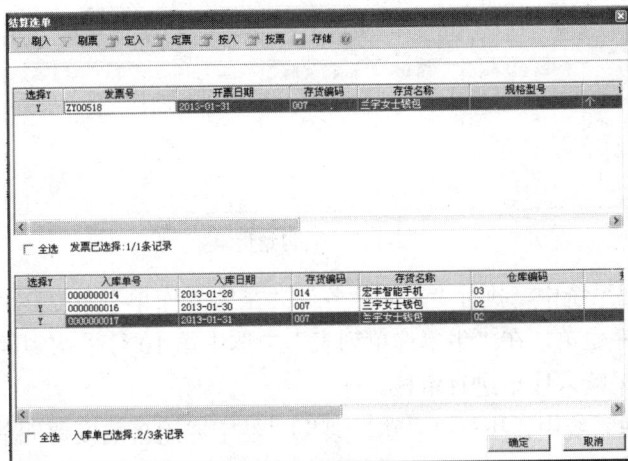

图 2-120 部分退货手工结算

(8) 单击"确定"按钮,进行结算。

(9) 在采购管理系统中,执行"采购结算"|"结算单列表"命令,选中所要查询的采购结算单记录并双击,打开该结算表。采购退货结算单如图 2-121 所示。

图 2-121 采购退货结算单

6. 第 6 笔业务的处理

本笔业务属于已经办理结算手续的采购退货业务,需要输入到货退回单、红字采购入库单和红字采购发票,并进行手工结算。

操作步骤

(1) 在采购管理系统中,执行"采购到货"|"到货退回单"命令。单击"增加"按钮,拷贝第 4 号采购订单,退货数量为 2 部宏丰非智能手机,单价 1800 元;5 部宏丰智能手机,单价 3700 元,如图 2-122 所示。

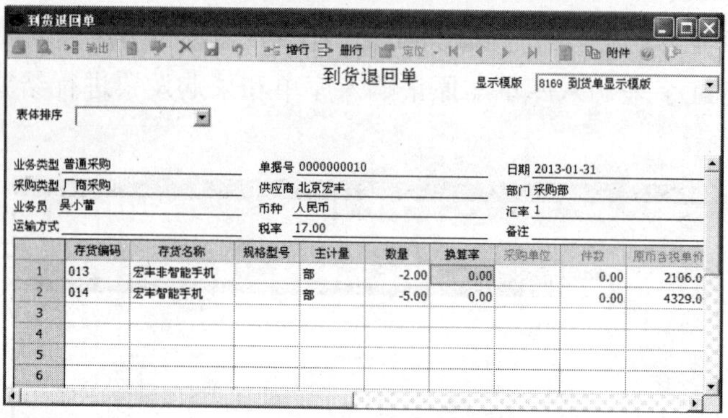

图 2-122　采购到货单

(2) 在库存管理系统中，执行"入库业务"|"采购入库单"命令。单击"生单"按钮，选择"采购到货单"生单，在"生单选单列表"中选中第 10 号采购到货单。单击"确定"按钮，并对生成的采购入库单进行审核。

(3) 在采购管理系统中，执行"采购发票"|"红字专用采购发票"命令，单击"增加"按钮，参照红字采购入库单生成红字专用采购发票，单击"保存"按钮。

(4) 在采购管理系统中，执行"采购结算"|"自动结算"命令。选择"红蓝入库单" 和"红蓝发票"复选框，单击"确定"按钮，执行自动结算。

(5) 在采购管理系统中，执行"采购结算"|"结算单列表"命令，选中所要查询的采购结算单记录并双击，打开该结算表，可以查询、打印该结算单，如图 2-123 所示。

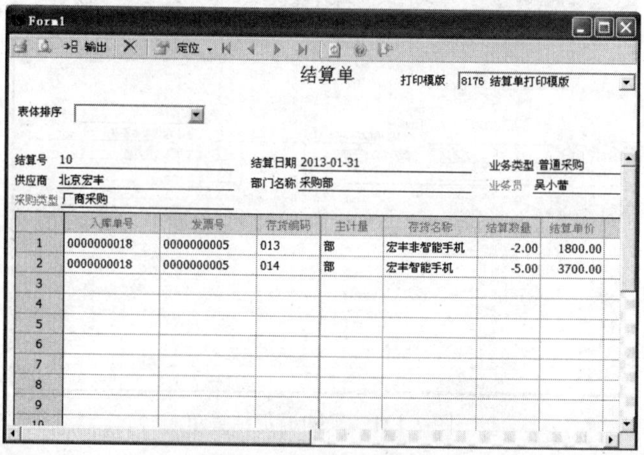

图 2-123　宏丰手机退货结算单

7. 第 7 笔业务的处理

本笔业务属于货到发票未到的业务，月末发票依然未到，应该进行暂估处理。本笔业务在本月末只需要输入采购订单、到货单、采购入库单；下月收到发票并输入后，系统自动执行"单到回冲"，执行采购结算，并在存货核算系统中执行暂估处理，系统自动改写账簿记录。

8. 账套备份

在 C:\"供应链账套备份"文件夹中新建"888-2-5 采购特殊业务处理"文件夹。将账套输出至 C:\"供应链账套备份"\"888-2-5 采购特殊业务处理"文件夹中。

第 3 章

销 售 管 理

功能概述

销售是企业经营货物的中心，是企业生产经营的实现过程。销售部门在企业供应链中处于市场与企业接口的位置，其主要职能就是为客户提供产品及其服务，从而实现企业的资金周转并获取利润，为企业提供生存与发展的动力。

销售管理系统主要提供对企业销售业务全流程的管理。销售管理系统支持以销售订单为核心的业务模式，支持普通批发销售、零售、委托代销业务、直运销售业务、分期收款销售和销售调拨等多种类型的销售业务，能满足不同用户需求，用户可以根据实际情况构建自己的销售管理平台。

销售管理的主要功能包括：

- 有效管理客户。对客户进行分类管理，维护客户档案，制定针对客户的价格政策，建立长期稳定的销售渠道。
- 根据市场需求信息，进行产品销售预测。
- 编制销售计划。销售计划的编制是按照客户订单、市场预测情况和企业生产情况，对一定时期内企业的销售品质、各品种的销售量与销售价格做出安排。企业也可以根据某个部门或某个业务员制订销售计划。
- 销售订单管理。根据客户的订单数量，输入、修改、查询、审核销售订单，了解订单的执行或未执行情况。
- 销售物流管理。根据销售订单填制或生成销售发货单，并根据销售发货单生成销售出库单，在库存管理系统中办理出库。

- 销售资金流管理。依据销售发货单开具销售发票，发票审核后即可确认收入，形成应收账款，在应收款管理系统中可以查询和制单，并据此收款。
- 销售计划管理。以部门、业务员、存货、存货类及其组合为对象，考核销售的计划数与定额数的完成情况，并进行考核评估。
- 价格政策。系统能够提供历次售价、最新成本加成和按价格政策定价等 3 种价格依据，同时，按价格政策定价时，支持商品促销价，可以按客户定价，也可以按存货定价。按存货定价时还支持按不同自由项定价。
- 信用管理。系统提供了针对信用期限和信用额度两种管理制度，同时，既可以针对客户进行信用管理，又可以针对部门、业务员进行信用额度和信用期限的管理。如果超过信用额度，可以逐级向上审批。
- 远程应用。可以对销售订单、销售发票、发货单、现收款单等进行远程输入、查询。
- 批次与追踪管理。对于出库跟踪入库属性的存货，在销售开单时，可以手工选择明细的入库记录，并提供先进先出、后进先出两种自动跟踪的方法。

实验目的与要求

运用销售管理系统对普通销售业务、直运销售业务、分期收款业务、销售零售业务及销售退货业务等进行处理，正确及时处理各类销售业务，以便及时确认销售收入，确认并收取应收款项。销售管理系统能够与应收款管理系统、总账系统集成使用，以便及时处理销售款项，并对销售业务进行相应的账务处理。通过本章的学习，要求能够掌握主要销售业务的处理流程、处理方法和处理步骤，深入了解销售管理系统与供应链系统的其他子系统、与 ERP 系统中的相关子系统之间的紧密联系和数据传递关系，以便正确处理销售业务和与销售相关的其他业务。

教学建议

建议本章讲授 6 课时，上机操作练习 10 课时。

实验一　销售系统初始化

实验准备

已经完成第 2 章实验五的操作，或者引入光盘中的 888-2-5 账套备份数据。将系统日期修改为"2013 年 1 月 31 日"，以 111 操作员(密码为 1)的身份登录 888 账套的企业应用平台。

实验要求

- 设置销售管理系统的参数。
- 设置应收款管理系统的参数。
- 输入销售管理系统的期初数据。
- 备份账套。

实验资料

1. 设置销售管理系统参数

- 有委托代销业务
- 有零售日报业务
- 有分期收款业务
- 直运销售业务
- 销售生成出库单
- 普通销售必有订单
- 新增发货单参照订单生成
- 新增退货单、新增发票参照发货单生成
- 其他设置由系统默认

2. 应收款管理系统参数设置和初始设置

(1) 应收款管理系统选项(如表 3-1 所示)

表 3-1　应收款管理系统选项

应收款核销方式	按单据	单据审核日期依据	单据日期
控制科目依据	按客户	受控科目制单方式	明细到单据
销售科目依据	按存货	坏账处理方式	应收余额百分比法

(2) 初始设置

- 基本科目设置：应收科目 1122，预收科目 2203，销售收入科目 6001，税金科目 22210104。
- 控制科目设置：按客户设置。应收科目 1122，预收科目 2203。
- 产品科目设置：按商品设置。销售收入和销售退回科目 6001，应交增值税 22210104。
- 结算方式科目设置：现金支票、转账支票、电汇科目 1002。
- 坏账准备设置：提取比率 1%，坏账准备期初余额为 0，坏账准备科目 1231，对方科目 6602。

3. 单据设置

允许手工修改销售专用发票号。

4. 销售管理系统期初数(销售系统价格均为不含税价)

1) 期初发货单

(1) 2012 年 12 月 8 日,明辉男凉鞋 150 双,单价 450 元,明辉鞋仓;北京燕莎百货公司,销售部门为销售一部,销售类型为批发销售。

(2) 2012 年 12 月 10 日,兰宇男式钱包 300 个,单价 200 元,兰宇箱包仓;郑州丹尼斯百货公司,销售部门为销售二部,销售类型为批发销售。

2) 分期收款发出商品期初数

2012 年 12 月 15 日,给上海明兴贸易公司发出明辉男休闲鞋 200 双,单价 650 元,属于明辉鞋仓,销售部门为销售一部,销售类型为批发销售。

实验指导

1. 销售管理系统参数设置

销售管理系统参数的设置,是指在处理销售日常业务之前,确定销售业务的范围、类型及对各种销售业务的核算要求,这是销售管理系统初始化的一项重要工作。因为一旦销售管理开始处理日常业务,有的系统参数就不能修改,有的也不能重新设置。因此,在系统初始化时应该设置好相关的系统参数。

操作步骤

(1) 在企业应用平台中,执行"供应链"|"销售管理"命令,打开销售管理系统。

(2) 在系统菜单下,执行"设置"|"销售选项"命令,打开"销售选项"对话框。

(3) 打开"业务控制"选项卡,选中"是否有零售日报业务"、"是否有委托代销业务"、"是否有直运销售业务"、"是否有分期收款业务"、"是否销售生成出库单"和"普通销售必有订单"复选框,如图 3-1 所示。

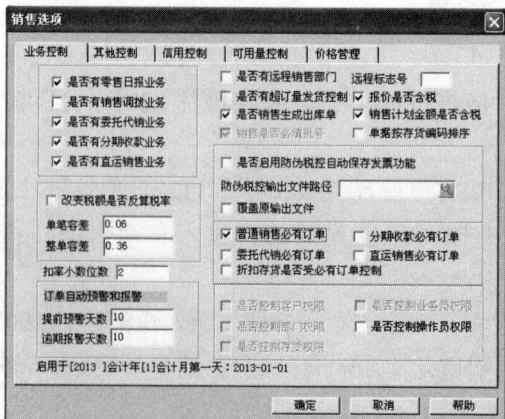

图 3-1 "业务控制"选项卡

(4) 打开"其他控制"选项卡,"新增发货单默认"选择"参照订单";"新增退货单默认" 选择"参照发货";"新增发票默认"选择"参照发货单"。其他选项按系统默认设置, 如图 3-2 所示。

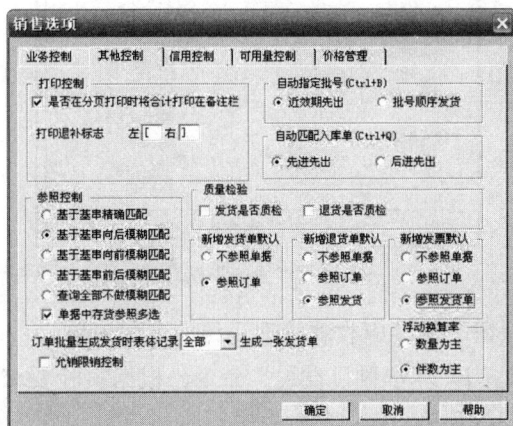

图 3-2 "其他控制"选项卡

(5) 单击"确定"按钮,保存销售系统的参数设置。

2. 应收款管理系统参数设置和初始设置

应收款管理系统与销售管理系统在联用的情况下,两个系统存在着数据传递关系。因此,启用销售管理系统的同时,应该启用应收款管理系统。应收款管理系统参数设置和初始设置,都是系统的初始化工作,应该在处理日常业务之前完成。如果应收款管理系统已经进行了日常业务处理,则其系统参数和初始设置就不能随便修改。

操作步骤

(1) 执行"企业应用平台"|"财务会计"|"应收款管理"命令。

(2) 在系统菜单下,执行"设置"|"选项"命令,打开"账套参数设置"对话框。

(3) 打开"常规"选项卡,单击"编辑"按钮,使所有参数处于可修改状态,按实验要求设置系统参数,如图 3-3 所示。

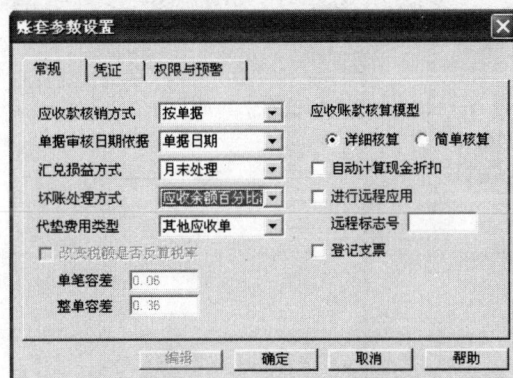

图 3-3 "常规"选项卡

(4) 打开"凭证"选项卡，按实验要求修改凭证参数的设置，如图 3-4 所示。

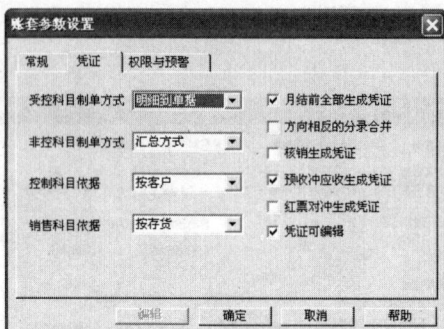

图 3-4　"凭证"选项卡

(5) 单击"确定"按钮，保存应收款管理系统的参数设置。

(6) 执行"初始设置"|"基本科目设置"命令，根据实验要求对应收款管理系统的基本科目进行设置，如图 3-5 所示。

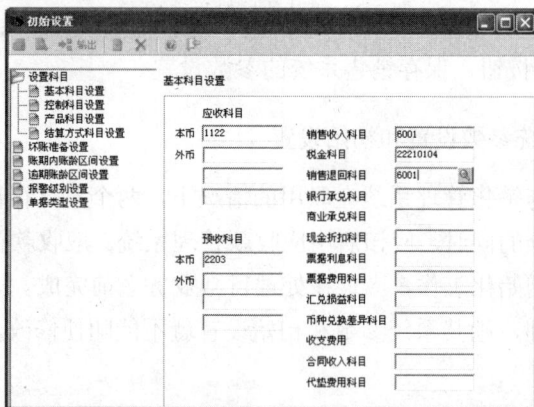

图 3-5　应收款管理系统基本科目设置

(7) 执行"控制科目设置"命令，根据实验要求对应收款管理系统的控制科目进行设置，即按客户设置应收款、预收款科目，如图 3-6 所示。

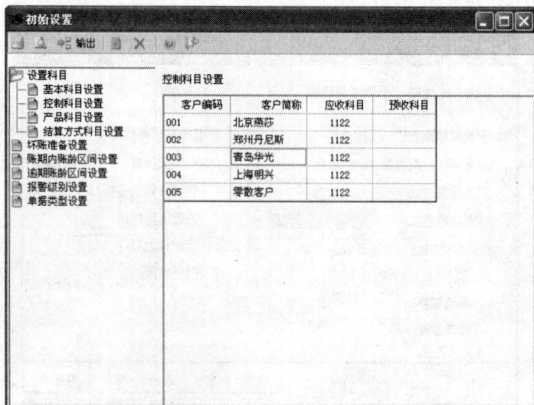

图 3-6　应收款管理系统控制科目设置

(8) 执行"产品科目设置"命令，根据实验要求对应收款管理系统的产品科目进行设置，即按存货设置销售收入科目、应交增值税科目和销售退回科目，如图3-7所示。

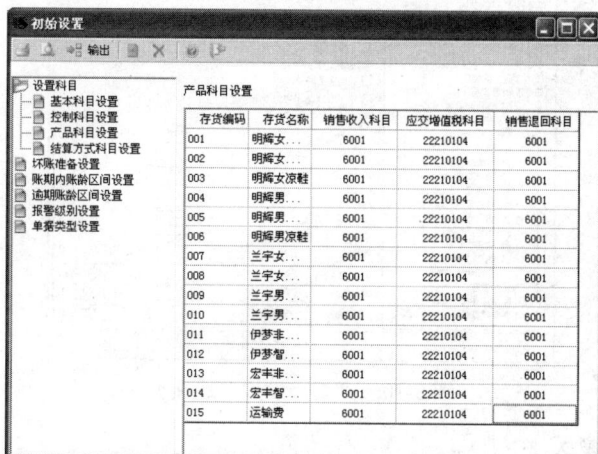

图 3-7 应收款管理系统产品科目设置

(9) 执行"结算方式科目设置"命令，根据实验要求对应收款管理系统的结算方式科目进行设置，如图3-8所示。

(10) 执行"坏账准备设置"命令，分别录入相关内容并确认，如图3-9所示。

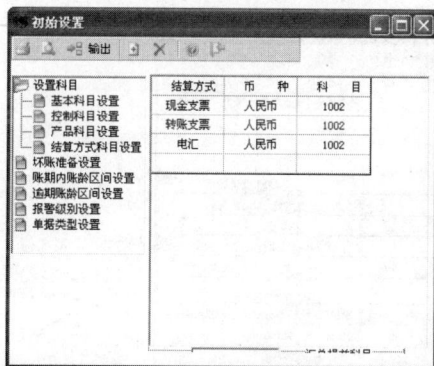

图 3-8 应收款管理系统结算方式科目设置

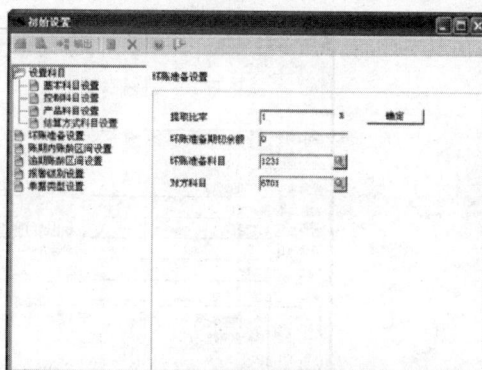

图 3-9 坏账准备设置

(11) 以上已经完成应收款管理设置，单击"退出"按钮，退出初始设置。

3. 单据编号设置

在企业应用平台中，打开"设置"选项卡，执行"单据设置"|"单据编码设置"命令，打开"单据编号设置"对话框。选择"编号设置"选项卡，执行"销售"|"销售专用发票"命令，单击对话框右上方的"修改"按钮，选中"手工改动，重号时自动重取(T)"复选框，如图3-10所示。单击"保存"按钮，保存设置，再单击"退出"按钮。

4. 销售管理系统期初数据录入

在销售管理系统启用期初，对于已经发货但尚未开具发票的货物，应该作为期初发货单录入销售管理系统的期初数据中，以便将来开具发票后，进行发票复核，即销售结算。

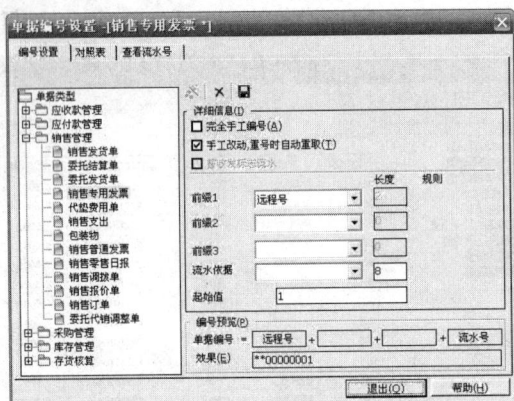

图 3-10 "编号设置"选项卡

1) 期初发货单录入

操作步骤

(1) 在企业应用平台中，登录供应链中的销售管理子系统。

(2) 执行"设置"|"期初录入"|"期初发货单"命令，打开"期初发货单"窗口。

(3) 单击"增加"按钮，按照实验要求输入期初发货单的信息，如图 3-11 所示。

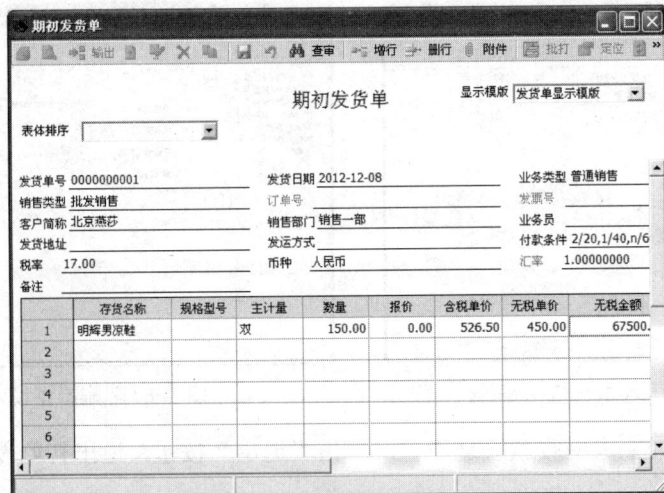

图 3-11 "期初发货单"窗口

(4) 单击"保存"按钮，保存发货单信息。

(5) 单击"审核"按钮，审核确认发货单信息。再单击"增加"按钮，录入、保存并审核第 2 张期初发货单，如图 3-12 所示。只有审核后的发货单才可用于销售发票录入时参照。

(6) 期初发货单全部录入、审核完毕，单击"退出"按钮，退出期初发货单录入与审核界面，完成期初发货单录入与审核工作。

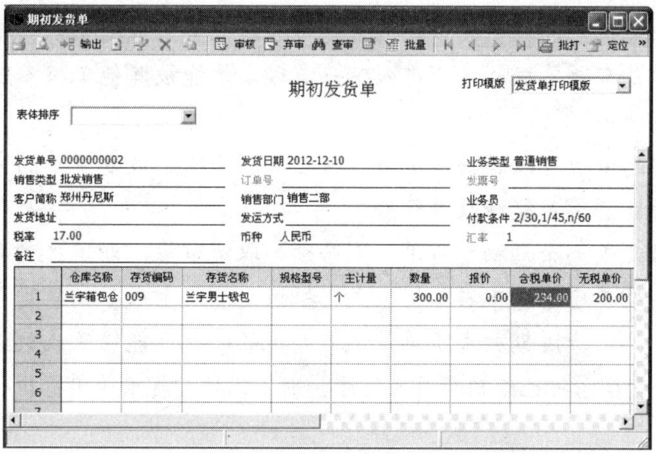

图 3-12 期初发货单审核

2) 期初分期收款发货单录入

操作步骤

(1) 在销售管理系统中，执行"设置"|"期初录入"|"期初发货单"命令。

(2) 单击"增加"按钮，按实验要求输入分期收款发货单信息。注意"业务类型"必须选择"分期收款"。

(3) 单击"保存"按钮，然后单击"审核"按钮，确认并保存输入信息，如图 3-13 所示。

图 3-13 分期收款期初发货单

提示

● 当销售系统与存货系统集成使用时，存货核算系统中分期收款发出商品的期初余额从销售管理系统中取数，取数的依据就是已经审核的分期收款期初发货单。

● 存货核算系统从销售管理系统中取数后，销售管理系统就不能再录入存货核算系统启用日期前的分期收款发出商品发货单。

- 在实际业务执行过程中，审核常常是对当前业务完成的确认。有的单据只有经过审核，才是有效单据，才能进入下一流程，才能被其他单据参照或被其他功能、其他系统使用。
- 对发货单的审核可以单击"批审"按钮，以快速完成发货单的审核工作。
- 审核后的发货单不能修改或删除。
- 如果要修改或删除期初发货单，则必须先取消审核，即单击"弃审"按钮。但如果期初发货单已经有下游单据生成，根据发货单生成了销售发票或存货系统已经记账等，那么，该期初发货单是不能弃审的，也不能修改或删除。
- 如果销售管理系统已经执行月末结账，则不能对发货单等单据执行"弃审"。

5. 账套备份

在 C:\"供应链账套备份"文件夹中新建"888-3-1 销售系统初始化"文件夹。将账套输出至 C:\"供应链账套备份"\"888-3-1 销售系统初始化"文件夹中。

实验二　普通销售业务(一)

实验准备

已经完成第 3 章实验一的操作，或者引入光盘中的 888-3-1 账套备份数据。将系统日期修改为"2013 年 1 月 31 日"，以 111 操作员(密码为 1)的身份登录 888 账套的企业应用平台。

实验要求

- 销售生成出库单。
- 普通销售必有销售订单。
- 录入销售报价单、录入或生成销售订单、销售发货单。
- 录入或生成销售发票，并按要求修改发票编号。
- 对销售发票进行复核，确认应收款项。
- 确认、收取应收款项。
- 根据销售专用发票确认销售成本(存货采用先进先出法核算)。
- 备份账套。

实验资料

(销售一部，业务员宋杰；销售二部，业务员孙建华；仓储部，仓管员李莉)

(1) 2013 年 1 月 8 日，收到北京燕莎百货公司上年 12 月 8 日购买明辉男凉鞋的价税款 78 975 元(电汇 DH02001899)，本公司于本月 4 日开具销售专用发票(ZY000108)，确认出库成本。

(2) 2013 年 1 月 10 日，给郑州丹尼斯百货公司开具上年 12 月 10 日销售兰宇男钱包的销售专用发票(ZY000165)，款项尚未收到。

(3) 2013 年 1 月 10 日，青岛市华光百货公司打算订购宏丰智能手机 50 部，出价 4000 元/部，要求本月 15 日发货，本公司报价 4300 元。12 日，本公司与青岛市华光百货公司协商，对方同意宏丰智能手机销售单价为 4200 元，但订货数量减为 45 部。本公司确认后于 1 月 13 日发货(手机仓)，本公司以现金代垫运费 500 元。次日开具销售专用发票，发票号为 ZY000122，货款尚未收到。

(4) 2013 年 1 月 15 日，北京燕莎百货公司有意向本公司订购明辉女正装鞋 100 双、明辉女休闲鞋 400 双，本公司报价分别为 500 元和 650 元。16 日，北京燕莎百货公司同意我公司的报价，并决定追加订货，明辉女正装鞋追加 50 双，明辉女休闲鞋追加 100 双，需要分批开具销售发票。本公司同意对方的订货要求。

(5) 2013 年 1 月 18 日，按销售订单发货(明辉鞋仓)给北京燕莎百货公司分别发出明辉女正装鞋 50 双和明辉女休闲鞋 100 双，本公司支付运杂费 300 元(现金支票 XJ01000588)。次日开具两张销售专用发票，发票号分别为 ZY000278 和 ZY000279。对方电汇(DH0077889)款项 76 050 元已经收到，系付 100 双女休闲鞋的价税款。50 双女正装鞋款项暂欠。确认出库成本。

(6) 2013 年 1 月 20 日，上海明兴贸易公司向本公司订购兰宇女式钱包 250 个进行询价，本公司报价 200 元，对方初步同意。本公司根据报价单已经生成销售订单。2013 年 1 月 23 日，上海明兴贸易公司提出价格过高，只能接受 180 元/套，本公司不同意，对方撤销对本公司兰宇女式钱包的订购。

实验指导

普通销售业务(一)主要是先发货后开票的销售业务，需要先处理报价单、销售订单、发货单等单据，发货单审核后根据销售管理系统初始化设置，系统将自动生成销售出库单。如果存货采用先进先出法核算，还可以随时结转销售成本。销售发票开具后，可能立即收到货款，根据发票现结处理；也可能尚未收到款项，需要确认为应收账款。

1. 第 1 笔普通销售业务的处理

本笔业务属于上年已经发货的销售业务，本期开具销售专用发票并收到款项。因此，本笔业务需要在销售管理系统中开具销售专用发票并现结；在应收款管理系统中审核收款单并生成凭证传递至总账系统；在存货核算系统中进行正常单据记账，确认并结转销售成本。

本笔业务处理流程：

(1) 销售管理系统——根据发货单生成销售专用发票并现结。

(2) 应收款管理系统——审核收款单，制单传递至总账系统。

(3) 存货核算系统——正常单据记账，确认并结转销售成本，制单并传递至总账系统。

操作步骤

1) 销售管理系统开具专用发票

(1) 在企业应用平台中，打开"业务"选项卡，执行"供应链"|"销售管理"|"销售开票"|"销售专用发票"命令，打开"销售专用发票"窗口。

(2) 单击"增加"按钮，系统自动弹出"选择发货单"窗口。客户选择"北京燕莎"，默认业务类型为"普通销售"，可以重新选择。

(3) 设置过滤条件，例如输入或参照输入起始结束日期、部门业务员、订单号等信息，确认后单击"显示"按钮，系统根据过滤条件显示符合条件的全部单据，如图 3-14 所示。

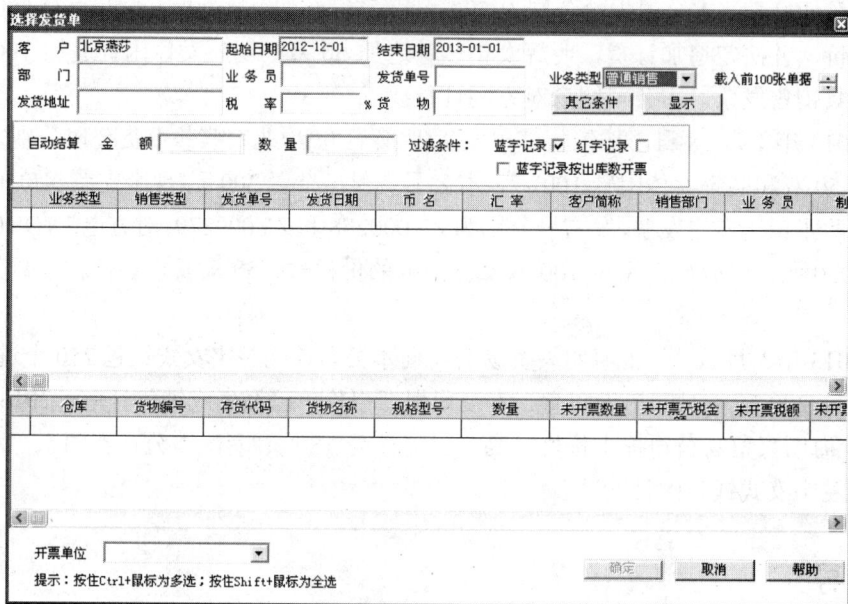

图 3-14　发货单过滤条件设置窗口

(4) 在显示的发货单记录中的"选择"栏单击，出现 Y 表示选择成功。

(5) 选择存货信息。系统自动显示该发货单的存货信息，选择需要开具发票的存货，在其前面单击，出现 Y 表示选择成功，如图 3-15 所示。选择完毕，单击"确定"按钮。

(6) 系统根据所选择的发货单和存货自动生成一张销售专用发票。修改发票日期、发票号，确认后单击"保存"按钮，确认并保存发票信息，如图 3-16 所示。

(7) 由于开票的同时收到款项，所以单击"现结"按钮，系统自动弹出"销售现结"窗口。输入结算方式、结算号、结算金额等信息。

(8) 结算信息输入并确认后，单击"确定"按钮，系统在专用发票上盖章确认，并显示"现结"字样。

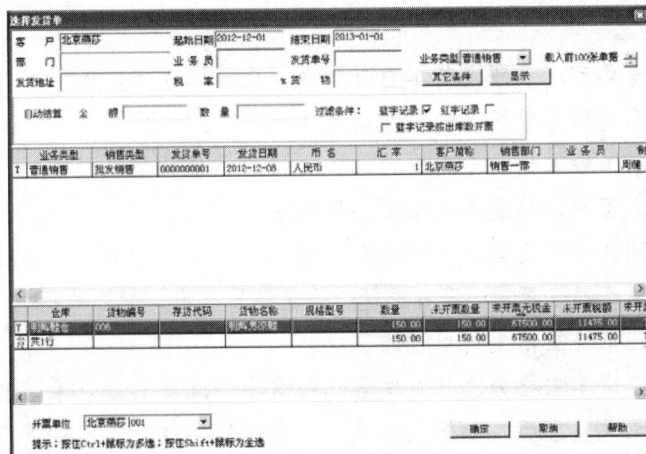

图 3-15　选择生成发票的发货单

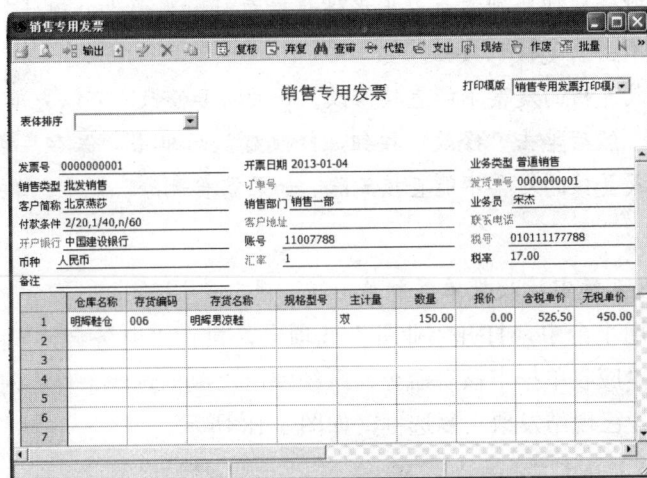

图 3-16　销售专用发票

(9) 单击"复核"按钮，保存销售专用发票的信息，如图 3-17 所示。单击"退出"按钮。

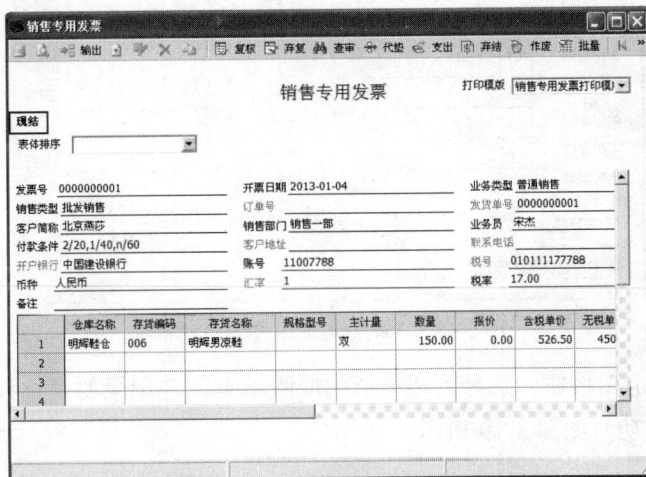

图 3-17　根据发货单生成销售专用发票

提示

- 销售专用发票可以参照发货单自动生成，也可以手工输入。
- 销售管理系统所有单据上的税率均为 17%。
- 如果需要手工输入销售专用发票，则必须将销售系统选项中的"普通销售必有订单"取消，否则，只能参照生成，不能手工输入。
- 如果增加销售专用发票，系统没有自动弹出选择发货单的条件过滤窗口，则表示在销售系统参数设置时，没有选择"普通销售必有订单"选项。这时可以单击"发货"按钮，系统显示发货单过滤窗口。
- 如果一张发货单需要分次开具发票，则需要修改发票数量等信息。
- 系统自动生成发票后，如果直接单击"复核"按钮，则不能进行现结处理，只能确认为应收账款。
- 如果需要现结处理，则在自动生成销售发票时，先单击"现结"按钮，进行现结处理，再单击"复核"按钮。
- 已经现结或复核的发票不能直接修改。如果需要修改，可以先单击"弃结"和"弃复"按钮，然后单击"修改"按钮，修改确认后单击"保存"按钮。
- 已经现结或复核的发票不能直接删除。如果需要删除，需要先单击"弃结"和"弃复"按钮。

2) 应收款管理系统审核收款单并制单

(1) 在企业应用平台中，打开"业务"选项卡，执行"财务会计"|"应收款管理"|"应收单据处理"|"应收单据审核"命令，系统弹出"单据过滤条件"对话框。

(2) 选择"包含已现结发票"复选框，如图 3-18 所示。

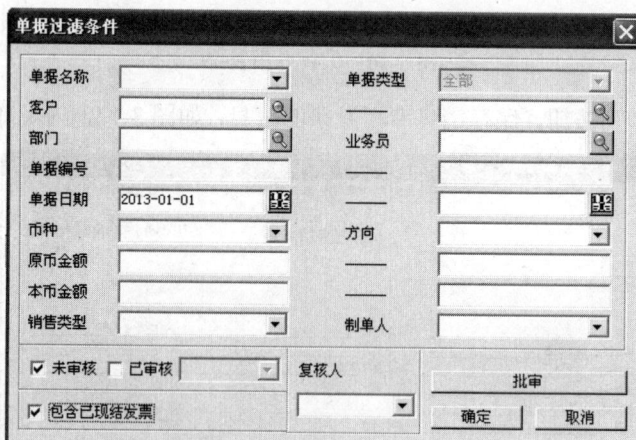

图 3-18 "单据过滤条件"对话框

(3) 单击"确定"按钮。选择需要审核的应收单据，在记录的"选择"栏处双击，出现 Y，表示选择成功，如图 3-19 所示。

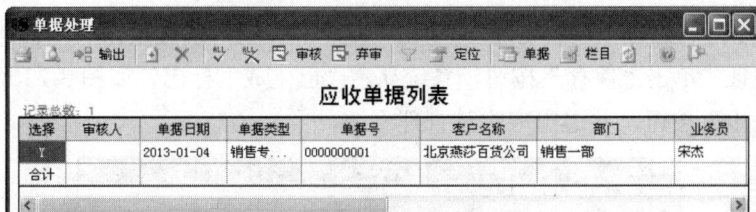

图 3-19　选择需要审核的应收单

(4) 单击"审核"按钮，系统弹出"本次审核成功单据[1]"信息提示对话框，如图 3-20 所示。单击"确定"按钮。

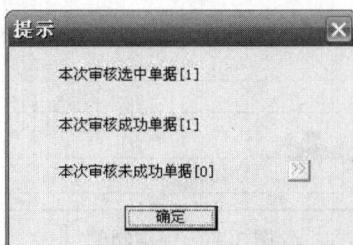

图 3-20　应收单审核成功

(5) 执行"制单处理"命令，系统自动打开"制单查询"对话框，设置单据过滤条件，选择"现结制单"复选框，如图 3-21 所示。

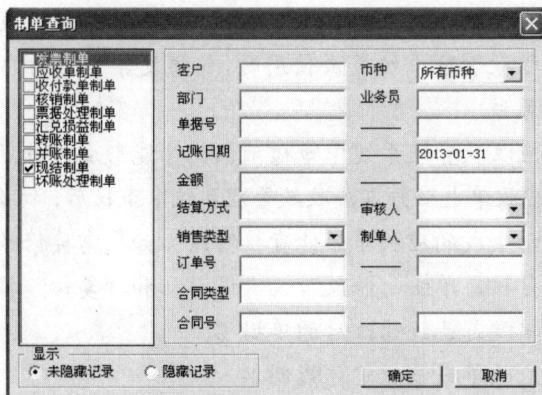

图 3-21　"制单查询"对话框

(6) 单击"确定"按钮，打开"现结制单"窗口，单击"全选"按钮，如图 3-22 所示。

图 3-22　"现结制单"窗口

(7) 选择凭证类别为"收款凭证",单击"制单"按钮,系统根据所选择的现结制单自动生成收款凭证。单击"保存"按钮,系统显示"已生成"标志,如图 3-23 所示。制单完毕,单击"退出"按钮,并退出应收款管理系统。

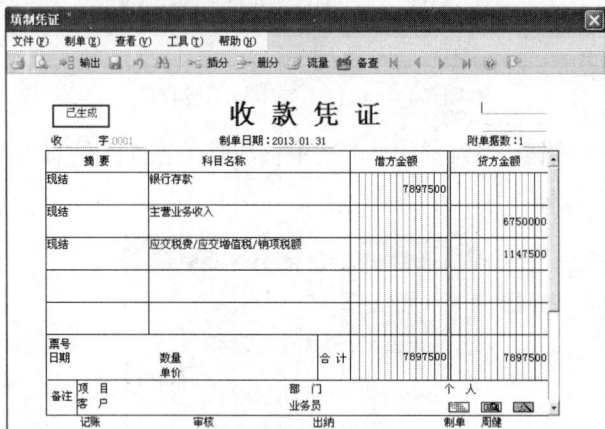

图 3-23　现结制单

提示

- 可以通过执行"应收款管理系统"|"单据查询"|"凭证查询"命令,查询根据应收单生成的凭证。
- 应收单可以在应收款管理系统中手工录入,也可以由销售发票自动生成。当销售管理系统与应收款管理系统集成使用时,销售发票复核后自动生成应收单并传递至应收款管理系统。
- 应收单需要在应收款管理系统中审核确认,才能形成应收款项。
- 如果是现结,应收单也必须在应收款管理系统中审核后,才能确认收取的款项。
- 由销售发票自动生成的应收单不能直接改。如果需要修改,则必须在销售系统中取消发票的复核,单击"修改"、"保存"和"复核"按钮,根据修改后的发票生成的应收单就是已经修改后的单据了。
- 只有审核后的应收单或收款单才能制单。
- 可以根据每笔业务制单,也可以月末一次制单;如果采用月末处理,可以按业务分别制单,也可以合并制单。
- 已经制单的应收单或收款单不能直接删除。
- 如果需要删除已经生成凭证的单据或发票,必须先删除凭证,然后在"应收单审核"窗口中取消审核操作,通过执行"应收单审核"|"应收单列表"命令,在"应收单列表"窗口中删除。

3) 存货核算系统结转销售成本并制单

(1) 在企业应用平台中,登录存货核算系统。

(2) 执行"初始设置"|"科目设置"|"存货科目"命令,打开"存货科目"窗口。

(3) 单击"增加"按钮,系统自动增加一行记录,参照输入存货仓库编码、存货类别和存货科目、分期收款发出商品科目、委托代销发出商品科目等。如仓库编码 01，明辉鞋仓，存货科目为"1405 库存商品"；分期收款发出商品科目为"1405 库存商品"，如图 3-24 所示。设置完毕单击"保存"按钮。

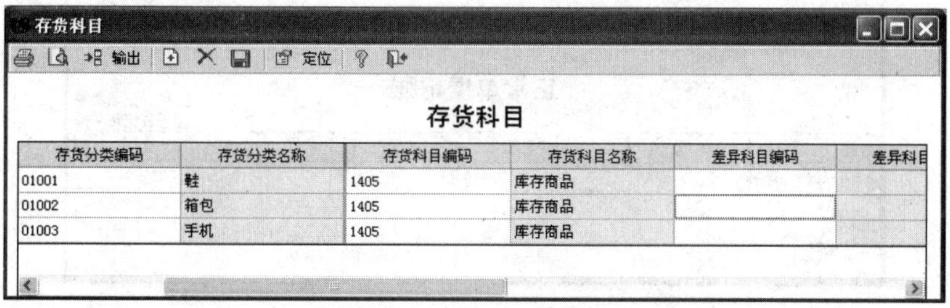

图 3-24 "存货科目"窗口

(4) 执行"初始设置"|"科目设置"|"对方科目"命令，打开"对方科目"窗口。

(5) 单击"增加"按钮，根据收发类别设置存货对方科目。例如采购入库，对方科目为"1401 材料采购"，销售出库的对方科目为"6401 主营业务成本"，如图 3-25 所示。

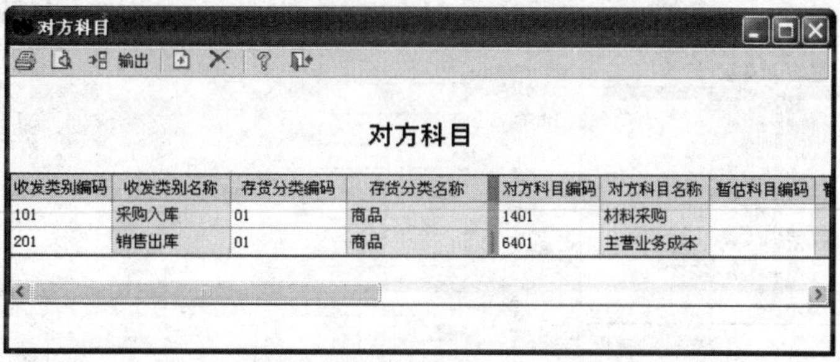

图 3-25 "对方科目"窗口

(6) 执行"业务核算"|"正常单据记账"命令，系统自动弹出"正常单据记账条件"对话框。设置过滤条件为"明辉鞋仓"，"销售专用发票"，如图 3-26 所示。

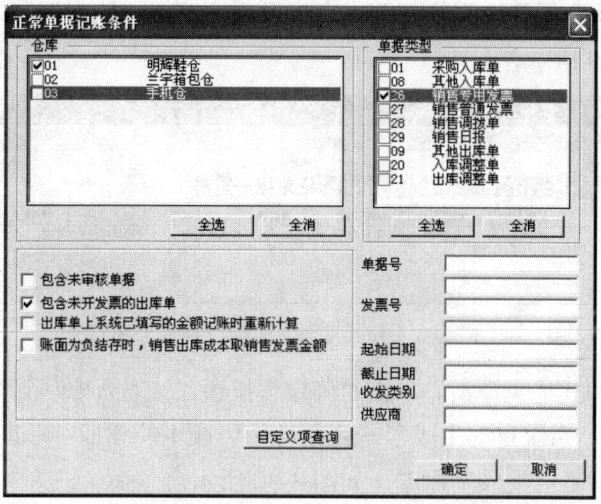

图 3-26 "正常单据记账条件"对话框

(7) 单击"确定"按钮，系统显示符合条件的单据。选择需要记账的单据，如图 3-27 所示，单击"记账"按钮。

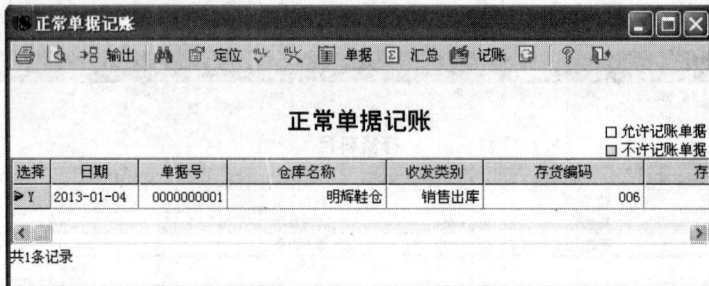

图 3-27　正常单据记账

(8) 执行"财务核算"|"生成凭证"命令，打开"生成凭证"窗口。

(9) 单击"选择"按钮，打开生成凭证的"查询条件"对话框。选择"销售专用发票"复选框，如图 3-28 所示。

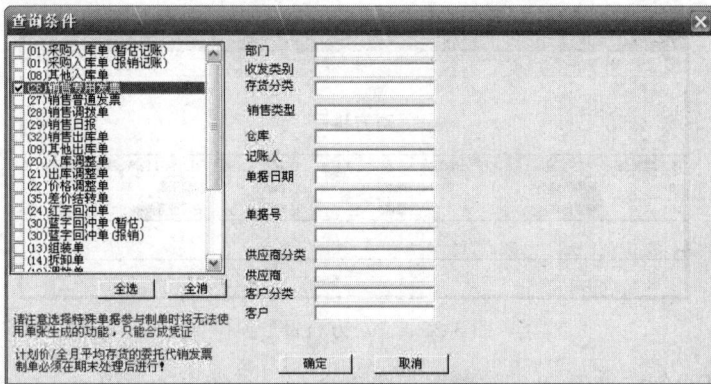

图 3-28　"查询条件"对话框

(10) 单击"确定"按钮，系统打开"未生成凭证单据一览表"窗口。选择需要生成凭证的单据，如图 3-29 所示。

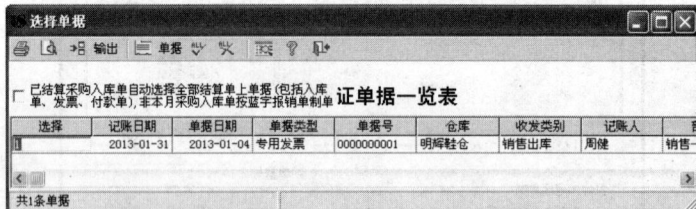

图 3-29　"未生成凭证单据一览表"窗口

(11) 选择单据和凭证类型后，单击"确定"按钮，核对入账科目是否正确，确定无误后单击"生成"按钮，系统自动生成了一张结转销售成本的凭证。修改凭证类型，单击"保存"按钮，系统显示"已生成"标志，如图 3-30 所示。

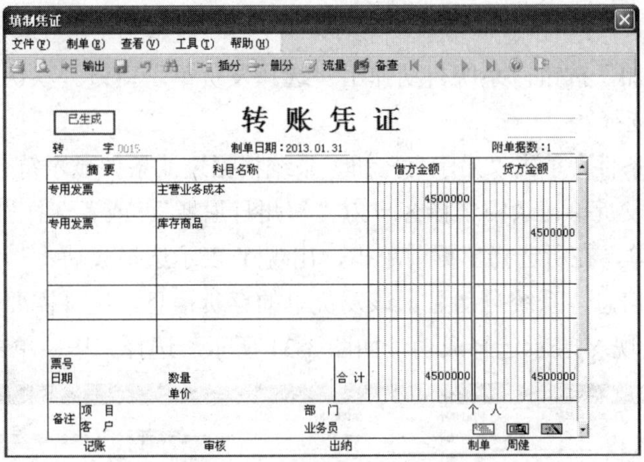

图 3-30 生成结转销售成本凭证

(12) 单击"退出"按钮。

(13) 执行"财务核算"|"凭证列表"命令，可以查询生成的结转销售成本的凭证。

提示

- 如果在存货核算系统初始化时已经设置过存货科目和对方科目，则此处可以不再设置。
- 存货核算系统必须执行正常单据记账后，才能确认销售出库的成本，并生成结转销售成本凭证。
- 正常单据记账后，可以执行取消记账操作，恢复到记账前状态。
- 可以根据每笔业务单据执行记账操作，也可以月末执行一次记账操作。
- 可以根据每笔业务结转销售成本，生成结转凭证；也可以月末集中结转，合并生成结转凭证。
- 存货采用先进先出法、后进先出法等方法核算，可以随时结转成本。如果存货采用全月加权平均法，则只能在月末计算存货单位成本和结转销售成本。

2. 第 2 笔普通销售业务的处理

本笔业务属于上年 12 月 10 日已经发货的销售业务，本期开具销售专用发票确认应收款项。因此，本笔业务需要在销售管理系统中开具销售专用发票；在应收款管理系统中审核应收单并生成凭证传递至总账系统。

本笔业务处理流程：

(1) 销售管理系统——开具销售专用发票。

(2) 应收款管理系统——审核应收单，制单并传递至总账系统。

操作步骤

1) 销售管理系统开具销售专用发票

(1) 在销售管理系统中，执行"销售开票"|"销售专用发票"命令，打开"销售发票"

窗口。

(2) 单击"增加"按钮，系统自动弹出"选择发货单"窗口。默认业务类型为"普通销售"，可以重新选择。

(3) 设置过滤条件，单击"显示"按钮，系统根据过滤条件显示符合条件的全部单据。

(4) 在显示的发货单记录中选择客户为"郑州丹尼斯"，或者选择日期为"2013 年 12 月 10 日"的发货单，在所选择单据前单击，出现 Y 表示选择成功。

(5) 选择存货信息。系统自动显示该发货单的存货信息，选择需要开具发票的存货，在其前面单击，出现 Y 表示选择成功，如图 3-31 所示。选择完毕，单击"确定"按钮。

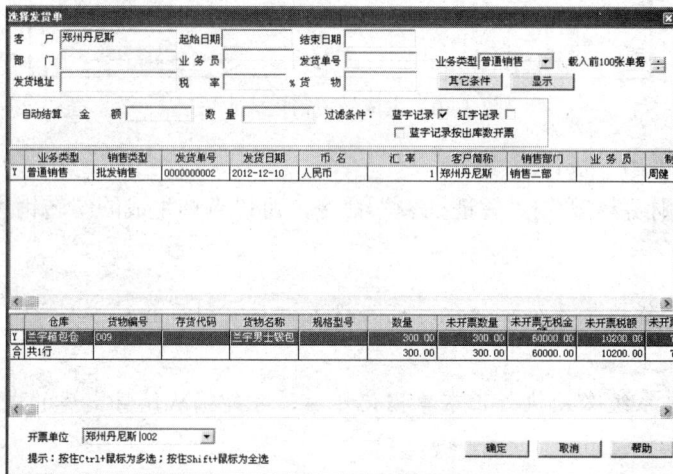

图 3-31　选择生成发票的发货单

(6) 系统根据所选择的发货单和存货自动生成一张销售专用发票。修改发票信息，如开具发票的日期和发票号等信息，确认后单击"保存"按钮，确认并保存发票信息，如图 3-32 所示。

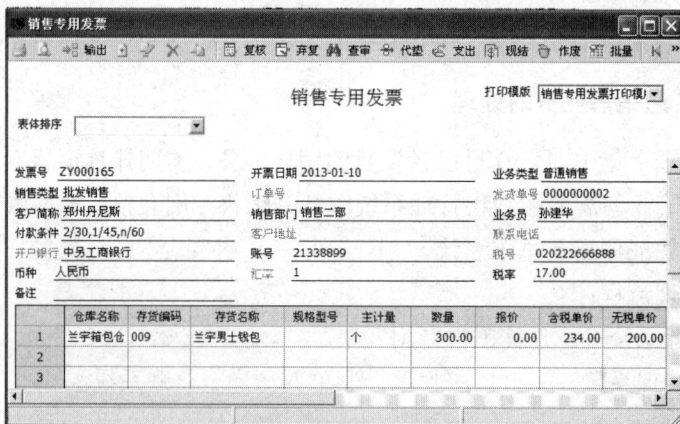

图 3-32　销售专用发票

(7) 单击"复核"按钮，保存销售专用发票的信息。

提示

- 尚未复核的发票可以直接修改。
- 已经复核的发票不能直接修改或删除。
- 已经复核的发票取消复核后，可以修改。单击"弃复"按钮，弃复成功后，单击 "修改"按钮，修改信息确认后单击"保存"按钮。如果需要删除，则取消复核 成功后可以直接删除。

2) 应收款管理系统审核应收单并制单

(1) 在企业应用平台中，打开"业务"选项卡，执行"财务会计" | "应收款管理" | "应收单据处理" | "应收单据审核"命令，系统自动弹出"单据过滤条件"对话框。

(2) 设置过滤条件，如图 3-33 所示。

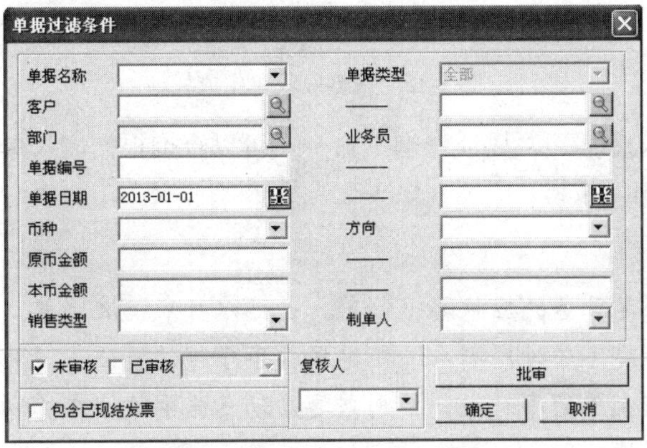

图 3-33　"单据过滤条件"对话框

(3) 单击"确定"按钮。选择需要审核的应收单据，在记录的"选择"栏处单击，出现 Y，表示选择成功。

(4) 单击"审核"按钮，系统弹出"本次审核成功单据 1 张"信息提示对话框，单击"确定"按钮。

(5) 执行"制单处理"命令，系统自动打开"制单查询"对话框。设置单据过滤条件，默认选择"发票制单"复选框。

(6) 在需要制单的记录前的"选择"栏输入 1，或单击"选择"，系统显示 1，表示选择 1 的单据生成一张凭证，如图 3-34 所示。

图 3-34　制单单据查询

(7) 选择凭证类别为"转账凭证",单击"制单"按钮,系统根据所选择的应收单自动生成转账凭证。单击"保存"按钮,系统显示"已生成"标志,如图 3-35 所示。

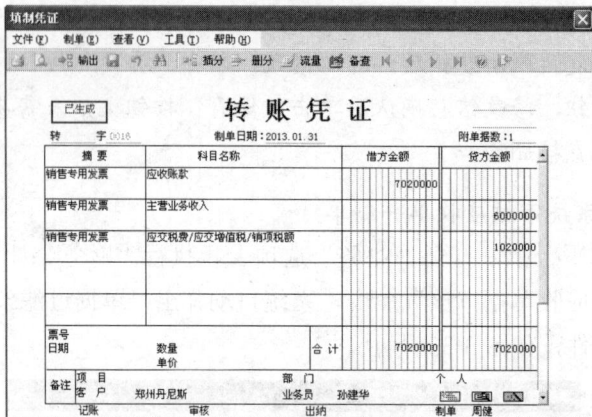

图 3-35　根据应收单生成凭证

(8) 执行"单据查询"|"凭证查询"命令,可以查询根据应收单生成的转账凭证。查询完毕,单击"退出"按钮。

提示

● 可以根据每笔业务的应收单据制单,也可以月末一次制单。

● 如果制单日期不序时,则系统拒绝保存不序时的凭证。

● 如果要取消制单的序时控制,则需要启动总账系统,在其初始设置中取消"制单序时控制"选项。

3. 第 3 笔普通销售业务的处理

本笔业务属于本期发生的业务,需要填制或生成报价单、销售订单、销售发货单、销售出库单、销售专用发票,进行代垫运费的处理;在应收款管理系统中审核应收单并制单。

本笔业务处理流程:

(1) 销售管理系统——填制报价单并审核。

(2) 销售管理系统——填制或生成销售订单。

(3) 销售管理系统——根据销售订单生成发货单。

(4) 库存管理系统——生成销售出库单并审核。

(5) 销售管理系统——销售专用发票。

(6) 销售管理系统——代垫运费单。

(7) 应收款管理系统——应收单审核并制单。

操作步骤

1) 销售管理系统填制报价单、销售订单,生成销售发货单

(1) 在销售管理系统中,执行"销售报价"|"销售报价单"命令,打开"销售报价单"窗口。

(2) 单击"增加"按钮，输入表头信息：业务类型为"普通销售"，销售类型为"批发销售"，日期修改为"2013 年 1 月 10 日"，客户是"青岛市华光百货公司"，税率为 17%。表体中的存货为"宏丰智能手机"，数量 50 部，报价 4300 元/部。单击"保存"和"审核"按钮，如图 3-36 所示。

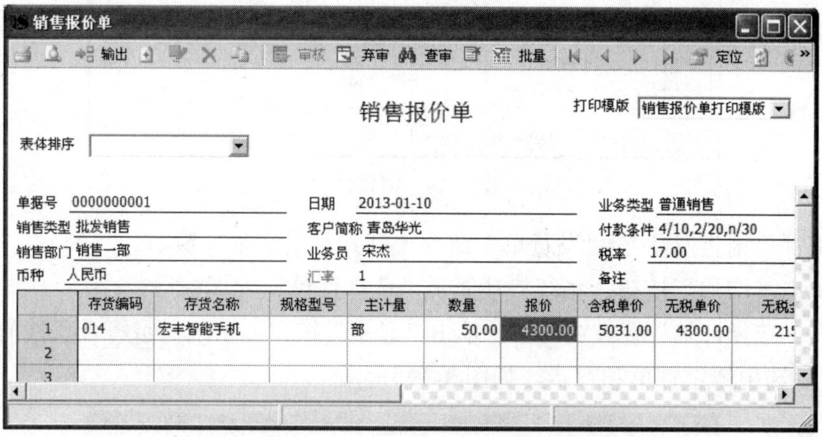

图 3-36 "销售报价单"窗口

(3) 执行"销售订货"|"销售订单"命令，打开"销售订单"窗口。

(4) 单击"增加"按钮，再单击"报价"按钮，系统自动显示报价单过滤窗口。选择 1 月 10 日的青岛市华光百货公司的报价单，选中标志为 Y，同时选择下半部的宏丰智能手机，选中标志为 Y，如图 3-37 所示。

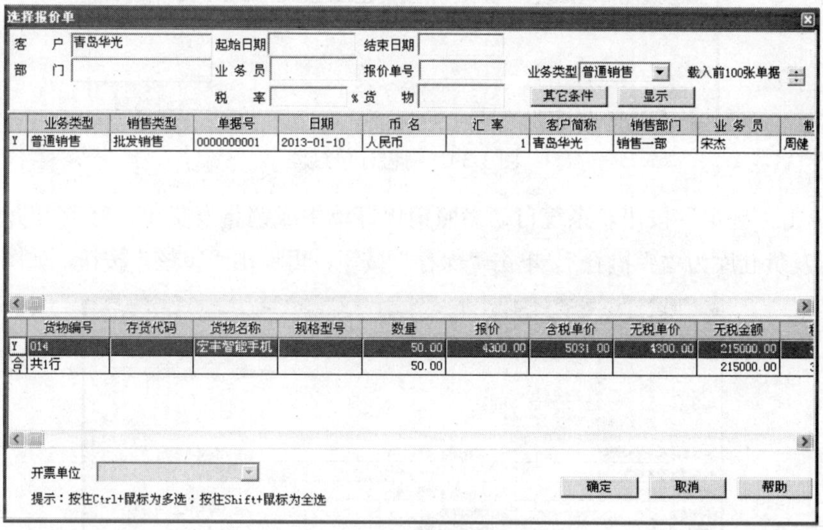

图 3-37 选择报价单

(5) 系统根据报价单自动生成一张销售订单。修改订单与报价单不一致的信息，如日期为 2013-01-12，无税单价为 4200，数量为 45。信息确认后单击"保存"按钮，再单击"审核"按钮，如图 3-38 所示。

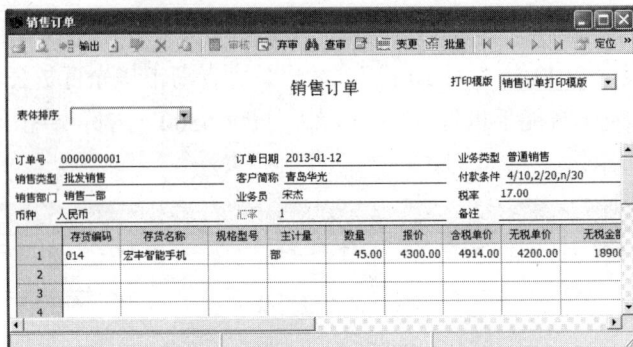

图 3-38　销售订单

(6) 执行"销售发货"|"发货单"命令，打开"发货单"窗口。

(7) 单击"增加"按钮，系统自动显示"选择订单"管理窗口。

(8) 在"选择订单"管理窗口中，单击"显示"按钮，系统显示符合条件的销售订单。单击出现 Y 选中销售订单和存货，如图 3-39 所示。

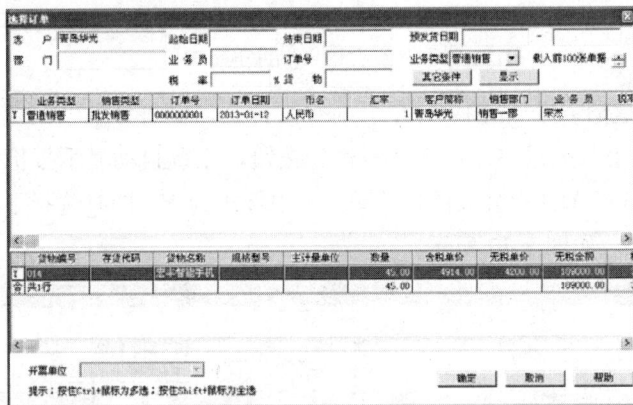

图 3-39　销售订单过滤

(9) 单击"确定"按钮，系统自动参照销售订单生成销售发货单，修改发货日期为"13日"，输入发货仓库为"手机仓"。单击"保存"按钮，再单击"审核"按钮，如图 3-40 所示。

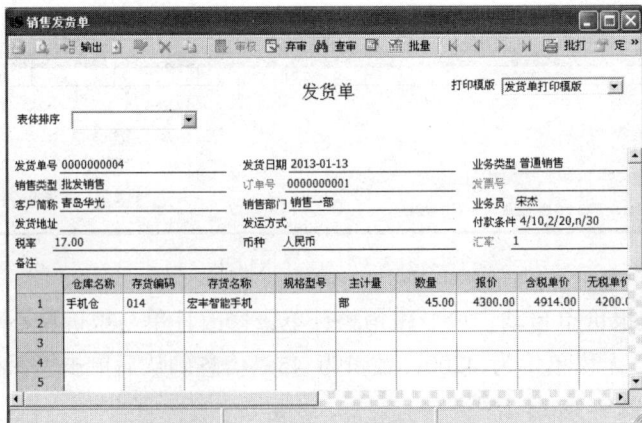

图 3-40　"销售发货单"窗口

(10) 单击"退出"按钮，退出"销售发货单"窗口。

提示

● 销售报价单只能手工输入。

● 销售报价单没有审核前，可以单击"修改"按钮进行修改；如果已经审核，则必须先取消审核，然后才能修改。

● 报价单被参照后与销售订单不建立关联，即使审核后也可以删除。

● 销售订单可以手工输入，也可以根据销售报价单参照生成。

● 参照报价单生成的销售订单，所有从报价单带入的信息均可修改，同时还可以在销售订单上增行、删行。

● 已经保存的报价单可以在报价单列表中查询；所选择的报价单打开后，可以执行弃审、修改、删除等操作。

● 已经保存的销售订单可以在订单列表中查询。没有被下游参照的订单可以在打开单据后执行弃审、修改、删除等操作。

● 已经审核的销售订单可以修改。在订单列表中，打开该销售订单，单击"变更"按钮，可以修改。

● 销售发货单可以手工输入，也可以参照销售订单生成。如果销售系统选项中设置了"普通销售必有订单"，则只能参照生成。

● 如果销售订单、发货单等单据已经被下游单据参照，则不能直接修改、删除。如果需要修改或删除，则必须先删除下游单据，然后取消审核，再修改或删除。

2) 销售出库单

(1) 在企业应用平台中，登录库存管理系统。

(2) 执行"出库业务"|"销售出库单"命令，系统根据销售发货单，自动生成了销售出库单。单击"审核"按钮，确认销售出库单，如图 3-41 所示。

图 3-41　销售出库单

提示

● 在销售管理系统选项中设置了"销售生成出库单"，则系统根据销售出库单自动生成出库单。

- 如果在销售管理选项中没有设置"销售生成出库单",则在库存管理系统的"销售出库单"窗口中,单击"生单"按钮,系统显示出库单查询窗口,用户自行选择过滤单据生成销售出库单。
- 在库存管理系统生成的销售出库单,可以在销售管理系统的账表查询中,通过联查单据查询到该销售出库单。
- 在由库存管理生单向销售管理生单切换时,如果有已审核/复核的发货单、发票未在库存管理系统中生成销售出库单,将无法生成销售出库单。因此,应检查已审核/复核的销售单据是否已经全部生成销售出库单后再切换。
- 系统自动生成的销售出库单不能修改,可以直接审核。

3) 销售专用发票

(1) 在销售管理系统中,执行"销售开票"|"销售专用发票"命令,打开"销售专用发票"窗口。

(2) 单击"增加"按钮,系统自动弹出"选择发货单"窗口。默认业务类型为"普通销售",可以重新选择。

(3) 设置过滤条件,单击"显示"按钮,系统根据过滤条件显示符合条件的全部单据。

(4) 在显示的发货单记录中选择客户为"青岛市华光百货公司",或者选择日期为"2013年1月13日"的发货单,在所选择单据前单击,出现 Y 表示选择成功。

(5) 选择存货信息。系统自动显示该发货单的存货信息,选择需要开具发票的存货,在其前面单击,出现 Y 表示选择成功,选择完毕,单击"确定"按钮。

(6) 系统根据所选择的发货单和存货自动生成一张销售专用发票。修改发票日期和发票号,确认后单击"保存"按钮,确认并保存发票信息,如图 3-42 所示。

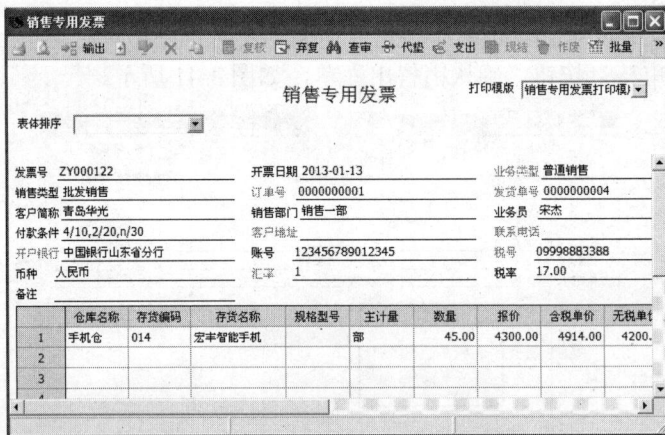

图 3-42　第 3 笔业务销售专用发票

(7) 单击"复核"按钮,保存销售专用发票的信息。

(8) 执行"代垫费用"|"代垫费用单"命令,打开"代垫费用单"窗口。

(9) 单击"增加"按钮,输入代垫费用及其相关内容,如图 3-43 所示。

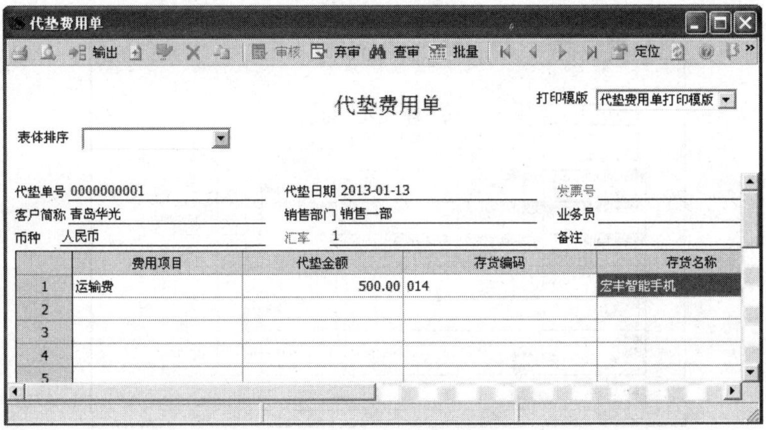

图 3-43 "代垫费用单"窗口

(10) 单击"保存"按钮,再单击"审核"按钮审核。

提示

- 代垫费用单可以在销售管理系统的专用发票窗口中,生成销售专用发票保存后,单击"代垫"按钮,调出"代垫费用单"窗口,进行输入。
- 代垫费用单也可以通过执行"销售管理"|"代垫费用"|"代垫费用单"命令进行输入。
- 代垫费用单保存后自动生成其他应收单并传递至应收款管理系统。
- 销售管理系统只能记录代垫费用,但不能对代垫费用制单。其凭证需要在应收款管理系统审核代垫费用单后,才能制单。

4) 应收款管理系统审核应收单并制单

(1) 在企业应用平台中打开"业务"选项卡,执行"财务会计"|"应收款管理"|"应收单据处理"|"应收单据审核"命令,系统自动弹出"单据过滤条件"对话框,设置过滤条件。

(2) 单击"确定"按钮。选择需要审核的应收单据,包括青岛华光的运费单据和应收单据,在记录的"选择"处单击,出现 Y 表示选择成功。

(3) 单击"审核"按钮,系统弹出"本次审核成功单据 2 张"信息提示对话框。

(4) 执行"制单处理"命令,系统自动打开"制单查询"对话框。设置单据过滤条件,选择"发票制单"和"应收单制单"复选框,单击"确定"按钮。

(5) 单击"全选"按钮,在需要制单的两个记录前的"选择标志"栏分别填 1 和 2,表示选择 1 的单据生成一张凭证,选择 2 的单据生成另一张凭证。

(6) 选择凭证类别为"转账凭证",单击"制单"按钮,系统根据所选择的应收单自动生成两张转账凭证,分别单击"保存"按钮,系统显示"已生成"标志。单击"下一张"按钮,在第 2 行"科目名称"栏中输入 1001,修改凭证类别为"付款凭证",再单击"保存"按钮。生成的转账凭证和付款凭证如图 3-44 和图 3-45 所示。

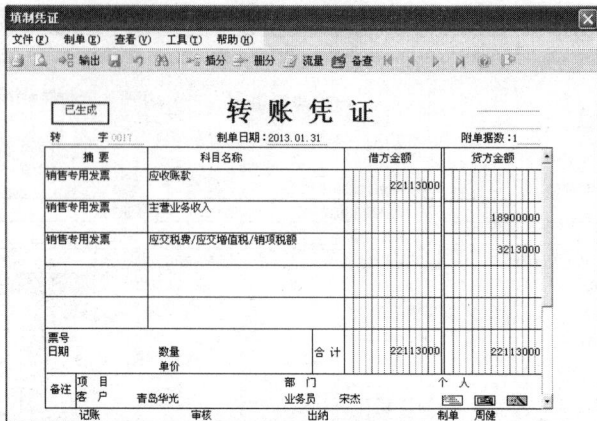

图 3-44 根据应收单生成转账凭证

图 3-45 生成付款凭证

(7) 执行"单据查询"|"凭证查询"命令，可以查询根据应收单生成的转账凭证。查询完毕，单击"退出"按钮。

4. 第 4 笔普通销售业务的处理

本笔业务是北京燕莎百货公司向本公司订购明辉女正装鞋和明辉女休闲鞋的业务，需要填制报价单和销售订单。

本笔业务处理流程：

(1) 销售管理系统——销售报价单。

(2) 销售管理系统——销售订单。

操作步骤

(1) 在销售管理系统中，执行"销售报价"|"销售报价单"命令，打开填制报价单窗口。

(2) 单击"增加"按钮，输入表头信息：业务类型为"普通销售"，销售类型为"批发销售"，日期修改为"2013 年 1 月 15 日"，客户是"北京燕莎百货公司"，税率为 17%。表体中的存货为"明辉女正装鞋"，数量 100 双，报价 500 元/双；"明辉女休闲鞋"，400 双，单价 650 元/双。输入完毕单击"保存"按钮，再单击"审核"按钮，如图 3-46 所示。

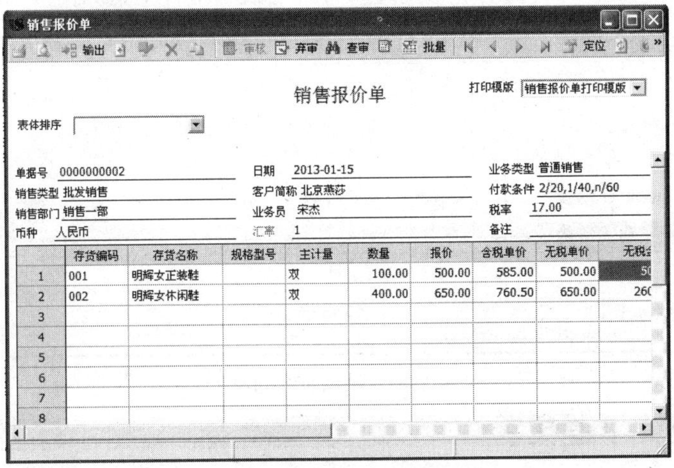

图 3-46　销售报价单

(3) 执行"销售订货" | "销售订单"命令，打开"销售订单"窗口。

(4) 单击"增加"按钮，再单击"报价"按钮，参照报价单生成销售订单，修改销售订单日期为 15 日，分别修改女正装鞋和女休闲鞋的数量为 150 和 500。信息确认后单击"保存"按钮，再单击"审核"按钮。

5. 第 5 笔普通销售业务的处理

本笔业务需要根据第 4 笔业务的销售订单生成销售发货单，同时根据销售发货单生成销售专用发票和销售出库单。

本笔业务处理流程：

(1) 销售管理系统——销售发货单。

(2) 销售管理系统——销售专用发票、支付费用单。

(3) 应收款管理系统——应收单审核、制单。

(4) 库存管理系统——销售出库单。

操作步骤

1) 销售管理系统填制销售发货单、销售专用发票和支付费用单

(1) 登录销售管理子系统，执行"销售发货" | "发货单"命令，打开"发货单"窗口。

(2) 单击"增加"按钮，系统弹出"选择订单"窗口。

(3) 在"选择订单"窗口中，单击"显示"按钮，系统显示符合条件的销售订单，单击出现 Y 表示选中销售订单和相应的存货。若要选中多条存货，则要按住 Ctrl 键，如图 3-47 所示。

(4) 单击"确定"按钮，系统自动参照销售订单生成销售发货单，修改发货日期为 18 日，输入发货仓库为"明辉鞋仓"，分别修改数量为 50 双和 100 双。单击"保存"按钮，再单击"审核"按钮，如图 3-48 所示。

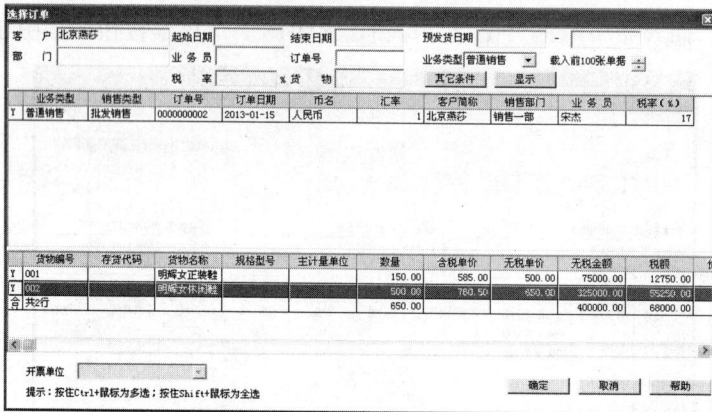

图 3-47　销售订单过滤

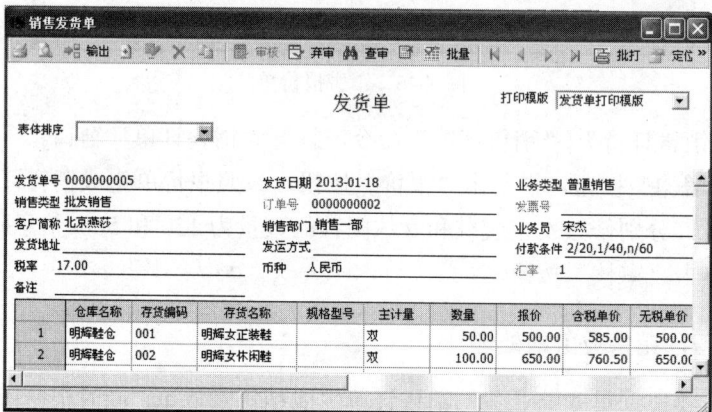

图 3-48　第 5 笔业务销售发货单

(5) 单击"退出"按钮，退出"销售发货单"窗口。

(6) 执行"销售开票"|"销售专用发票"命令，进入"销售专用发票"窗口。

(7) 单击"增加"按钮，系统显示发货单过滤窗口。单击"显示"按钮，系统显示符合条件的发货单，选中客户为北京燕莎百货公司的发货单，同时在存货中选择女休闲鞋，如图 3-49 所示。

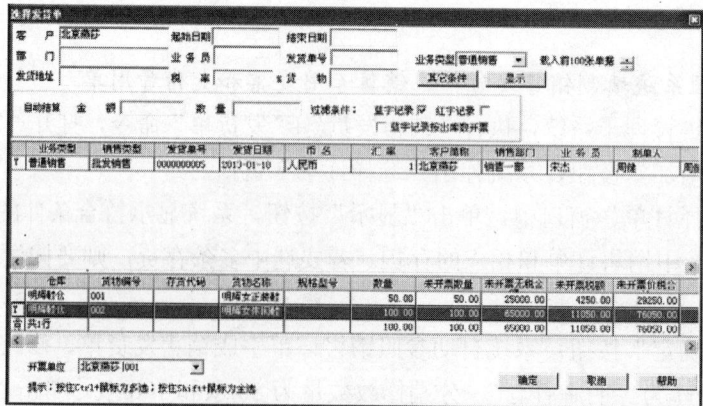

图 3-49　拆单选择存货

(8) 单击"确定"按钮，系统自动根据所选发货单生成销售专用发票，修改日期和发票号，单击"保存"按钮。单击"现结"按钮，在结算窗口输入结算方式、结算金额等信息，单击"确定"按钮。最后单击"复核"按钮，确认并保存该专用发票，如图 3-50 所示。

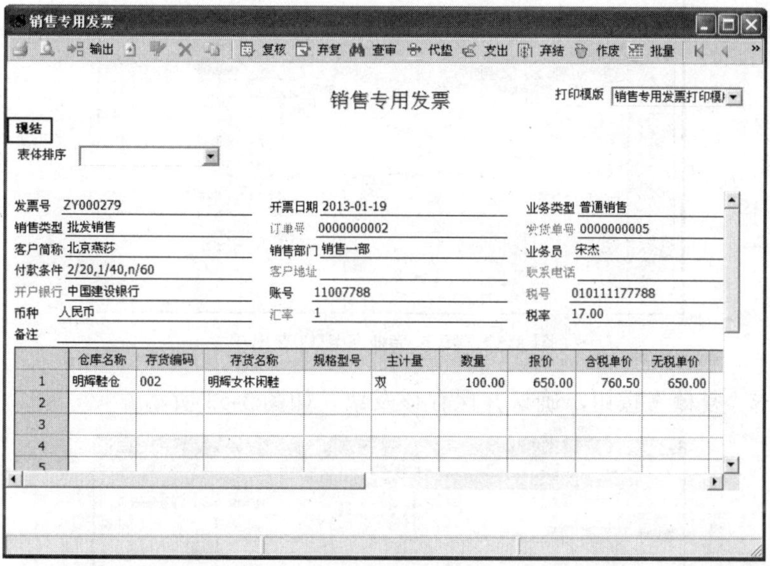

图 3-50　拆单销售发票 1

(9) 单击"增加"按钮，在选择"发货单"窗口中，选择北京燕莎百货公司的发货单和女正装鞋的存货，如图 3-51 所示。选定后单击"确定"按钮。

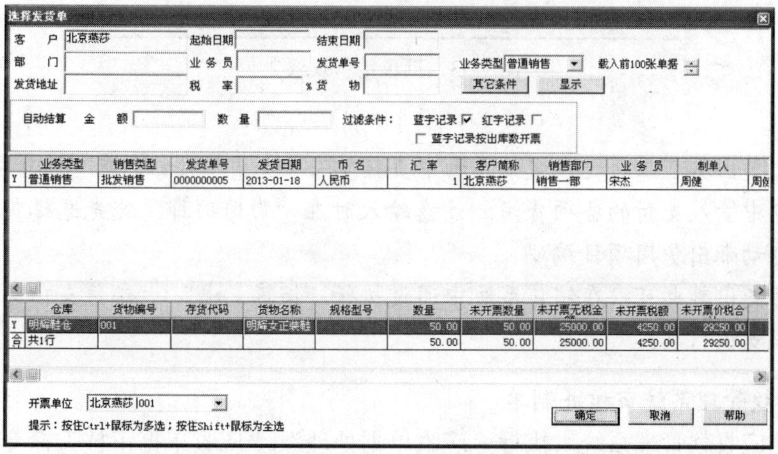

图 3-51　拆单选择发货单

(10) 修改发票日期和发票号，确认后单击"保存"按钮。单击"支出"按钮，系统自动进入支付费用单输入窗口。输入支付的运杂费信息，单击"审核"按钮，如图 3-52 所示。

(11) 销售支出单保存后，单击"退出"按钮，即退出"销售费用支出单"窗口，回到"销售专用发票"界面。

图 3-52　第 5 笔业务销售支出单

(12) 单击"复核"按钮，确认并保存该发票，如图 3-53 所示。

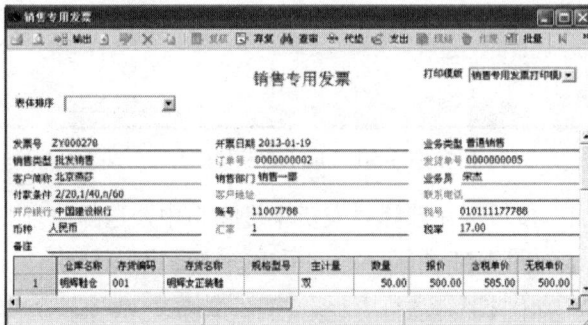

图 3-53　拆单销售发票 2

提示

- 销售支出单可以通过在发票界面中直接单击"支出"按钮，在"销售费用支出单"窗口中输入支付的各项费用。注意输入时在"费用项目"处先选择费用项目，系统自动带出费用项目编码。
- 销售支出单也可以在销售系统中通过执行"销售支出"|"销售支出单"命令输入费用支出信息。

2) 应收款管理系统审核并制单

(1) 启动应收款管理系统，执行"应收单据处理"|"应收单据审核"命令，系统自动弹出"单据过滤条件"对话框。

(2) 设置单据过滤条件，选择"包含现结发票"复选框，单击"确定"按钮。

(3) 选择需要审核的应收单据，在记录的"选择"处单击，出现 Y，表示选择成功。本次选择北京燕莎百货的两张应收单。

(4) 单击"审核"按钮，系统弹出"本次审核成功单据 2 张"信息提示对话框。

(5) 执行"制单处理"命令，系统自动打开"制单查询"对话框。设置单据过滤条件，选择"发票制单"、"现结制单"复选框，如图 3-54 所示。

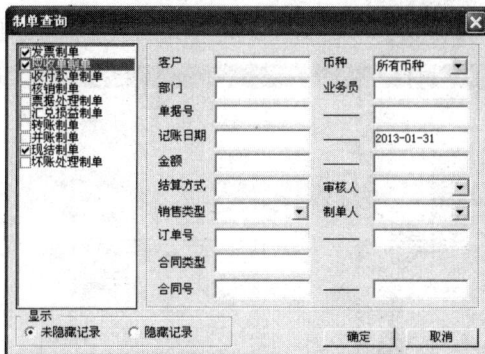

图 3-54 现结单据、应收单过滤

(6) 单击"全选"按钮。

(7) 单击"制单"按钮，系统根据所选择的现结制单自动生成收款凭证(凭证类型可以修改)，单击"保存"按钮，系统显示"已生成"标志。单击"下一张"按钮，系统自动生成一张转账凭证(凭证类型修改为"转账凭证")，如图 3-55 和图 3-56 所示。制单完毕，单击"退出"按钮，并退出应收款管理系统。

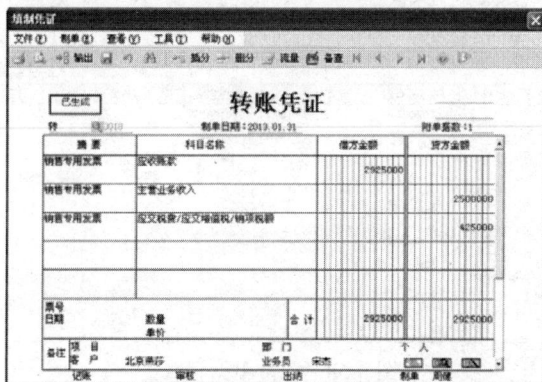

图 3-55 应收单凭证

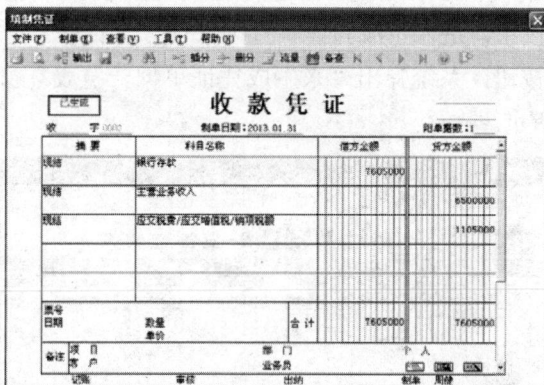

图 3-56 现结凭证

3) 销售出库单、结转销售成本

(1) 启动库存管理系统，执行"出库业务"|"销售出库单"命令，进入"销售出库单"

窗口。系统根据发货单自动生成了销售出库单，单击"审核"按钮，如图 3-57 所示。

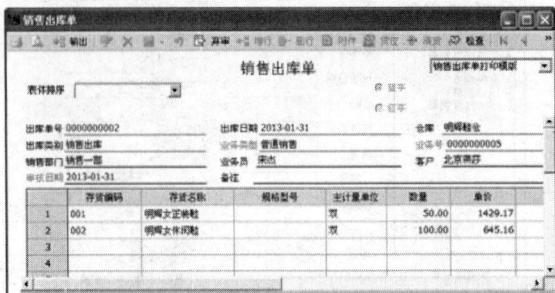

图 3-57　第 5 笔业务销售出库单

(2) 启动存货核算系统，执行"业务核算"|"正常单据记账"命令，系统自动弹出"正常单据记账"窗口。设置过滤条件为"明辉鞋仓"，"销售专用发票"。

(3) 单击"确定"按钮，系统显示符合条件的单据。选择需要记账的单据，如图 3-58 所示。单击"记账"按钮，再单击"退出"按钮。

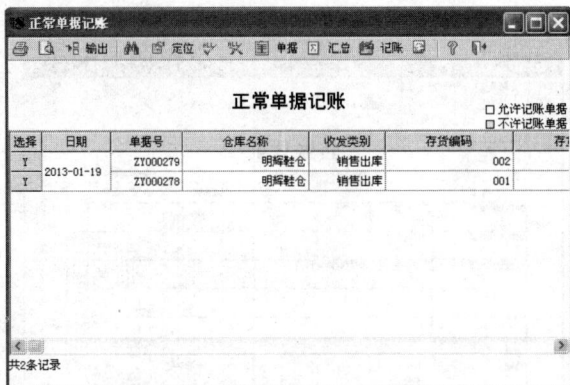

图 3-58　正常单据记账

(4) 执行"财务核算"|"生成凭证"命令，进入"生成凭证"窗口。

(5) 单击"选择"按钮，进入生成凭证"查询条件"对话框。选择"销售专用发票"。

(6) 单击"确定"按钮，系统弹出"未生成凭证单据一览表"窗口。选择需要生成凭证的单据，如图 3-59 所示。

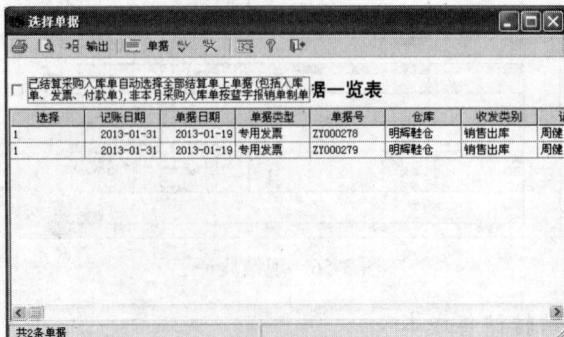

图 3-59　选择生成凭证的单据

(7) 选择单据和凭证类型后，单击"确定"按钮，再单击"合成"按钮，核对入账科目是否正确，或者补充输入入账科目，确定无误后单击"生成"按钮，系统自动生成了一张结转销售成本的凭证。修改凭证类型为"转账凭证"，单击"保存"按钮，系统显示"已生成"标志，如图 3-60 所示。

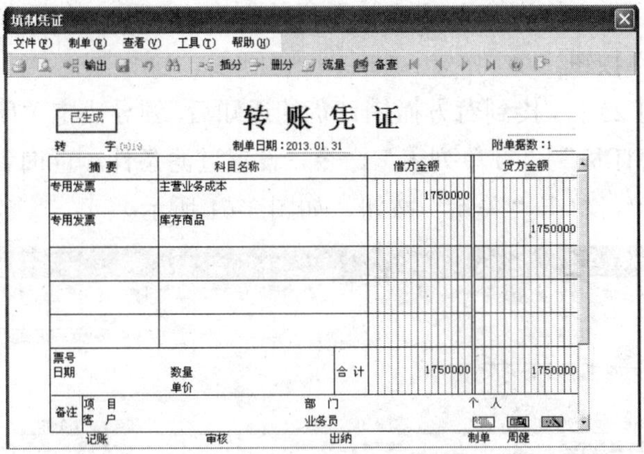

图 3-60　结转销售成本凭证

(8) 执行"财务核算"|"凭证列表"命令，可以查询生成的结转销售成本的凭证。

提示

- 记账后的单据在"正常单据记账"窗口中不再显示。
- 只有记账后的单据才能进行制单。
- 存货核算系统制单时单击"生成"按钮表示每张销售出库单分别生成记账凭证，单击"合成"按钮表示多张销售出库单合并生成一张记账凭证。
- 如果存货科目和对方科目没有事先设置，则在生成凭证界面中可以手工补充输入会计科目或修改会计科目，以便保证生成的凭证完全正确。

6. 第 6 笔普通销售业务的处理

本笔业务属于没有执行完毕中途关闭的业务。需要在销售管理系统中输入报价单、销售订单；对方撤销订货后删除报价单和销售订单，或者执行订单关闭。

本笔业务处理流程：

(1) 销售管理系统中——填制并审核销售报价单。

(2) 销售管理系统——参照生成并审核销售订单。

(3) 销售管理系统——关闭销售订单。

操作步骤

(1) 在销售管理系统中，执行"销售报价"|"销售报价单"命令，打开填制报价单的窗口。

(2) 单击"增加"按钮，输入表头和表体信息。业务类型为"普通销售"，销售类型为"批发销售"，日期修改为"2013 年 1 月 20 日"，客户是"上海明兴贸易公司"，税率为 17%。

表体中的存货为"兰宇女式钱包",数量 250 个,报价 200 元/套。单击"保存"按钮,再单击"审核"按钮。

(3) 执行"销售订货"|"销售订单"命令,打开"销售订单"窗口。

(4) 单击"增加"按钮,参照报价单生成销售订单。表头信息与报价单相同,表体中的订购数量为 250 个,报价为 200 元/套,无税单价为 200 元。信息确认后单击"保存"按钮,再单击"审核"按钮。

(5) 2013 年 1 月 23 日,接到对方撤销订货的通知后,领导决定关闭报价单和销售订单。

(6) 执行"销售订货"|"订单列表"命令,设置过滤条件,查询到 1 月 20 日上海明兴贸易公司的销售订单,单击"关闭"按钮,如图 3-61 所示。

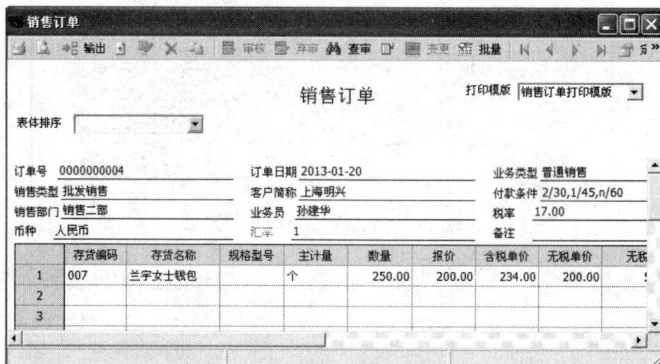

图 3-61 销售订单关闭

提示
- 报价单、销售订单均有 5 种状态,即录入、未审核、已审核、已执行、关闭。
- 已经关闭的订单表示该项业务已经执行完毕或者无法再执行。

7. 账套备份

在 C:\"供应链账套备份"文件夹中新建"888-3-2 普通销售业务(一)"文件夹。将账套输出至 C:\"供应链账套备份"\"888-3-2 普通销售业务(一)"文件夹中。

实验三 普通销售业务(二)

实验准备

已经完成第 3 章实验二的操作,或者引入光盘中的 888-3-2 账套备份数据。将系统日期修改为"2013 年 1 月 31 日",以 111 操作员(密码为 1)的身份登录 888 账套的"企业应用平台"。

实验要求

- 在销售管理系统取消普通销售必有订单。
- 在库存系统取消销售生成出库单。
- 开具销售专用发票并复核。
- 确认、收取应收款项。
- 生成销售出库单。
- 根据销售出库单确认销售成本(存货采用先进先出法核算)。
- 备份账套。

实验资料

(1) 2013 年 1 月 13 日，北京燕莎百货公司派采购员到本公司订购女凉鞋 100 双，本公司报价 410 元。经协商，双方认定的价格为 400 元，本公司开具销售专用发票(ZY000299)，收到对方的转账支票(ZZ0011278)。采购员当日提货(明辉鞋仓)。

(2) 2013 年 1 月 23 日，上海明兴贸易公司采购员到本公司采购兰宇男式钱包 300 个，本公司报价 210 元。双方协商价格为 200 元，本公司立即开具销售专用发票(ZY000378)，于 25 和 28 日分两批发货(兰宇箱包仓)，每次发货 150 个。对方答应收到货物后，全额支付本次款项和前欠款项。

(3) 2013 年 1 月 25 日，郑州丹尼斯百货公司有意向本公司订购女休闲鞋 200 双。本公司报价 700 元，经双方协商，最后以 650 元成交。26 日收到对方的电汇(DH001899)，本公司当即开具销售专用发票(ZY000466)。

(4) 2013 年 1 月 27 日，给郑州丹尼斯百货公司发货(明辉鞋仓)，确认明辉女休闲鞋出库成本。

(5) 2013 年 1 月 28 日，青岛市华光百货公司向本公司订购男休闲鞋 100 双、男凉鞋 100 双。本公司报价为：男休闲鞋 700 元，男凉鞋 500 元。双方协商订购价为男休闲鞋 650 元，男凉鞋 450 元。本公司于 29 日开具销售专用发票(ZY000578)，对方于当日提男休闲鞋 100 双，男凉鞋尚未提货。

实验指导

普通销售业务(二)主要是开票直接发货或者先开票后发货的销售业务，这两类业务都可以直接开具发票，系统根据发票自动生成发货单，根据发货单系统参照生成销售出库单。这两类业务可以是现销业务，也可以是赊销业务。如果存货采用先进先出法核算，也可以随时结转销售成本。

普通销售业务(二)需要直接由手工开具发票，因此，必须将销售管理系统的"普通销售必有订单"项取消，同时取消库存管理系统的"销售生成出库单"选项。这样就可以手工开具销售发票了。

1. 第 1 笔普通销售业务的处理

本笔业务属于开票直接发货的普通销售业务，可以直接开具销售专用发票，由销售发票生成销售发货单、销售出库单、确认收入、收取价税款。

本笔业务处理流程：

(1) 销售管理系统——取消"普通销售必有订单"和"销售生成出库单"。

(2) 销售管理系统——开具销售专用发票并现结。

(3) 销售管理系统——生成销售发货单。

(4) 库存管理系统——生成销售出库单。

(5) 应收款管理系统——审核应收单、制单并传递至总账系统。

操作步骤

(1) 在销售管理系统中，执行"设置"|"销售选项"命令，取消"普通销售必有订单"和"是否销售生成出库单"选项，如图 3-62 所示。然后单击"确定"按钮。

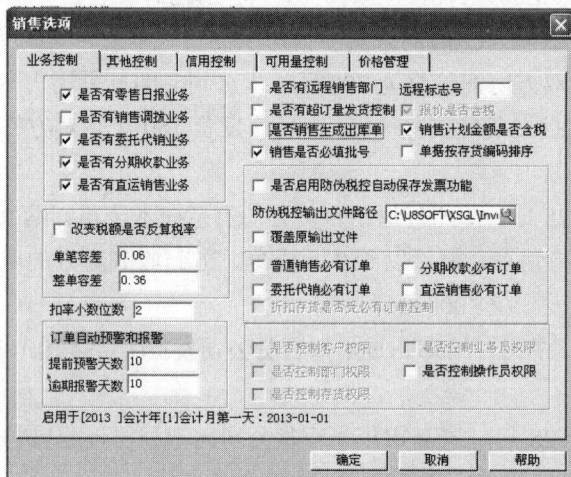

图 3-62 修改销售系统选项

(2) 单击"增加"按钮，系统自动弹出"选择发货单"对话框，单击"取消"按钮，关闭该对话框，进入"销售专用发票"窗口。

(3) 手工输入发票的表头和表体信息。业务类型为"普通销售"，销售类型为"经销商批发"，客户为"北京燕莎百货公司"，开票日期"2013 年 1 月 13 日"，发票号 ZY000299，销售部门为"销售一部"。明辉鞋仓女凉鞋 100 双，报价 410 元，无税单价 400 元。全部信息输入后，单击"保存"按钮。

(4) 单击"现结"按钮，打开"现结"窗口，输入结算方式为"转账支票"(ZZ0011278)，全额支付，银行账号指北京燕莎百货公司的银行账号，如图 3-63 所示。输入完毕，单击"确定"按钮。

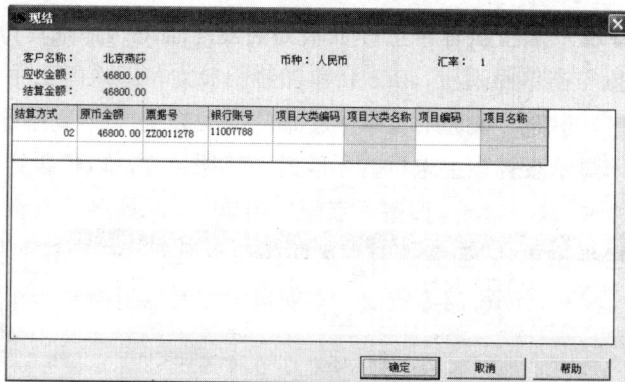

图 3-63 "现结"窗口

(5) 发票上自动显示"现结"标志，单击"复核"按钮，如图 3-64 所示。

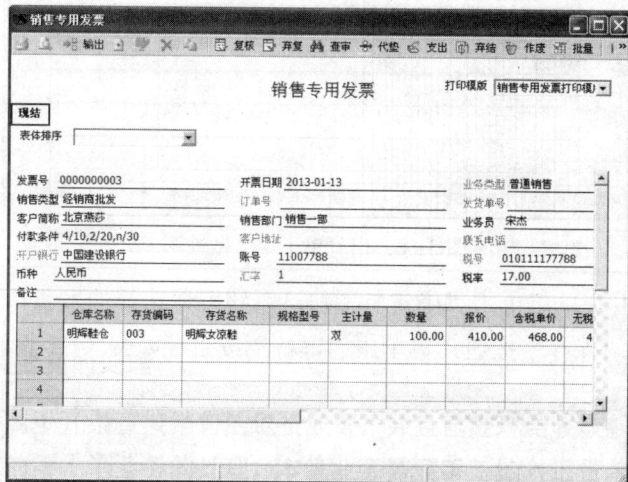

图 3-64 销售专用发票

(6) 执行"销售发货" | "发货单"命令，进入"发货单"窗口，系统根据复核后的销售专用发票，自动生成了一张已经审核的销售发货单，如图 3-65 所示。单击"退出"按钮，退出销售系统。

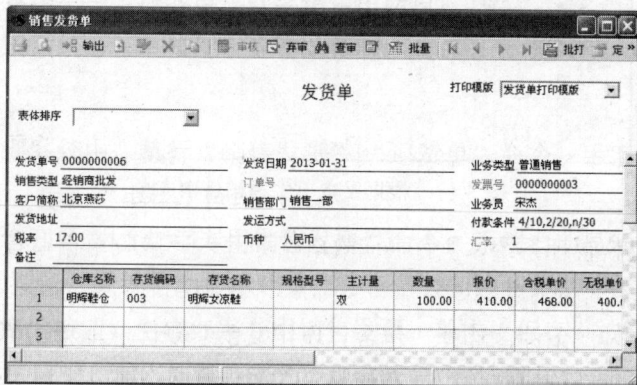

图 3-65 根据销售发票生成发货单

(7) 启动库存管理系统，执行"出库业务"|"销售出库单"命令，进入"销售出库单"窗口。

(8) 单击"生单"按钮，系统显示单据过滤窗口，单击"显示"按钮，系统显示符合条件的单据，选择"显示表体"复选框，系统显示单据内容，以便于正确确认单据，如图 3-66 所示。

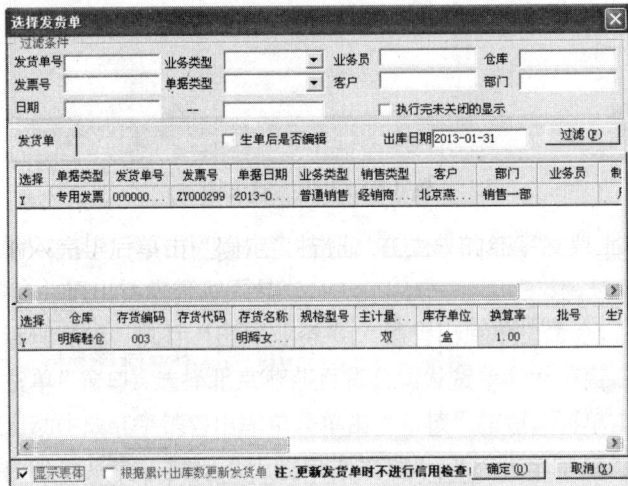

图 3-66　出库单生单单据过滤

(9) 选中销售发货单后单击"确定"按钮，系统根据选择的发货单生成一张未保存的销售出库单。单击"保存"按钮，再单击"审核"按钮，如图 3-67 所示。

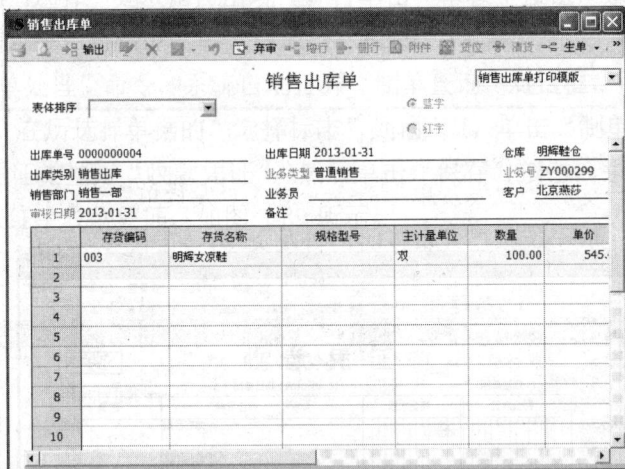

图 3-67　根据发货单生成销售出库单

(10) 启动应收款管理系统，执行"应收单据处理"|"应收单据审核"命令，系统自动弹出"单据过滤条件"对话框。

(11) 设置单据过滤条件，选择"包含已现结发票"复选框，单击"确定"按钮。

(12) 选择需要审核的应收单据，在该记录的"选择"处双击，出现 Y。

(13) 单击"审核"按钮，系统显示"本次审核成功单据 1 张"信息提示对话框。

(14) 执行"制单处理"命令，系统自动打开"制单查询"对话框，设置单据过滤条件，选择"现结制单"。选择单据后单击"制单"按钮，在生成凭证界面中修改凭证类型为"收款凭证"，然后单击"保存"按钮，如图 3-68 所示。

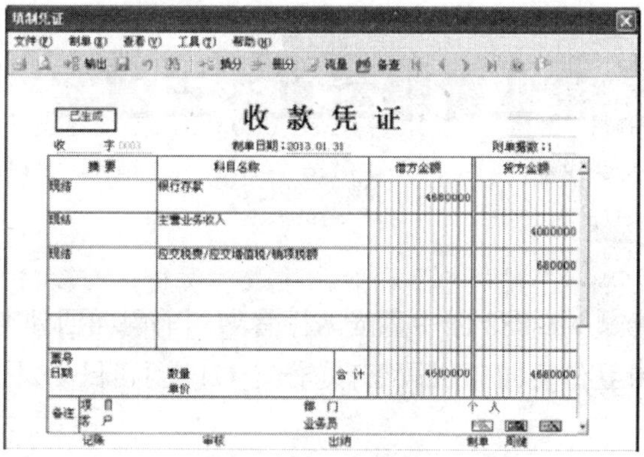

图 3-68　现结制单

提示

- 只有在基础档案中设置了客户开户银行、税号等信息的客户，才能开具销售专用发票，否则，只能开具普通发票。
- 开具销售专用发票现结时，需要输入客户的银行账号，否则，只能开具普通发票进行现结处理。
- 如果在销售管理系统销售选项的"其他控制"选项卡中，选择"新增发票默认参照发货单生成"，则新增发票时系统自动弹出"选择发货单"对话框。系统默认为"新增发票默认参照订单生成"。
- 根据销售专用发票生成的发货单信息不能修改，发货单日期为操作业务日期。如果需要与发票日期相同，则注册进入企业应用平台的日期应该与发票日期相同，否则，发货单日期不等于发票日期。其他由系统自动生成的单据或凭证日期也是如此。
- 根据销售专用发票自动生成的发货单信息不能修改。
- 根据发货单生成销售出库单时，可以修改出库数量，即可以处理分次出库业务。

2. 第 2 笔普通销售业务的处理

本笔业务属于开票直接发货的普通销售业务，可以直接开具销售专用发票，由销售发票生成销售发货单，分次生成销售出库单，确认应收账款。

本笔业务处理流程：

(1) 销售管理系统——开具销售专用发票。

(2) 销售管理系统——生成销售发货单。

(3) 库存管理系统——分次生成销售出库单。

(4) 应收款管理系统——审核应收单、制单并传递至总账系统。

操作步骤

(1) 在销售管理系统中，执行"销售开票"|"销售专用发票"命令，进入"销售专用发票"窗口。

(2) 单击"增加"按钮，关闭"选择发货单"对话框。手工输入发票的表头和表体信息。业务类型为"普通销售"，销售类型为"批发销售"，客户为"上海明兴贸易公司"，开票日期为"2013 年 1 月 23 日"，发票号为 ZY000378，销售部为"销售二部"；兰宇箱包仓兰宇男式钱包 300 个，报价 210 元，无税单价 200 元。全部信息输入后，单击"保存"按钮，单击"复核"按钮。

(3) 执行"销售发货"|"发货单"命令，进入"发货单"窗口。系统根据复核后的销售专用发票，自动生成了一张已经审核的销售发货单。单击"退出"按钮，退出销售系统。

(4) 启动库存管理系统，执行"出库业务"|"销售出库单"命令，进入"销售出库单"窗口。

(5) 单击"生单"下三角按钮，选中"销售生单"，系统显示单据过滤窗口，输入过滤条件后单击"过滤"按钮，进入销售发货单生单列表。双击"选择"栏，选中一条发货单，如图 3-69 所示。

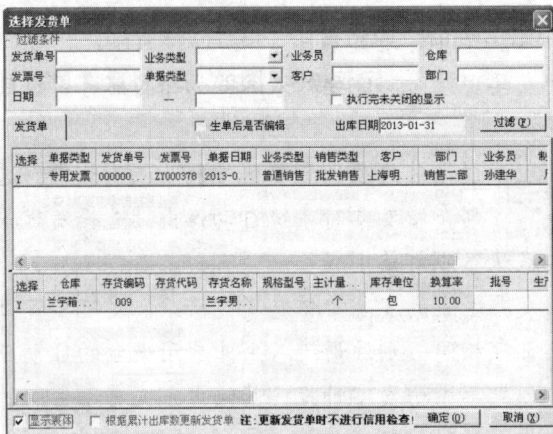

图 3-69　出库单生单单据过滤

(6) 单击"确定"按钮，系统根据选择的发货单生成一张未保存的销售出库单，修改发货数量为 150。单击"保存"按钮，单击"审核"按钮，如图 3-70 所示。

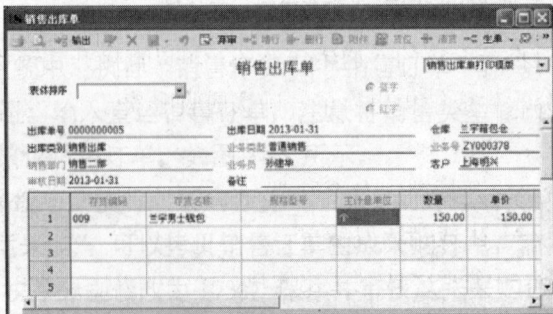

图 3-70　分次生成销售出库单 1

(7) 启动应收款管理系统,执行"应收单据处理"|"应收单据审核"按钮,系统自动弹出条件过滤对话框。

(8) 设置单据过滤条件,单击"确定"按钮。

(9) 选择需要审核的应收单据,在记录的"选择"处双击,出现 Y。

(10) 单击"审核"按钮,系统弹出"本次审核成功单据 1 张"信息提示对话框。

(11) 执行"制单处理"命令,系统自动打开"制单查询"对话框,设置单据过滤条件,选择"发票制单"复选框。选择单据后单击"制单"按钮,在生成凭证界面中修改凭证类型为"转账凭证",然后单击"保存"按钮,如图 3-71 所示。

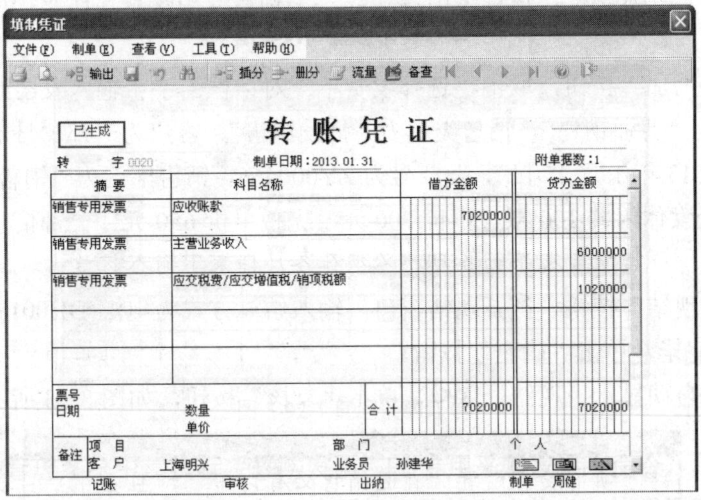

图 3-71　第 2 笔业务应收单制单

(12) 28 日,在库存管理系统中,执行"出库业务"|"销售出库单"命令,进入"销售出库单"窗口。

(13) 单击"生单"按钮,选中弹出的"销售生单",系统显示单据过滤窗口。输入过滤条件后单击"过滤"按钮,进入销售发货单生单列表,双击"选择"栏,选中一条发货单。单击"确定"按钮,系统根据选择的发货单生成一张未保存的销售出库单,数量为 150。单击"保存"按钮,再单击"审核"按钮,如图 3-72 所示。

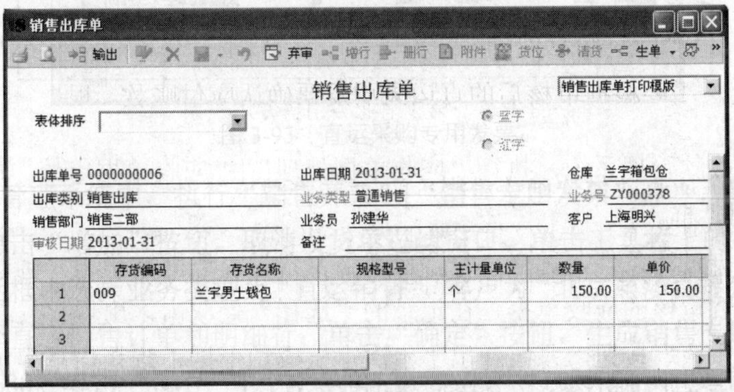

图 3-72　分次生成销售出库单 2

3. 第 3 笔普通销售业务的处理

本笔业务属于开票现销的普通销售业务，需要开具销售专用发票，进行现结，根据应收单确认收入并制单。

本笔业务处理流程：

(1) 销售管理系统——开具销售专用发票并现结。

(2) 应收款管理系统——审核应收单并制单。

操作步骤

(1) 在销售管理系统中，执行"销售开票"|"销售专用发票"命令，进入销售专用发票窗口。

(2) 单击"增加"按钮，取消"选择发货单"对话框。手工输入发票的表头和表体信息。业务类型为"普通销售"，销售类型为"批发销售"，客户为"郑州丹尼斯百货公司"，开票日期为"2013 年 1 月 25 日"，发票号为 ZY000466，销售部门为"销售一部"，税率为 17%；明辉鞋仓女休闲鞋 200 双，报价 700 元，无税单价 650 元。全部信息输入后，单击"保存"按钮。

(3) 单击"现结"按钮，打开现结窗口，输入结算方式为电汇(DH001899)，结算金额 152 100，输入完毕，单击"确定"按钮。

(4) 发票上自动显示"现结"字样，单击"复核"按钮，如图 3-73 所示。

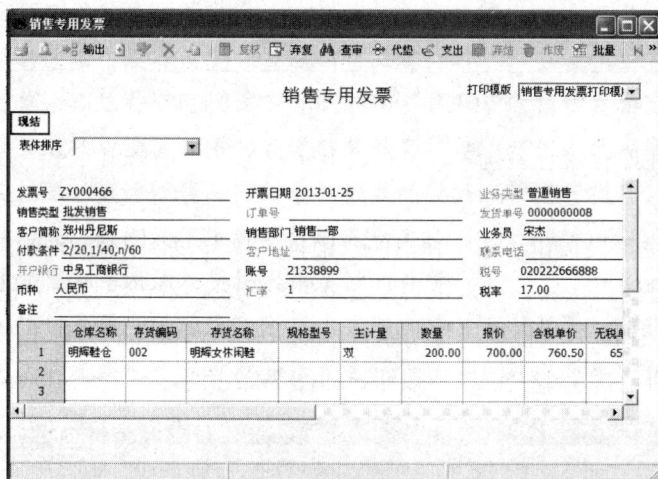

图 3-73　第 3 笔业务销售专用发票

(5) 启动应收款管理系统，执行"应收单据处理"|"应收单据审核"命令，系统自动弹出条件过滤对话框。

(6) 设置单据过滤条件，选择"包含已现结发票"复选框，单击"确定"按钮。

(7) 选择需要审核的应收单据，在记录的"选择"处双击，出现 Y。

(8) 单击"审核"按钮，系统弹出"本次审核成功单据 1 张"信息提示对话框。

(9) 执行"制单处理"命令，系统自动打开"制单查询"对话框，设置单据过滤条件，选择"现结制单"。选择单据后单击"制单"按钮，在生成凭证界面中修改凭证类型为"收款凭证"，然后单击"保存"按钮，确认并保存收款凭证信息。

4. 第 4 笔普通销售业务的处理

本笔业务是第 3 笔业务的继续。根据销售专用发票生成销售发货单、销售出库单和结转销售成本。

本笔业务处理流程：

(1) 销售管理系统——生成销售发货单。

(2) 库存管理系统——生成销售出库单。

(3) 存货核算系统——单据记账、结转销售成本。

操作步骤

(1) 在销售管理系统中，执行"销售发货"|"发货单"命令，进入"发货单"窗口。系统根据复核后的销售专用发票，自动生成了一张已经审核的销售发货单。单击"退出"按钮，退出销售系统。

(2) 启动库存管理系统，执行"出库业务"|"销售出库单"命令，进入"销售出库单"窗口。

(3) 单击"生单"按钮，选中弹出的"销售生单"，系统显示单据过滤窗口。输入过滤条件后单击"过滤"按钮，进入销售发货单生单列表，双击"选择"栏，选中一条发货单。单击"确定"按钮，系统根据选择的发货单生成一张未保存的销售出库单。单击"保存"按钮，再单击"审核"按钮，如图 3-74 所示。

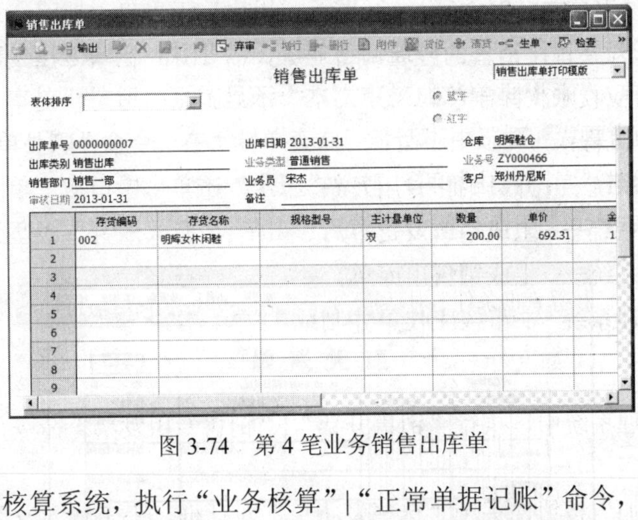

图 3-74 第 4 笔业务销售出库单

(4) 启动存货核算系统，执行"业务核算"|"正常单据记账"命令，系统自动弹出"正常单据记账"窗口。设置过滤条件为"明辉鞋仓"，"销售专用发票"。

(5) 单击"确定"按钮，系统显示符合条件的单据。选择需要记账的单据，单击"记账"按钮。记账后单击"退出"按钮。

(6) 执行"财务核算"|"生成凭证"命令，进入"生成凭证"窗口。

(7) 单击"选择"按钮,进入生成凭证的"查询条件"对话框,选择"销售专用发票"。

(8) 单击"确定"按钮,系统打开"未生成凭证单据一览表"窗口,选择需要生成凭证的单据。

(9) 选择单据、凭证类型后,单击"确定"按钮,再单击"合成"按钮,核对入账科目是否正确,或者补充输入入账科目。确定无误后单击"生成"按钮,系统自动生成了一张结转销售成本的凭证。修改凭证类型为"转账凭证",单击"保存"按钮,凭证左上角显示"已生成"标志,如图 3-75 所示。单击"退出"按钮。

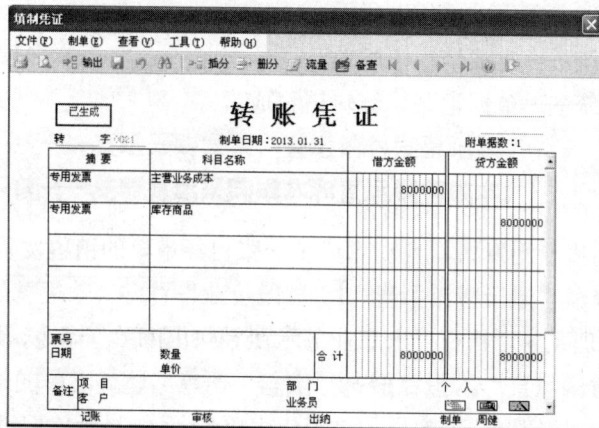

图 3-75 第 4 笔业务结转销售成本凭证

(10) 执行"财务核算"|"凭证列表"命令,可以查询生成的结转销售成本的凭证。

5. 第 5 笔普通销售业务的处理

本笔业务属于开票直接销售的普通销售业务,需要开具销售专用发票、生成发货单、销售出库单,确认应收账款并制单。

本笔业务处理流程:

(1) 销售管理系统——开具销售专用发票。

(2) 销售管理系统——生成销售发货单。

(3) 库存管理系统——生成销售出库单。

(4) 应收款管理系统——审核应收单并制单。

操作步骤

(1) 在销售管理系统中,执行"销售开票"|"销售专用发票"命令,进入"销售专用发票"窗口。

(2) 单击"增加"按钮,关闭"选择发货单"对话框。手工输入发票的表头和表体信息。业务类型为"普通销售",销售类型为"批发销售",客户为"青岛市华光百货公司",开票日期为"2013 年 1 月 29 日",发票号为 ZY000578,销售部门为"销售一部"。 明辉鞋仓男休闲鞋 100 双、男凉鞋 100 双;男休闲报价 700 元,无税单价 650 元;男凉鞋报价 500 元,无税单价 450 元。全部信息输入后,单击"保存"按钮,再单击"复核"按钮。

(3) 执行"销售发货"|"发货单"命令，进入"发货单"窗口，系统根据复核后的销售专用发票，自动生成了一张已经审核的销售发货单。单击"退出"按钮，退出销售系统。

(4) 启动库存管理系统，执行"出库业务"|"销售出库单"命令，进入"销售出库单"窗口。

(5) 单击"生单"下三角按钮，选中弹出的"销售生单"，系统显示单据过滤窗口。输入过滤条件后单击"过滤"按钮，进入销售发货单生单列表。双击"选择"栏，选中一条男休闲鞋的发货单，如图 3-76 所示。

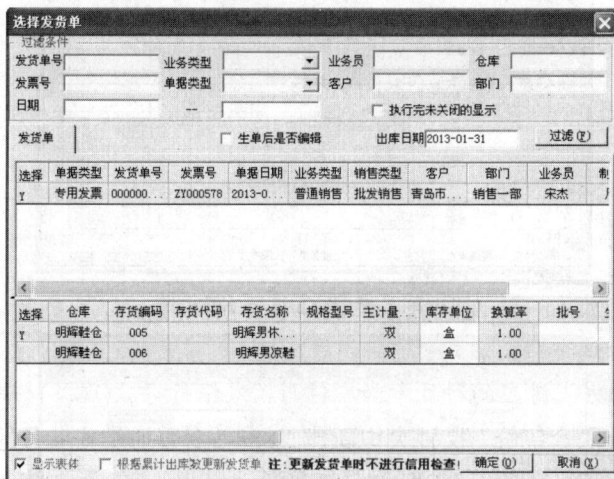

图 3-76　发货单生单列表

(6) 单击"确定"按钮，系统根据选择的发货单生成一张未保存的销售出库单。单击"保存"按钮，再单击"审核"按钮，如图 3-77 所示。单击"退出"按钮。

图 3-77　第 5 笔业务的销售出库单

(7) 启动应收款管理系统，执行"应收单据处理"|"应收单据审核"命令，系统自动弹出条件过滤对话框。

(8) 设置单据过滤条件，单击"确定"按钮。

(9) 选择需要审核的应收单据，在记录的"选择"处双击，出现 Y。单击"审核"按钮，系统弹出"本次审核成功单据 1 张"信息提示对话框。

(10) 执行"制单处理"命令，系统自动打开"制单查询"对话框，设置单据过滤条件，选择"发票制单"复选框。选择单据后单击"制单"按钮，在生成凭证界面中修改凭证类型为"转账凭证"，然后单击"保存"按钮，如图 3-78 所示。

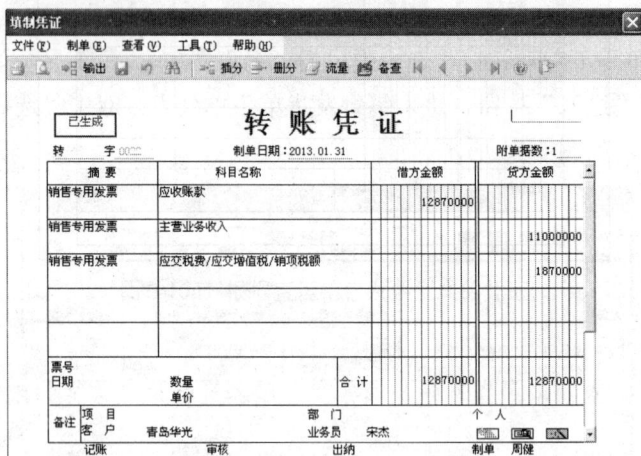

图 3-78   第 5 笔业务应收单凭证

6. 账套备份

在 C:＼"供应链账套备份"文件夹中新建"888-3-3 普通销售业务(二)"文件夹。将账套输出至 C:＼"供应链账套备份"＼"888-3-3 普通销售业务(二)"文件夹中。

实验四　销售退货业务

实验准备

已经完成第 3 章实验三的操作，或者引入光盘中的 888-3-3 账套备份数据。将系统日期修改为"2013 年 1 月 31 日"，以 111 操作员(密码为 1)的身份登录 888 账套的"企业应用平台"。

实验要求

- 普通销售退货。
- 录入退货单。
- 录入或生成红字发票并复核。
- 审核红字应收单并制单。
- 备份账套。

实验资料

(1) 2013 年 1 月 15 日，给上海明兴贸易公司销售宏丰智能机 10 部，订单价格为 4200 元，已经提货。1 月 25 日，对方因为质量问题全部退货(收到，入手机仓)。本公司同意退货。该批手机于 1 月 15 日发货，尚未开具发票。

(2) 2013 年 1 月 30 日，青岛市华光百货公司提出退回男凉鞋 100 双(28 日已经开票、生成发货单，但尚未出库)。

(3) 2013 年 1 月 30 日，郑州丹尼斯百货公司因质量问题要求退回女休闲鞋 20 双。该休闲鞋已于本月 26 日开具销售专用发票并收款，27 日发货并结转销售成本(单位成本 650 元)。

(4) 2013 年 1 月 31 日，北京燕莎百货公司要求退货，退回女凉鞋 10 双(入明辉鞋仓)，该女凉鞋已于本月 13 日开具销售发票并收款。本公司同意退货，同时办理退款手续(开出一张现金支票 XJ010)。

实验指导

销售退货业务包括普通销售退货和委托代销退货业务的处理，分为开具发票前退货和开具发票后退货，委托代销结算前退货和委托代销结算后退货。不同阶段发生的退货业务其业务处理不完全相同。

先发货后开票业务模式下的退货处理流程

(1) 填制退货单，审核该退货单。

(2) 根据退货单生成红字销售出库单，传递至库存管理系统。

(3) 填制红字销售发票，复核后的红字销售发票自动传递至应收款管理系统。

(4) 红字销售发票经审核，形成红字应收款。

(5) 红字销售出库单在存货核算系统中记账，进行成本处理。

开票直接发货退货业务处理流程

(1) 填制红字销售发票，复核后自动生成退货单。

(2) 生成红字销售出库单。

(3) 复核后的红字销售发票自动传递至应收款管理系统，审核后，形成红字应收款。

(4) 审核后的红字出库单在存货核算系统中记账，进行成本处理。

1. 第一笔退货业务的处理

本笔业务属于已经发货尚未开票的全额退货业务。首先需要输入销售订单，根据销售订单生成发货单，系统自动生成销售出库单；退货后需要输入退货单，系统根据退货单，自动生成红字销售出库单。

本笔业务处理流程：

(1) 销售管理系统——填制并审核销售订单。

(2) 销售管理系统——参照订单生成发货单。

(3) 库存管理系统——生成并审核销售出库单。

(4) 销售管理系统——填制并审核退货单。

(5) 库存管理系统——生成并审核红字销售出库单。

操作步骤

(1) 启动企业应用平台，打开"业务"选项卡，执行"供应链"|"销售管理"|"销售订货"|"销售订单"命令，进入"销售订单"窗口。

(2) 单击"增加"按钮，输入销售订单表头和表体内容。

(3) 单击"保存"按钮，再单击"审核"按钮。

(4) 执行"销售发货"|"发货单"命令，单击"增加"按钮，系统自动弹出"选择订单"窗口。选择上海明兴贸易公司销售订单，单击"确定"按钮，生成发货单。补充输入仓库信息后，单击"保存"按钮，再单击"审核"按钮。

(5) 启动库存管理系统，执行"出库业务"|"销售出库单"命令，进入"销售出库单"窗口。

(6) 单击"生单"按钮，选择上海明兴贸易公司的发货单，确认生单后，审核销售出库单。

(7) 1 月 25 日，对方退货。启动销售管理系统，执行"销售发货"|"退货单"命令，进入"退货单"窗口。

(8) 单击"增加"按钮，系统自动显示"选择发货单"窗口。单击"显示"按钮，选择上海明兴贸易公司 1 月 15 日的发货单，如图 3-79 所示。

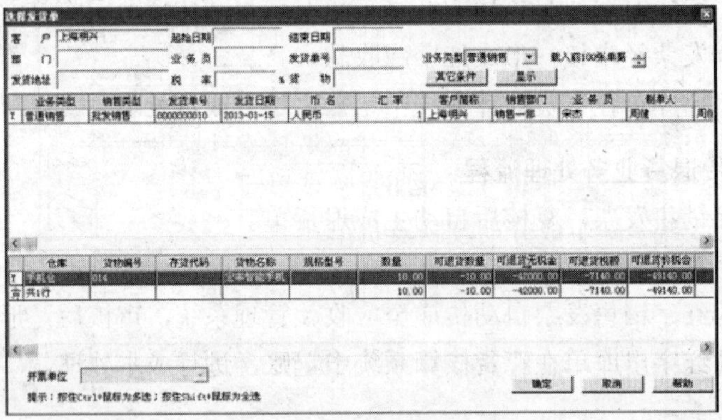

图 3-79 选择发货单

(9) 单击"确定"按钮，系统自动生成退货单，修改退货日期为 25 日。单击"保存"按钮，再单击"审核"按钮，如图 3-80 所示。

(10) 启动库存管理系统，执行"出库业务"|"销售出库单"命令，进入"销售出库单"窗口。

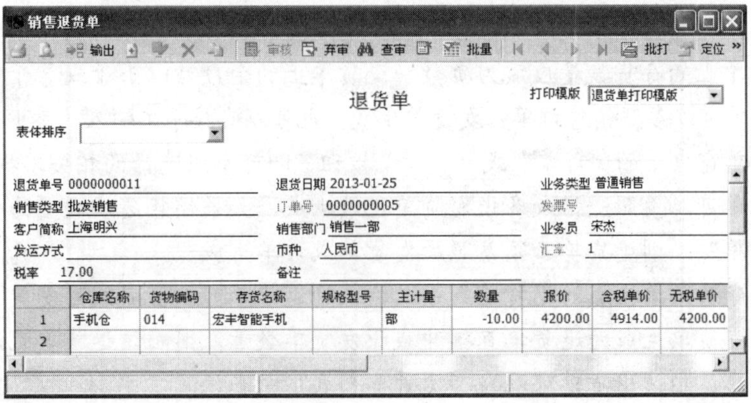

图 3-80　退货单

(11) 单击"生单"按钮，系统显示"选择发货单"窗口，选择上海明兴贸易公司 25 日的退货单，如图 3-81 所示。

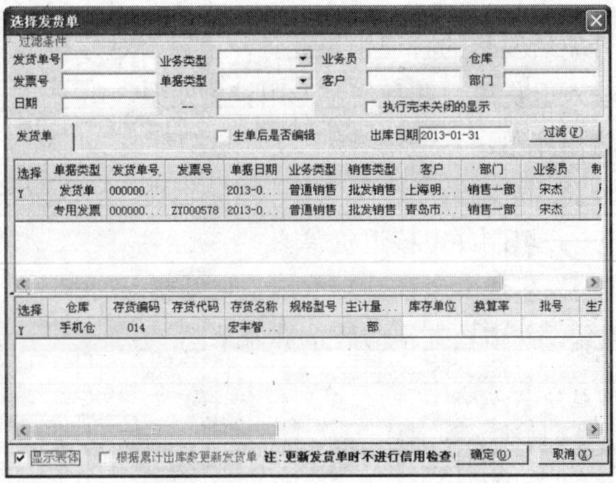

图 3-81　选择退货单

(12) 单击"确定"按钮，确认后系统根据退货单生成红字销售出库单。单击"审核"按钮，如图 3-82 所示。

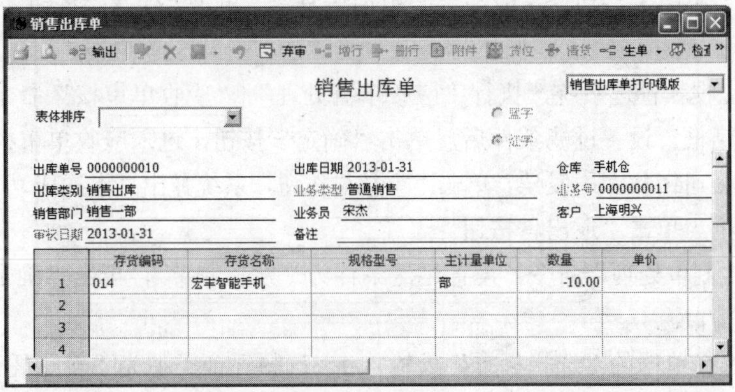

图 3-82　红字销售出库单

(13) 退出库存管理系统。

提示

● 退货单上的存货数量应该为负数，退货单上的金额可以小于或等于零。

● 退货单可以参照销售订单、发货单生成，也可以直接手工输入。参照生成时，单击退货单窗口上的"订单"或"发货"按钮，即可参照选择的相关单据生成退货单。

● 退货单可以参照一张或多张发货单记录生成，如果销售选项设置为"普通销售必有订单"，则退货单必须参照原发货单或订单生成。

● 参照销售订单生成的退货单或手工输入的退货单可以生成红字发票。

● 参照发货单生成的退货单直接冲减原发货单数量，因而该退货单无法生成红字销售发票，但该退货单可以在"发货单列表"中查询。

● 如果销售选项中设置了"销售生成出库单"，则发货单审核时自动生成销售出库单；退货单审核时自动生成红字销售出库单。

2. 第 2 笔退货业务的处理

本笔业务属于先开票后发货的普通销售业务，已经给对方开出发货单，但尚未出库。因此，退货时，需要输入退货单，开具红字专用销售发票。由于尚未生成销售出库单，所以，不必生成红字销售出库单。

本笔业务处理流程：

(1) 销售管理系统——填制并审核退货单。

(2) 销售管理系统——生成并复核红字专用销售发票。

(3) 应收款管理系统——审核红字应收单并制单。

操作步骤

(1) 启动销售管理系统，执行"销售发货"|"退货单"命令，手工填制一张退货单，无税单价为 450 元，单击"审核"按钮。

(2) 执行"销售开票"|"红字专用销售发票"命令，系统自动显示"选择发货单"窗口。单击"显示"按钮，系统自动显示青岛市华光百货公司退货单。

(3) 单击"确定"按钮，生成红字专用销售发票。单击"保存"按钮，再单击"复核"按钮，如图 3-83 所示。

(4) 启动应收款管理系统，执行"应收单据处理"|"应收单审核"命令，系统自动弹出单据过滤对话框。设置过滤条件后，单击"确定"按钮，进入应收单审核窗口。选择青岛市华光百货公司销售专用发票，单击"审核"按钮，系统弹出"本次成功审核单据 1 张"信息提示对话框。单击"退出"按钮。

(5) 执行"制单处理"命令，设置过滤条件为"发票制单"，单击"确定"按钮，进入制单单据选择窗口。

(6) 在所选择单据的"选择标志"处输入 1，选择凭证类型为"转账凭证"，如图 3-84 所示。单击"制单"按钮，系统生成一张红字冲销凭证，单击"保存"按钮，如 3-85 所示。

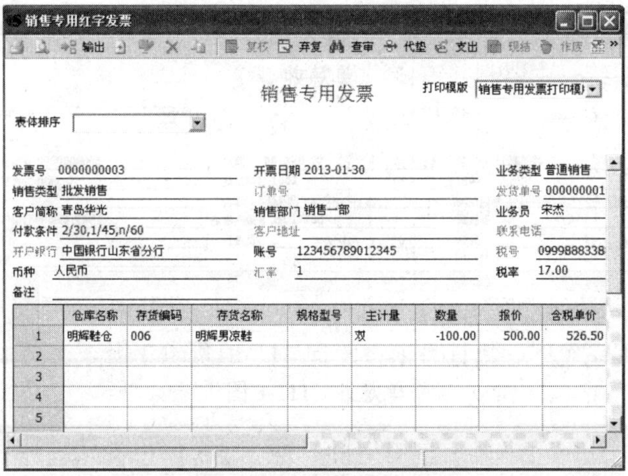

图 3-83 红字专用销售发票

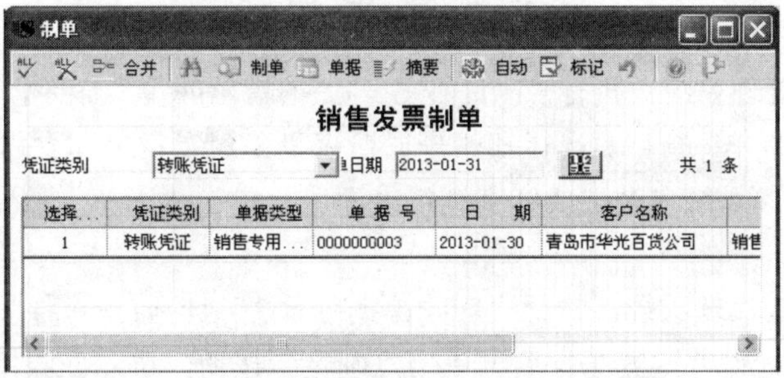

图 3-84 选择红字应收单

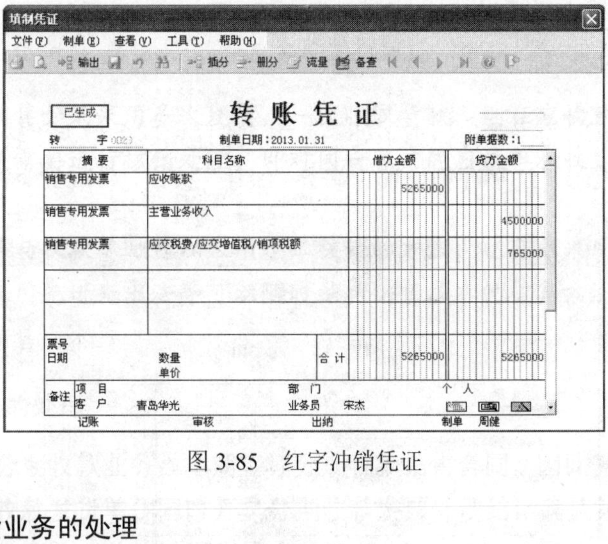

图 3-85 红字冲销凭证

3. 第 3 笔退货业务的处理

本笔业务属于先开票后发货的销售退货业务，根据实验三中的第 3 笔业务的处理，对退货业务进行相应的处理。本笔业务需要手工输入退货单、开具或生成红字专用销售发票、生成红字销售出库单、冲减收入和应收账款，并冲销已经结转的销售成本。

本笔业务处理流程：

(1) 销售管理系统——填制并审核退货单。

(2) 销售管理系统——生成并复核红字专用销售发票。

(3) 库存管理系统——生成并审核红字销售出库单。

(4) 应收款管理系统——审核红字应收单并制单。

(5) 存货核算系统——记账并生成冲销结转成本凭证。

操作步骤

(1) 在销售管理系统中，执行"销售发货"|"退货单"命令，手工填制一张退货单，无税单价为 650 元，单击"审核"按钮。

(2) 执行"销售开票"|"红字专用销售发票"命令，系统自动显示"选择退货单"窗口。单击"显示"按钮，系统自动显示郑州丹尼斯百货公司退货单。

(3) 单击"确定"按钮，生成红字专用销售发票。单击"保存"按钮，再单击"复核"按钮，退出销售管理系统。

(4) 启动库存管理系统，执行"出库业务"|"销售出库单"命令，单击"生单"按钮，系统显示"选择发货单"窗口。选择郑州丹尼斯百货公司发货单和女休闲鞋，单击"确定"按钮，确认生单后，系统自动生成红字销售出库单。单击"审核"按钮，再单击"退出"按钮。

(5) 启动应收款管理系统，执行"应收单据处理"|"应收单审核"命令，系统自动弹出单据过滤对话框。设置过滤条件后，单击"确定"按钮，进入应收单审核窗口。选择郑州丹尼斯百货公司销售专用发票，单击"审核"按钮，系统弹出"本次成功审核单据 1 张"信息提示对话框，单击"退出"按钮。

(6) 执行"制单处理"命令，设置过滤条件为"发票制单"。单击"确定"按钮，进入制单单据选择窗口。

(7) 在所选择单据的"选择标志"处输入 1，选择凭证类型为"转账凭证"。单击"制单"按钮，系统生成一张红字冲销凭证。单击"保存"按钮，生成红字冲销凭证，如图 3-86 所示。

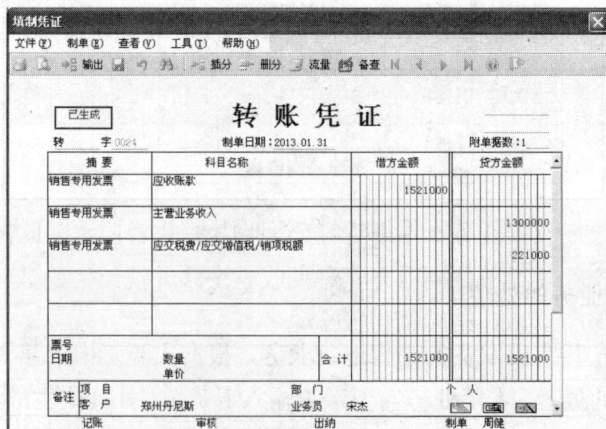

图 3-86　第 3 笔业务的红字冲销凭证

(8) 启动存货核算系统，执行"业务核算"｜"正常单据记账"命令，选择明辉鞋仓销售专用发票记账，手工输入明辉女休闲鞋的单价 650。记账后单击"退出"按钮。

(9) 执行"财务核算"｜"生成凭证"命令，单击"选择"按钮，在生单单据选择窗口中选择"销售专用发票"，单击"确定"按钮。在"未生成凭证单据一览表"窗口，选择"明辉鞋仓"，其"选择"栏显示 1，单击"确定"按钮。

(10) 在生成凭证窗口中，选择凭证类型为"转账凭证"。单击"生成"按钮，系统自动生成一张红字凭证，冲销已结转的销售成本，如图 3-87 所示。

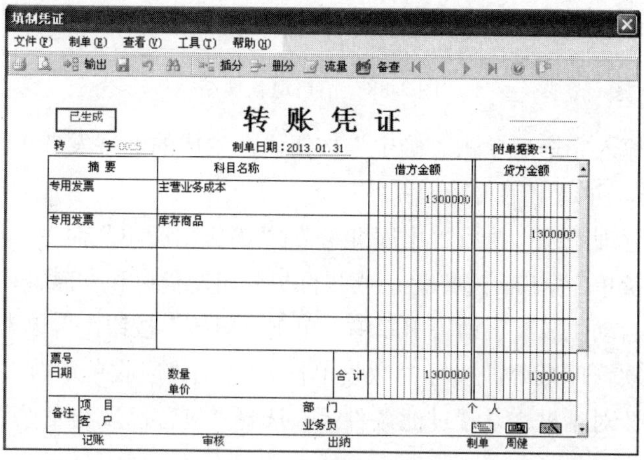

图 3-87　红字结转成本凭证

4. 第 4 笔退货业务的处理

本笔退货业务属于开票直接销售的退货业务，并且已经现结收取款项。因此，根据原始业务即实验三中的第 1 笔业务的处理，本笔业务需要手工输入退货单、开具或生成红字专用销售发票、生成红字销售出库单、冲减收入和收取的款项。

本笔业务处理流程：

(1) 销售管理系统——填制并审核退货单。

(2) 销售管理系统——生成并复核红字专用销售发票。

(3) 库存管理系统——生成并审核红字销售出库单。

(4) 应收款管理系统——审核红字应收单并制单。

操作步骤

(1) 在销售管理系统中，执行"销售发货"｜"退货单"命令，手工填制一张退货单，无税单价为 400 元，单击"审核"按钮。

(2) 执行"销售开票"｜"红字专用销售发票"命令，系统自动显示"选择退货单"窗口。单击"显示"按钮，系统自动显示北京燕莎百货公司退货单。

(3) 单击"确定"按钮，生成红字专用销售发票，单击"保存"按钮，再单击"现结"按钮，在"现结"窗口中，输入结算方式为"现金支票"，结算号为 XJ010，并输入负数结算金额即为退款金额(－4680 元)，如图 3-88 所示。

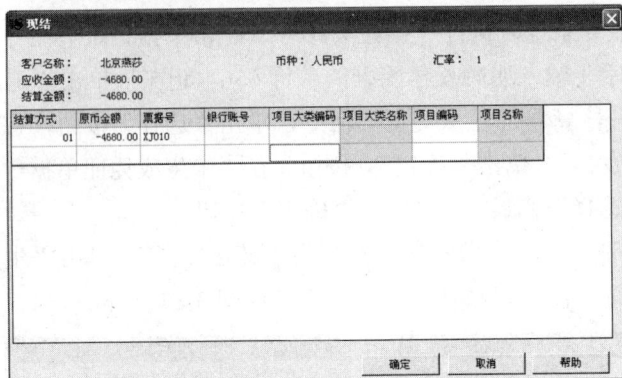

图 3-88　销售退款现结

(4) 结算信息输入完毕后单击"确定"按钮。在生成的红字发票上单击"复核"按钮，确认红字专用发票，并退出销售管理系统。

(5) 启动库存管理系统，执行"出库业务"|"销售出库单"命令，单击"生单"按钮，系统显示"选择发货单"窗口。选择北京燕莎百货公司发货单和女凉鞋，单击"确定"按钮，确认生单后，系统自动生成红字销售出库单。单击"审核"按钮，再单击"退出"按钮。

(6) 启动应收款管理系统，执行"应收单据处理"|"应收单审核"命令，系统自动弹出"单据过滤条件"对话框。设置过滤条件后，选择"包含已现结发票"复选框，单击"确定"按钮。

(7) 进入应收单审核窗口，选择需要审核的应收单据，即北京燕莎百货公司销售专用发票，在该记录的"选择"处双击，出现 Y。再单击"审核"按钮，系统弹出"本次成功审核 1 张单据"信息提示对话框，单击"退出"按钮。

(8) 执行"制单处理"命令，系统自动打开"制单查询"对话框，设置单据过滤条件，选择"现结制单"。在所选择单据的"选择标志"处输入 1，单击"制单"按钮。在生成凭证的界面中修改凭证类型为"收款凭证"，然后单击"保存"按钮，系统根据现结红字发票自动生成了一张红字收款凭证，如图 3-89 所示。

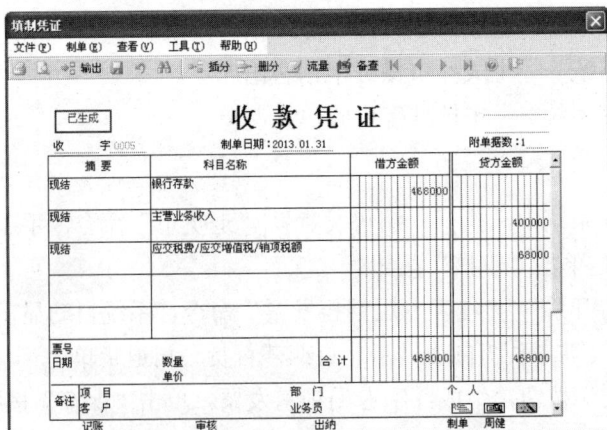

图 3-89　第 4 笔退货业务红字凭证

5. 账套备份

在 C:\ "供应链账套备份" 文件夹中新建 "888-3-4 销售退货" 文件夹。将账套输出至 C:\ "供应链账套备份" \ "888-3-4 销售退货" 文件夹中。

实验五 直运销售业务

实验准备

已经完成第 3 章实验四的操作，或者引入光盘中的 888-3-4 账套备份数据。将系统日期修改为 "2013 年 1 月 31 日"，以 111 操作员(密码为 1)的身份登录 888 账套的 "企业应用平台"。

实验要求

- 在销售管理系统中选择 "直运销售业务"。
- 在销售管理系统中设置 "直运销售必有订单"。
- 录入销售订单。
- 参照生成采购专用发票。
- 参照生成销售专用发票。
- 直运采购发票审核并制单。
- 直运销售发票审核并制单。
- 备份账套。

实验资料

(1) 2013 年 1 月 15 日，北京燕莎百货公司向本公司订购宏丰非智能手机、宏丰智能手机各 10 部，报价分别为 2200 元和 4200 元，本公司接受北京燕莎百货公司的订货。

(2) 2013 年 1 月 15 日，本公司向北京宏丰电子科技公司订购非智能手机、宏丰智能手机各 10 部，单价分别为 1800 元和 3700 元。要求本月 20 日将货物直接发给北京燕莎百货公司。

(3) 2013 年 1 月 20 日，本公司收到北京宏丰电子科技公司的专用发票，发票号为 ZY00178。宏丰非智能手机、宏丰智能手机各 10 部，单价分别为 1800 元和 3700 元，增值税税率为 17%，货物已经发给北京燕莎百货公司。本公司尚未支付货款。

(4) 2013 年 1 月 21 日，本公司给北京燕莎百货公司开具销售专用发票(发票号 ZY006688)，发票载明宏丰非智能手机、宏丰智能手机各 10 部，单价分别为 2200 元和 4200 元，增值税税率为 17%，款项尚未收到。

实验指导

直运业务是指商品无需入库即可完成的购销业务。客户向本公司订购商品，双方签订购销合同；本公司向供应商采购客户所需商品，与供应商签订采购合同；供应商直接将商品发运给客户，结算时，由购销双方分别与企业结算。直运业务包括直运销售业务与直运采购业务，没有实物的出入库，货物流向是直接从供应商到客户，财务结算通过直运销售发票、直运采购发票进行。

1. 直运采购和直运销售

直运销售业务处理流程：

(1) 销售管理系统——销售选项设置。

(2) 销售管理系统——输入销售订单。

(3) 采购管理系统——采购订单和采购专用发票。

(4) 销售管理系统——直运销售发票。

操作步骤

(1) 在销售管理系统中，执行"设置"|"销售选项"命令，选中"是否有直运销售业务"和"直运销售必有订单"复选框，如图 3-90 所示。

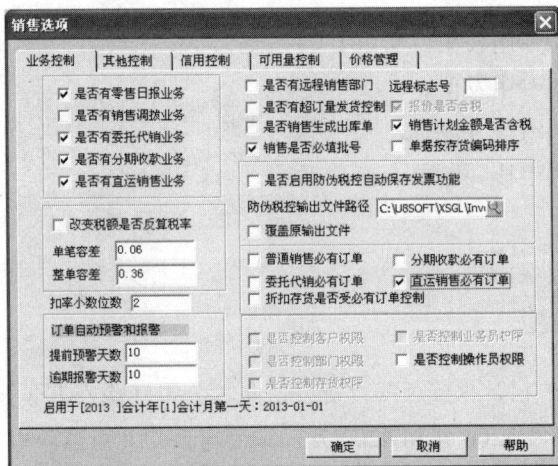

图 3-90　销售选项设置

(2) 在销售管理系统中，执行"销售订货"|"销售订单"命令，打开增加销售订单窗口。单击"增加"按钮，输入直运销售订单，注意将销售类型修改为"直运销售"，输入完整内容，保存并审核该销售订单，如图 3-91 所示。

(3) 在采购管理系统中，执行"采购订货"|"采购订单"命令，增加一张采购订单。注意采购类型为"直运采购"，可以拷贝销售订单生成采购订单，输入原币单价 1800.00 和 3700.00，将表体中的税率分别修改为 17%，保存并审核这张采购订单，如图 3-92 所示。

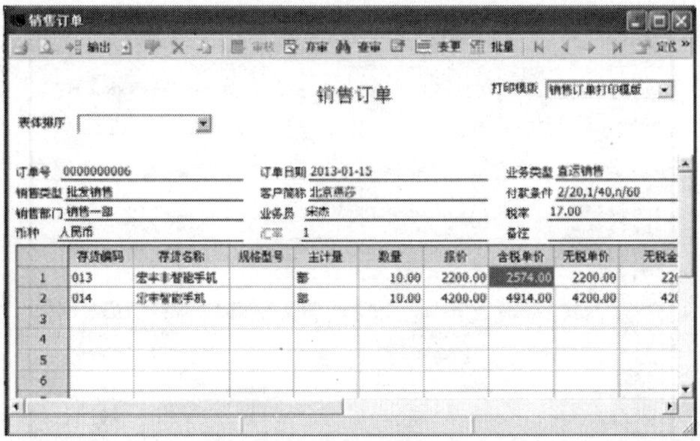

图 3-91　直运销售订单

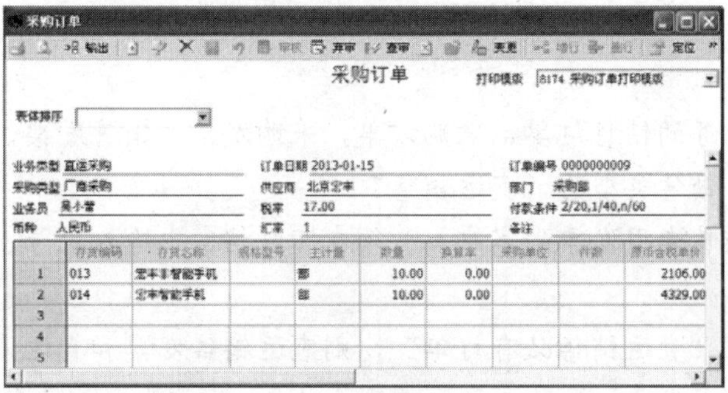

图 3-92　直运采购订单

(4) 在采购管理系统中，执行"采购发票"|"专用采购发票"命令，单击"增加"按钮。修改业务类型为"直运采购"，修改发票号和其他表头信息，拷贝采购订单生成采购专用发票，单击"保存"按钮，如图 3-93 所示。

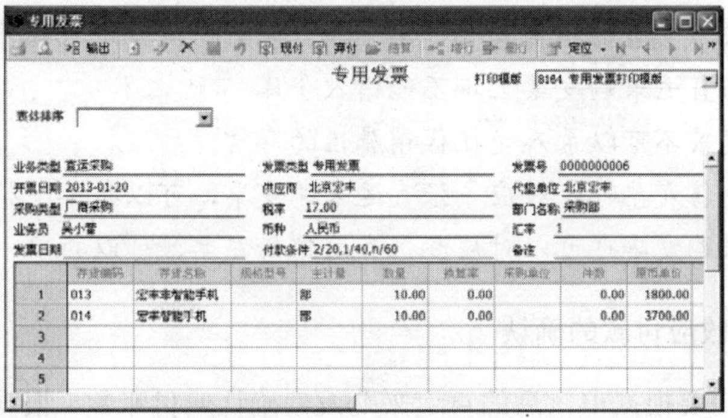

图 3-93　直运采购专用发票

(5) 在销售管理系统中，执行"销售开票"|"销售专用发票"命令，打开"销售专用发票"窗口。单击"增加"按钮，取消发货单过滤窗口。单击工具栏上的"订单"按钮，在过滤条件对话框中选择业务类型为"直运销售"，客户为"北京燕莎百货公司"；单击"显示"按钮，选择直运销售订单和明细行；单击"确定"按钮，生成销售专用发票，修改发票号为 ZY006688。单击"保存"按钮，再单击"复核"按钮，确认直运销售业务完成，如图 3-94 所示。

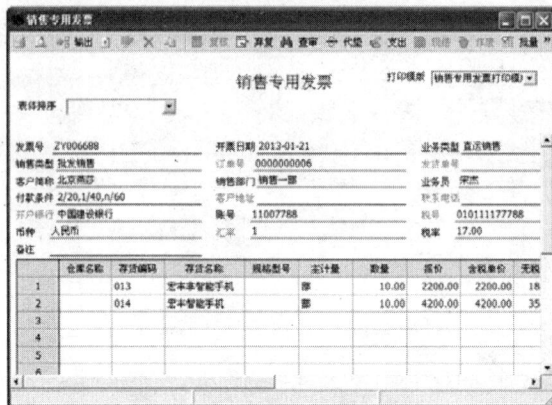

图 3-94　直运销售专用发票

提示

- 对于直运业务的销售订单、采购订单、采购发票、销售发票，其采购类型为"直运采购"，销售类型为"直运销售"。

- 需要开具销售专用发票的客户，必须在客户档案中输入税号，否则只能开具普通销售发票。

- 如果选择了"直运销售必有订单"，则直运销售发票和直运采购发票都只能参照销售订单生成发票；如果需要手工开具发票，则应先取消"直运销售必有订单"，同时还必须删掉销售订单。

- 如果在销售选项中没有设置"直运销售必有订单"，且在销售管理系统中没有输入销售订单，则这种直运模式下直运采购发票和直运销售发票可以互相参照。

- 如果在销售选项中没有设置"直运销售必有订单"，但是已经输入销售订单，则仍然需要按照"直运销售必有订单"模式的数据流程进行操作。

- 直运销售与直运采购发票上都不能输入仓库。

- 直运销售发票不可以录入受托代销属性的存货。

- 一张直运销售发票可以对应多张直运采购发票，可以拆单、拆记录。

- 一张直运采购发票也可以对应多张直运销售发票，可以拆单、拆记录。

2. 直运业务应收应付款的确认

直运销售业务需要根据审核后的直运采购发票确认应付账款，根据审核后的直运销售发票确认应收账款。

直运销售业务应收应付款确认流程：

(1) 应付款管理系统——审核直运采购发票并制单。

(2) 应收款管理系统——审核直运销售发票并制单。

操作步骤

(1) 启动应付款管理系统，执行"应付单据处理"|"应付单据审核"命令，打开"单据过滤条件"对话框，选中"未完全报销"复选框，如图 3-95 所示。

图 3-95 选择"未完全报销"复选框

(2) 单击"确定"按钮，在"应付单据列表"中选择 20 号的采购专用发票，在"选择"栏单击出现 Y，如图 3-96 所示。

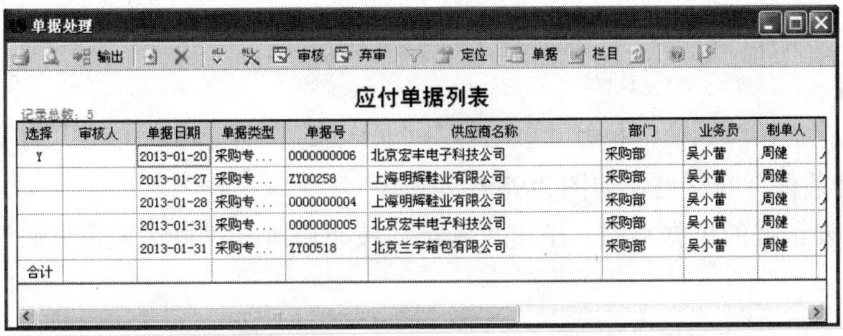

图 3-96 选择直运采购专用发票

(3) 单击"审核"按钮，系统显示"本次审核成功单据 1 张"。确认直运采购的应付款项后，单击"确定"按钮，再单击"退出"按钮。

(4) 启动应收款管理系统，执行"应收单据处理"|"应收单据审核"命令，单击"选择"栏，再单击"审核"按钮，系统显示"本次审核成功单据 1 张"。单击"退出"按钮。

(5) 执行"制单处理"命令，在"制单查询"对话框中选择"发票制单"，单击"确定"按钮。在"应收制单"窗口中，单击"全选"按钮，再单击"制单"按钮，生成直运销售凭证；修改凭证类型为"转账凭证"，单击"保存"按钮，如图 3-97 所示。

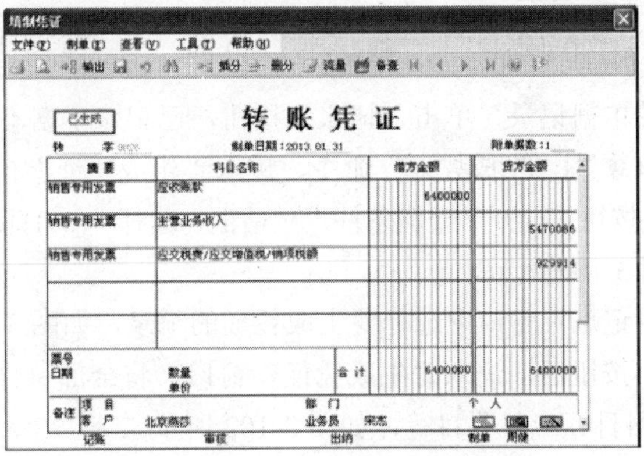

图 3-97 直运销售凭证

提示

● 直运采购业务生成的直运采购发票在应付款管理系统中审核，但不能在此制单，其制单操作在存货核算系统中进行。

● 直运销售业务生成的直运销售发票在应收款管理系统中审核并制单，其销售成本的结转需要在存货核算系统中进行。

3. 直运单据记账并结转成本

已经审核的直运采购发票和直运销售发票需要在存货核算系统记账后，才能结转直运采购成本和直运销售成本。

业务处理流程：

(1) 存货核算系统——直运采购发票、直运销售发票记账。

(2) 存货核算系统——结转直运采购成本和直运销售成本。

操作步骤

(1) 启动存货核算系统，执行"业务核算"|"直运销售记账"命令，打开"直运采购发票核算查询条件"对话框，如图 3-98 所示。

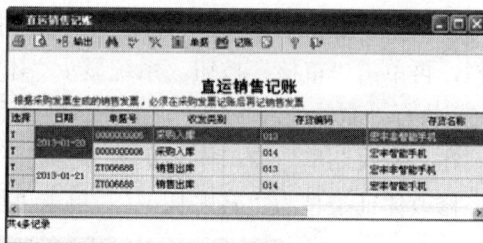

(2) 选择要记账的单据类型，单击"确定"按钮后进入"直运销售记账"窗口，如图 3-99 所示。

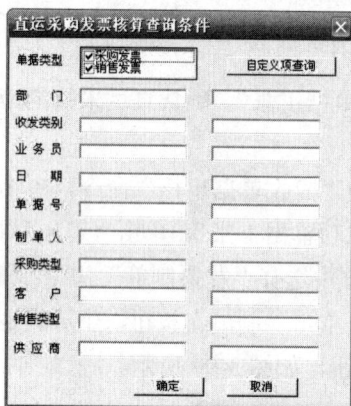

图 3-98 "直运采购发票核算查询条件"对话框　　图 3-99 "直运销售记账"窗口

(3) 选择要记账的单据记录，单击"记账"按钮，已记账单据不在界面中显示。

(4) 执行"财务核算"|"生成凭证"命令，进入"生成凭证"窗口。

(5) 单击"选择"按钮，打开"查询条件"对话框，选择"(25)直运采购发票"和"(26)直运销售发票"，如图 3-100 所示。

(6) 在"直运销售记账"窗口中选择要生成凭证的记录，如图 3-101 所示。

(7) 单击"确定"按钮后，进入"生成凭证"窗口。将全部科目补充完整，如存货科目、对方科目、税金科目、应付科目等，如图 3-102 所示。

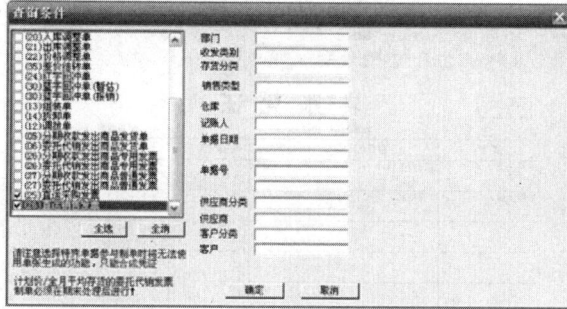

图 3-100 "查询条件"对话框

图 3-101 "查询条件"对话框

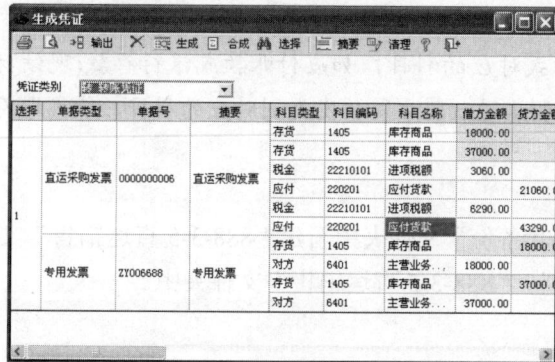

图 3-102 "生成凭证"窗口

(8) 单击"生成"按钮，生成直运销售结转成本凭证，如图 3-103 和图 3-104 所示。

图 3-103 根据直运采购发票生成的凭证

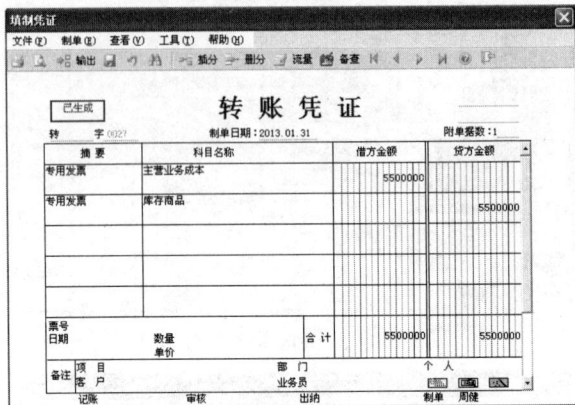

图 3-104   根据直运销售发票生成的凭证

提示

- 根据直运采购发票生成的直运销售发票，必须在直运采购发票记账后再对直运销售发票记账。
- 根据直运采购发票或直运销售发票记入明细账时，仓库和所属部门均为空。
- 与普通采购业务不同，直运采购发票制单时，借方科目取存货对应的科目，贷方科目取结算方式对应的科目，如应付账款或银行存款(现结)科目等。
- 直运销售发票制单时，借方取收发类别对应的科目，贷方取存货对应的科目。

4. 账套备份

在 C:\"供应链账套备份"文件夹中新建"888-3-5 直运销售"文件夹。将账套输出至 C:\"供应链账套备份"\"888-3-5 直运销售"文件夹中。

实验六   分期收款销售业务

实验准备

已经完成第 3 章实验五的操作，或者引入光盘中的 888-3-5 账套备份数据。将系统日期修改为"2013 年 1 月 31 日"，以 111 操作员(密码为 1)的身份登录 888 账套的"企业应用平台"。

实验要求

- 分期收款必有订单。
- 填制分期收款销售订单。
- 生成分期收款发货单。

- 开具分期收款发票。
- 确认收入和应收账款。
- 备份账套。

实验资料

(1) 2013 年 1 月 5 日,上海明兴贸易公司向本公司订购 300 个兰宇女式钱包,150 个男式钱包,本公司报价均为 205。经双方协商,以 200 元成交,双方签订销售合同。双方约定,一次发货,分 3 期收款。

(2) 2013 年 1 月 7 日,本公司根据销售合同 300 个兰宇女式钱包,开具销售专用发票(ZY002689),确认价税款。

(3) 2013 年 1 月 27 日,收到上海明兴贸易公司电汇(DH0215555),系支付兰宇钱包第一期款项。

(4) 2013 年 1 月 25 日,上海明兴贸易公司向本公司订购 20 部宏丰智能手机,本公司报价 4300 元。经双方协商,以 4200 元成交,双方签订销售合同,合同约定分两次收款。28 日,本公司给上海明兴贸易公司发出 20 部宏丰智能手机,本公司开具销售专用发票(ZY010999),并结转销售成本。31 日收到上海明兴贸易公司的电汇(DH0216666),系支付第 1 期分期收款业务的款项。

实验指导

分期收款销售业务是指将货物提前一次发给客户,分期收回货款。其特点是一次发货,分次收款。分期收款销售业务的订货、发货、出库、开票等处理与普通销售业务相同,只是业务类型应选择"分期收款"。分期收款时,开具销售发票,结转销售成本。

分期收款销售业务的处理流程为:

(1) 销售管理系统——设置销售选项"分期收款必有订单"。

(2) 销售管理系统——填制并审核分期收款订单。

(3) 销售管理系统——生成分期收款发货单。

(4) 销售管理系统——生成分期收款发票。

(5) 应收款管理系统——确认分期收款销售收入。

(6) 库存管理系统——生成分期收款出库单。

(7) 存货核算系统——发票记账并结转成本。

1. 第 1 笔和第 2 笔业务的处理

第 1 笔和第 2 笔业务属于分期收款销售订单的形成和发货业务,因此需要输入分期收款销售订单,生成分期收款发货单,开具分期收款发票,确认第 1 次收入并制单,生成分期收款销售出库单。

操作步骤

(1) 登录销售管理系统,执行"设置"|"销售选项"命令,选择"是否有分期收款业务"、"分期收款必有订单"和"是否销售生成出库单"复选框,如图 3-105 所示。

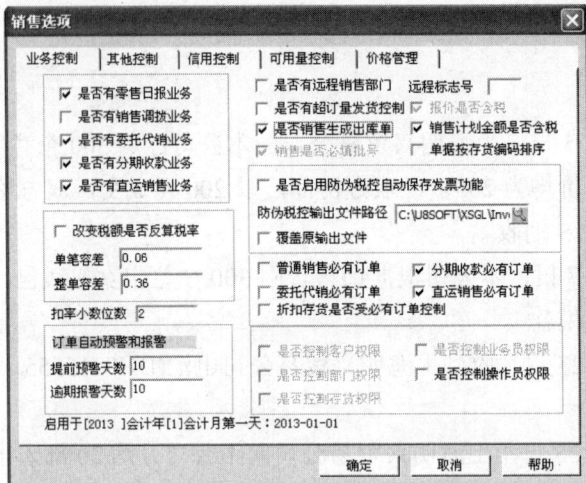

图 3-105　销售选项

(2) 执行"销售订货"|"销售订单"命令,单击"增加"按钮,进入增加销售订单的窗口。

(3) 选择业务类型为"分期收款",销售类型为"批发销售",日期为"2013 年 1 月 5 日",并输入表头和表体的其他信息。输入完毕单击"保存"按钮,再单击"审核"按钮,如图 3-106 所示。

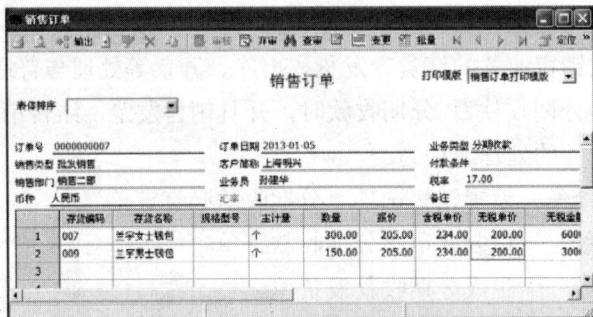

图 3-106　分期收款销售订单

(4) 执行"销售发货"|"发货单"命令,单击"增加"按钮,系统显示"选择订单"窗口。

(5) 选择业务类型为"分期收款",单击"显示"按钮,选择上海明兴贸易公司的订单,选择存货(多选按住 Ctrl 键),单击"确定"按钮,生成销售发货单。修改发货日期为"2013 年 1 月 7 日",输入仓库为"兰宇箱包仓";单击"保存"按钮,再单击"审核"按钮,如图 3-107 所示。

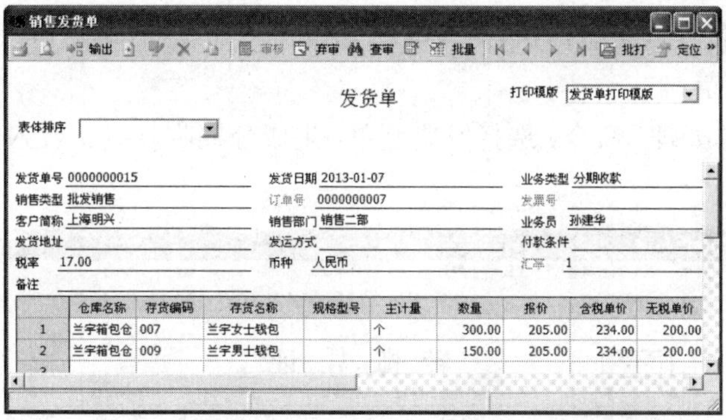

图 3-107　分期收款发货单

(6) 执行"销售开票"|"销售专用发票"命令，单击"增加"按钮，显示"选择发货单"窗口。选择"分期收款"，单击"显示"按钮，选择客户"上海明兴贸易公司"的发货单，并选中存货，如图 3-108 所示。

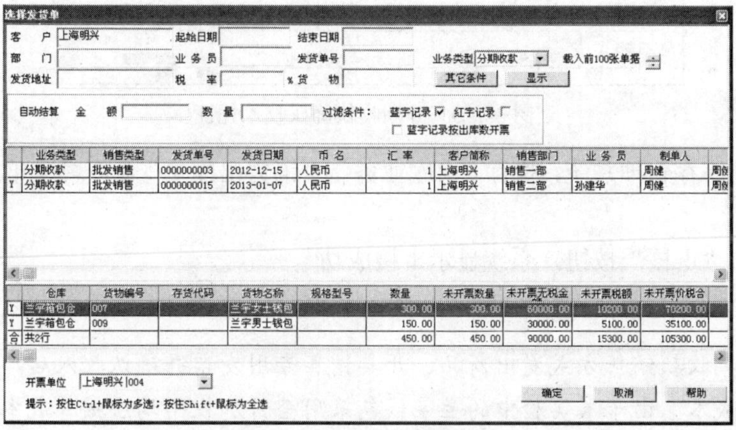

图 3-108　选择分期收款发货单

(7) 单击"确定"按钮，生成销售发票，修改日期为"2013 年 1 月 7 日"，发票号为 ZY002689。修改完毕单击"保存"按钮，再单击"复核"按钮，如图 3-109 所示。

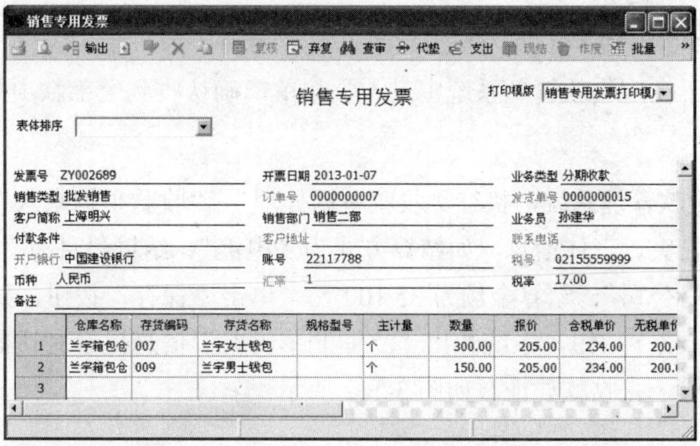

图 3-109　分期收款发票

(8) 启动应收款管理系统，执行"应收单据处理"|"应收单据审核"命令，审核分期收款生成的专用发票。

(9) 执行"制单处理"命令，选择发票制单，生成分期收款确认收入的凭证，如图 3-110 所示。

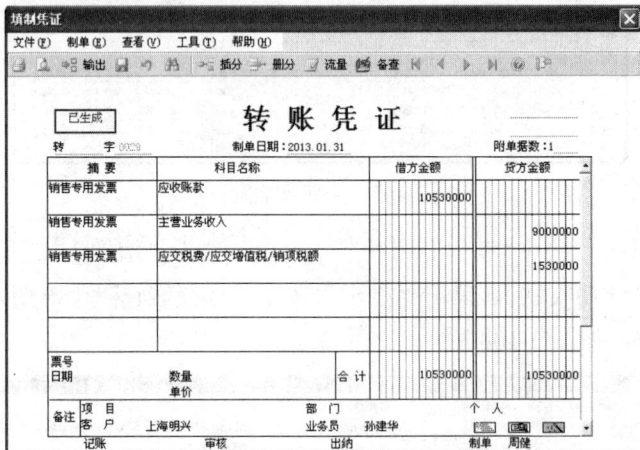

图 3-110　分期收款确认收入凭证

(10) 启动库存管理系统，执行"出库业务"|"销售出库单"命令，打开"销售出库单"窗口。

(11) 单击"审核"按钮，系统显示审核成功。

提示

● 以分期收款销售方式发出商品、开具销售专用发票并确认收入后，应该立即结转销售成本。由于本实验中的兰宇钱包采用全月加权平均法核算成本，因此，只能在月末才能结转销售成本，故此例中不涉及销售成本的结转。

● 分期收款销售业务成本的结转与普通销售业务类似，有关单据需要在存货核算系统中记账后，才能结转销售成本。

2．第 3 笔业务的处理

本笔业务属于在应收款管理系统中录入收款单，确认收到全部款项并制单。

操作步骤

(1) 启动应收款管理系统，执行"收款单据处理"|"收款单据录入"命令，单击"增加"按钮，输入表头、表体信息，如结算方式为"电汇"、结算科目为"银行存款"、客户为"上海明兴贸易公司"、结算金额为 35 100 元。单击"保存"按钮，如图 3-111 所示。

(2) 单击"审核"按钮，系统弹出"立即制单吗？"信息提示对话框。单击"是"按钮，系统自动生成一张收款凭证，如图 3-112 所示。

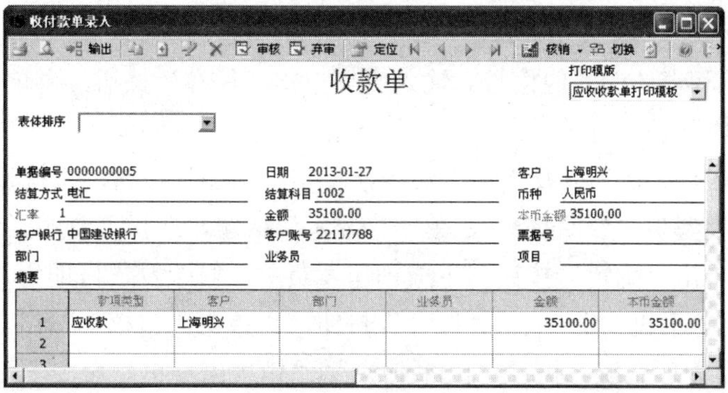

图 3-111　收款单

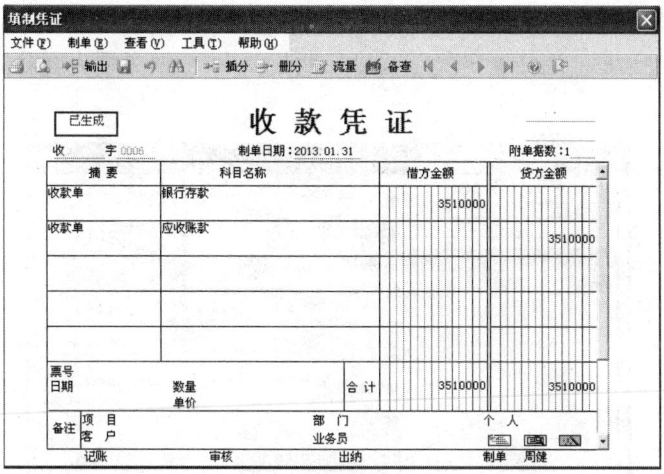

图 3-112　收款凭证

提示

- 分期收款销售如果采用多次发货，一次收取货款，则在应收款管理系统中输入收款单后，还需要进行核销处理，即对同一客户的应收单和收款单进行核销，以冲销应收账款。
- 核销应收单与收款单时可以采用手工核销的方法，也可以采用自动核销的方法。
- 如果存货采用先进先出法等可以随时结转销售成本的核算方法，则每次出库后，应该结转销售成本。

3. 第 4 笔业务的处理

本笔业务属于分期收款业务，本期签订分期收款销售合同，因此需要输入分期收款销售订单，生成分期收款发货单；同时开具分期收款发票并现结，确认第 1 次收入并制单，生成分期收款销售出库单，并结转销售成本。

操作步骤

(1) 执行"销售订货"|"销售订单"命令，单击"增加"按钮，进入增加销售订单的窗口。

(2) 选择业务类型为"分期收款",销售类型为"批发销售",日期为"2013 年 1 月 25 日",并输入表头和表体的其他信息。输入完毕单击"保存"按钮,再单击"审核"按钮,保存并确认分期收款销售订单。

(3) 执行"销售发货"|"发货单"命令,单击"增加"按钮,系统显示"选择订单"窗口。选择业务类型为"分期收款",单击"显示"按钮,选择上海明兴贸易公司的订单,同时选择存货。单击"确定"按钮,生成销售发货单,修改发货日期为"2013 年 1 月 28 日",输入仓库为"手机仓"。单击"保存"按钮,再单击"审核"按钮。

(4) 启动库存管理系统,执行"出库业务"|"销售出库单"命令,可以查看到由销售发货单审核后自动产生的销售出库单。单击"审核"按钮,系统显示审核成功。

(5) 启动存货核算系统,执行"业务核算"|"发出商品记账"命令,打开"发出商品核算查询条件"对话框。选择业务类型为"分期收款",单据类型为"发货单",如图 3-113 所示。

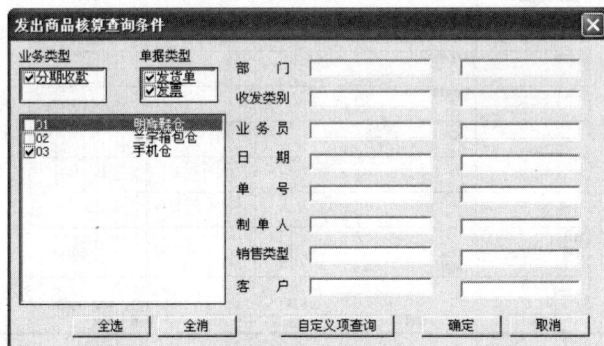

图 3-113 "发出商品核算查询条件"对话框

(6) 单击"确定"按钮,进入"发出商品记账"窗口,选择手机仓 2013 年 1 月 28 日的发货单,如图 3-114 所示,单击"记账"按钮。

(7) 执行"财务核算"|"生成凭证"命令,单击"选择"按钮,打开"查询条件"对话框。选择"分期收款发出商品发货单",单击"确定"按钮,打开"未生成凭证单据一览表"窗口,选择手机仓 2013 年 1 月 28 日的发货单,如图 3-115 所示。

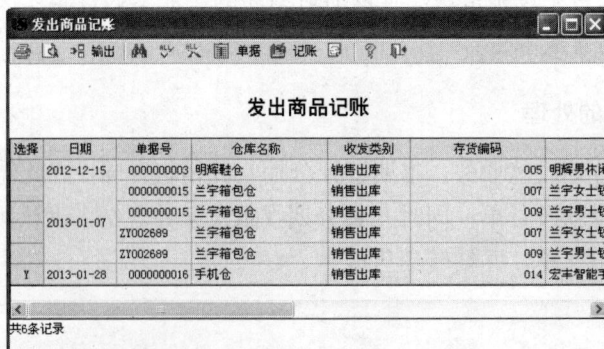

图 3-114 "发出商品记账"窗口

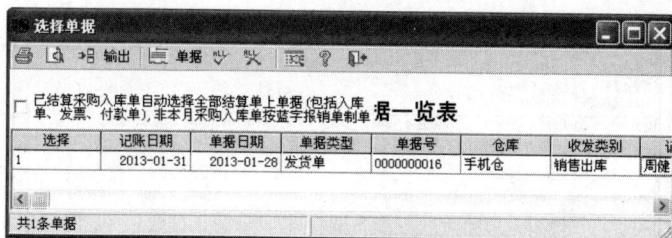

图 3-115　"未生成凭证单据一览表"窗口

(8) 单击"确定"按钮，如图 3-116 所示。

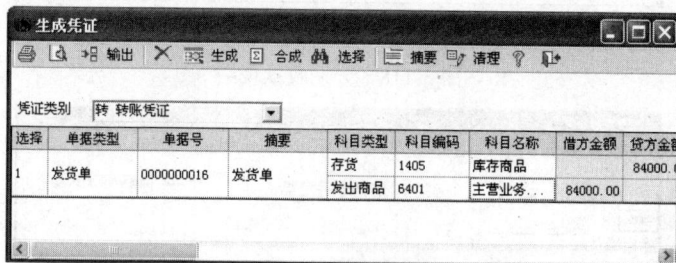

图 3-116　选择凭证

(9) 单击"生成"按钮，生成结转成本凭证。保存凭证，如图 3-117 所示。

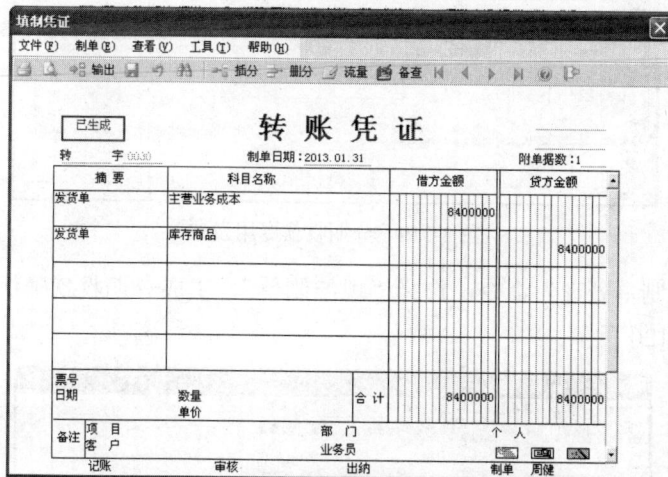

图 3-117　分期收款结转销售成本凭证

(10) 在销售管理系统中，执行"销售开票"|"销售专用发票"命令，单击"增加"按钮，显示"选择发货单"窗口。选择"分期收款"，单击"显示"按钮，选择客户"上海明兴贸易公司"2013 年 1 月 28 日的发货单，并选中存货。单击"确定"按钮，生成销售发票，修改日期为"2013 年 1 月 31 日"，发票号为 ZY010999。单击"保存"按钮，再单击"现结"按钮，系统显示"现结"对话框，输入结算信息，如图 3-118 所示。

(11) 单击"确定"按钮，再单击"复核"按钮，如图 3-119 所示。

(12) 启动应收款管理系统，执行"应收单据处理"|"应收单据审核"命令(包含已现结发票)，审核分期收款生成的专用发票。

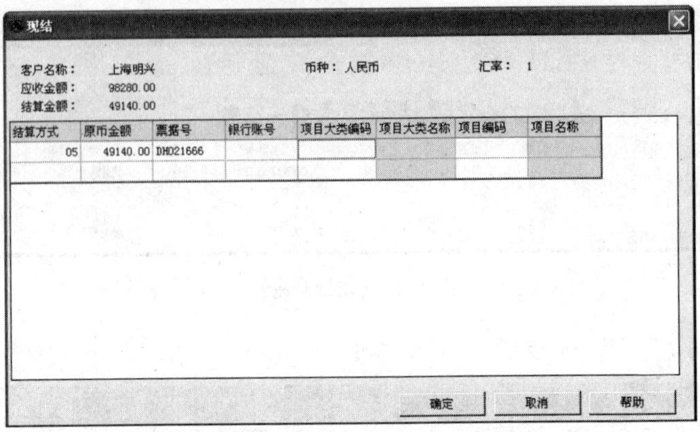

图 3-118　分期收款现结

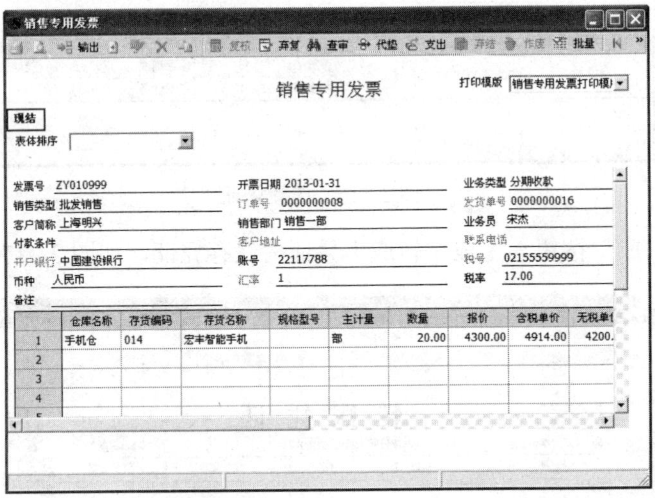

图 3-119　分期收款专用发票

(13) 执行"制单处理"命令，选择"现结制单"，生成分期收款确认收入、收取款项的凭证，如图 3-120 所示。

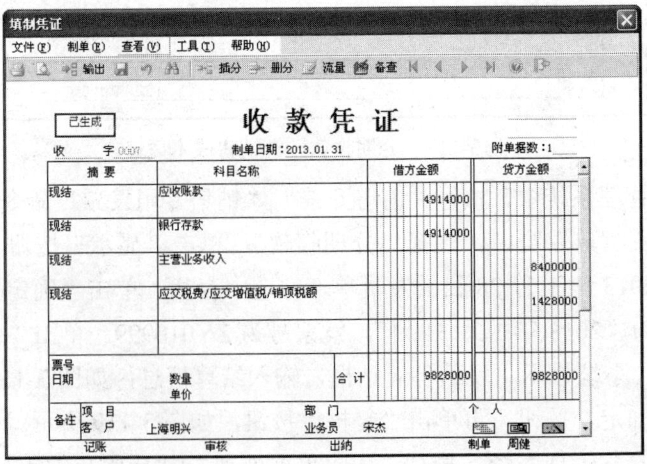

图 3-120　分期收款现结凭证

4. 账套备份

在 C:\"供应链账套备份"文件夹中新建"888-3-6 分期收款销售"文件夹。将账套输出至 C:\"供应链账套备份"\"888-3-6 分期收款销售"文件夹中。

实验七 零售日报业务

实验准备

已经完成第三章实验六的操作，或者引入光盘中的"888-3-6"账套备份数据。将系统日期修改为"2013 年 1 月 31 日"，以 111 操作员(密码：1)的身份登录 888 账套的"企业应用平台"。

实验要求

- 填制销售日报。
- 生成销售发货单。
- 生成销售出库单。
- 确认、收取销售款项。
- 确认销售成本。
- 备份账套。

实验资料

(1) 2013 年 1 月 10 日，门市部累计向零散客户销售明辉鞋仓女休闲鞋 200 双，单价 650 元；男休闲鞋 50 双，单价 650 元；男凉鞋 100 双，单价 450 元。全部为赊销。

(2) 2013 年 1 月 20 日，门市部累计向零散客户销售兰宇箱包仓的女式钱包 200 个，单价 200 元；男式钱包 30 个，单价 220 元。全部为赊销。

(3) 2013 年 1 月 31 日，门市部累计向零散客户销售手机仓中的宏丰非智能手机 10 部，单价 2500 元；宏丰智能手机 25 部，单价 4400 元。全部为现销(现金支票 XJ112255)，款项全额收讫。

实验指导

零售日报业务即是零售业务，是处理商业企业将商品销售给零售客户的销售业务。零售业务是根据相应的销售票据，按日汇总数据，然后通过零售日报进行处理。

零售日报业务的处理流程为：

(1) 销售管理系统——填制并复核零售日报。

(2) 销售管理系统——根据复核后的零售日报自动生成发货单。

(3) 库存管理系统——根据复核后的零售日报生成销售出库单。

(4) 存货核算系统——销售出库单的审核、记账，结转销售成本。

(5) 应收款管理系统——审核后的零售日报作为销售发票，审核后形成应收款并制单。

1. 第 1 笔零售业务的处理

本笔业务需要在销售管理系统中填制、复核零售日报，生成销售发货单；在库存管理系统中审核销售出库单，存货核算系统中对零售日报记账并确认销售成本；在应收款管理系统中审核零售日报并确认收入和应收款项。

操作步骤

(1) 启动销售管理系统，执行"零售日报"|"零售日报"命令，打开"零售日报"窗口。

(2) 单击"增加"按钮，进入新增零售日报状态。输入表头和表体内容，如零售日期、客户简称、销售类型(门市零售)、销售部门、存货代码、仓库、零售数量、单价等信息。单击"保存"按钮，再单击"复核"按钮，如图 3-121 所示。

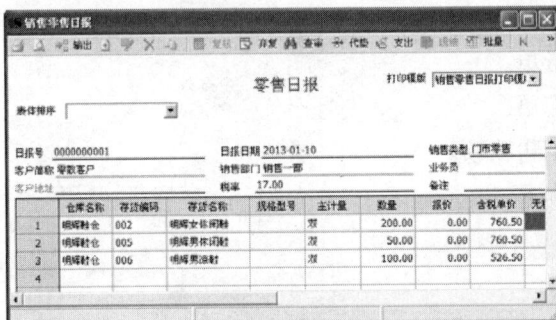

图 3-121 "零售日报"窗口

(3) 执行"销售发货"|"发货单"命令，打开"发货单"窗口，系统已经根据复核后的零售日报自动生成了发货单，如图 3-122 所示。

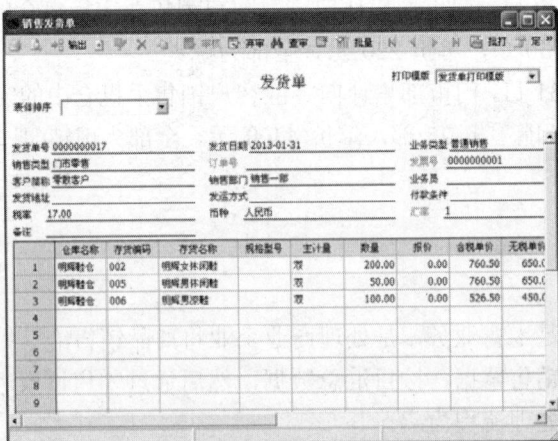

图 3-122 零售日报生成的发货单

(4) 启动库存管理系统，执行"出库业务"|"销售出库单"命令，审核销售出库单，如图 3-123 所示。

图 3-123 销售出库单

(5) 启动存货核算系统，执行"业务核算"|"正常单据记账"命令，选择"销售日报"记账，如图 3-124 所示。

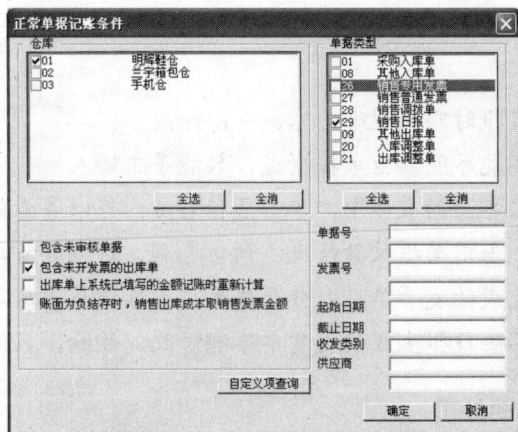

图 3-124 选择销售日报记账

(6) 单击"确定"按钮，选择明辉鞋仓的零售日报记账。

(7) 执行"财务核算"|"生成凭证"命令，单击"选择"，打开"查询条件"对话框。选择"销售日报"生成凭证。生成的凭证如图 3-125 所示。

图 3-125 零售结转销售成本凭证

(8) 启动应收款管理系统，执行"应收单据处理"|"应收单据审核"命令，审核零售日报。

(9) 执行"制单处理"命令，生成零售日报确认收入的凭证，如图 3-126 所示。

图 3-126　零售确认收入凭证

提示

● 新增销售零售日报时默认税率为零，可以修改。

● 销售零售日报不能参照其他单据生成，只能手工输入。

● 在销售零售日报界面的表体中，单击鼠标右键，可以查看保存后的销售零售日报的存货现存量、当前单据收款情况、预估毛利、对应发货单、对应出库单等。

● 一张零售日报生成的发货单可以分仓库生成多张销售出库单。

● 根据复核后的零售日报生成的发货单不能修改、删除，只能查询。

2. 第 2 笔零售业务的处理

本笔业务需要在销售管理系统中填制、复核零售日报，生成销售发货单；在库存管理系统中生成并审核销售出库单；在存货核算系统中对零售日报记账并确认销售成本；在应收款管理系统中审核零售日报，确认收入并收款。

操作步骤

(1) 启动销售管理系统，执行"零售日报"|"零售日报"命令，打开"零售日报"窗口。

(2) 单击"增加"按钮，进入新增零售日报状态。输入表头和表体内容，如零售日期、客户简称、税率、零售部门、存货代码、仓库、零售数量、单价等信息。单击"保存"按钮，再单击"复核"按钮。

(3) 执行"销售发货"|"发货单"命令，打开"发货单"窗口，系统已经根据复核后的零售日报自动生成了发货单。

(4) 启动库存管理系统，执行"出库业务"|"销售出库单"命令，进入"销售出库单"窗口，单击"审核"按钮。

(5) 启动存货核算系统，执行"业务核算"|"正常单据记账"命令，选择"销售日报"记账。

(6) 单击"确定"按钮，选择兰宇箱包仓的零售日报记账。

(7) 由于兰宇箱包仓采用的是全月一次加权平均计算成本，在此可以不结转成本。

(8) 启动应收款管理系统，执行"日常处理"|"应收单据处理"|"应收单据审核"命令，审核零售日报。

(9) 执行"日常处理"|"制单处理"命令，生成确认零售收入。

3. 第 3 笔零售业务的处理

本笔业务需要在销售管理系统中填制、复核零售日报，生成销售发货单；在库存管理系统中审核销售出库单；在应收款管理系统中审核零售日报，确认收入并收款。

操作步骤

(1) 启动销售管理系统，执行"零售日报"|"零售日报"命令，打开"零售日报"窗口。

(2) 单击"增加"按钮，进入新增零售日报状态。输入表头和表体内容，如零售日期、客户简称、税率、零售部门、存货代码、仓库、零售数量、单价等信息。单击"保存"按钮，再单击"现结"按钮，最后单击"复核"按钮。

(3) 执行"销售发货"|"发货单"命令，打开"发货单"窗口，系统已经根据复核后的零售日报自动生成了发货单。

(4) 启动库存管理系统，执行"出库业务"|"销售出库单"命令，单击"审核"按钮。

(5) 启动存货核算系统，执行"业务核算"|"正常单据记账"命令，选择零售日报记账。

(6) 启动应收款管理系统，执行"应收单据处理"|"应收单据审核"命令，选择"包含已现结发票"单据审核，审核零售日报。

(7) 执行"制单处理"命令，选择现结制单，生成确认零售收入、收取款项的凭证。

4. 账套备份

C:\"供应链账套备份"文件夹中新建"888-3-7 零售日报"文件夹。将账套输出至C:\"供应链账套备份"\"888-3-7 零售日报"文件夹中。

实验八　销售账表统计分析

实验准备

已经完成第 3 章实验七的操作，或者引入光盘中的 888-3-7 账套备份数据。将系统日期修改为"2013 年 1 月 31 日",以 111 操作员(密码为 1)的身份登录 888 账套的"企业应用平台"。

实验要求

- 查询本月销售统计表。
- 查询本月发货统计表。
- 查询本月销售综合统计表。
- 查询本月销售收入明细账。
- 查询本月销售成本明细账。
- 对本月销售结构进行分析。
- 销售毛利分析。
- 商品销售市场分析。
- 对本月销售情况进行综合分析。
- 备份账套。

实验指导

销售管理系统通过"账表"菜单的各种账表提供多角度、多方位的综合查询和分析。销售管理系统可以查询和分析统计表、明细账、销售分析和综合分析。只有商业版的账套才能使用综合分析的功能,否则,综合分析菜单不可见。

1. 查询本月销售统计表

销售管理系统提供的销售统计表能够查询销售金额、折扣、成本、毛利等数据。其中存货成本数据来源于存货核算系统;销售金额、折扣来自于销售管理系统的各种销售发票,包括蓝字发票、红字发票和销售日报等。

操作步骤

(1) 启动销售管理系统,执行"报表" | "统计表" | "销售统计表"命令,进入"销售统计表"对话框的"过滤条件"选项卡。

(2) 输入开票的开始日期和结束时间。

(3) 在"分组汇总项"选项卡中,在部门和业务员的"分组小计"中打"√";在部门、业务员、货物和客户的"分组汇总列"中打"√",如图 3-127 所示。

(4) 单击"过滤"按钮,系统显示查询结果。单击"小计"按钮,按部门和业务员进行汇总,如图 3-128 所示。

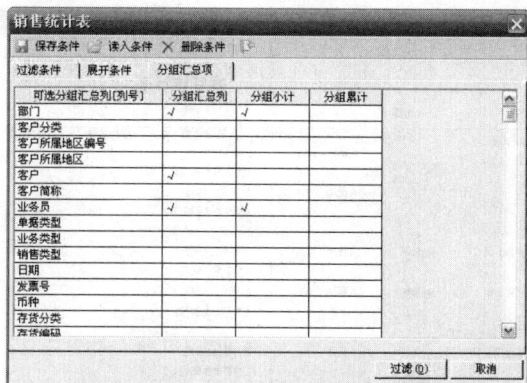

图 3-127　销售统计表查询设置

图 3-128　按部门和业务员进行统计查询

2. 查询本月发货统计表

销售管理系统提供的发货统计表可以统计存货的期初、发货、开票和结存等各项业务数据。其中根据发货单和退货单统计发货数量，根据销售发票、零售日报及其对应的红字发票统计结算数据。

操作步骤

(1) 在销售管理系统中，执行"报表"|"统计表"|"发货统计表"命令，进入对话框"过滤条件"选项卡。

(2) 输入开票的开始日期和结束时间。

(3) 在"分组汇总项"选项卡中，在存货名称和客户的"分组汇总列"中打"√"；在存货名称和客户的"分组小计"中打"√"。

(4) 在"分组汇总项"选项卡中，可以用鼠标拖动字段，调整各字段的位置。

(5) 单击"过滤"按钮，系统显示查询结果。单击"小计"按钮，可按部门和业务员进行汇总，如图 3-129 所示。

图 3-129　销售发货统计表

3. 查询本月销售综合统计表

销售管理系统提供的销售综合统计表可以查询企业的订货、发货、开票、出库和汇款等统计数据。它综合了销售订单、销售发货单、销售发票和销售出库单的相关信息。

操作步骤

(1) 在销售管理系统中，执行"报表"|"统计表"|"销售综合统计表"命令，进入所打开对话框的"过滤条件"选项卡。

(2) 输入开票的开始日期和结束时间。

(3) 在"分组汇总项"选项卡中，在存货名称和客户的"分组汇总列"中打"√"；在存货和客户的"分组小计"中打"√"。

(4) 在"分组汇总项"选项卡中，可以用鼠标拖动字段，调整各字段的位置。

(5) 单击"过滤"按钮，系统显示查询结果。单击"小计"按钮，可按部门和业务员进行汇总，如图 3-130 所示。

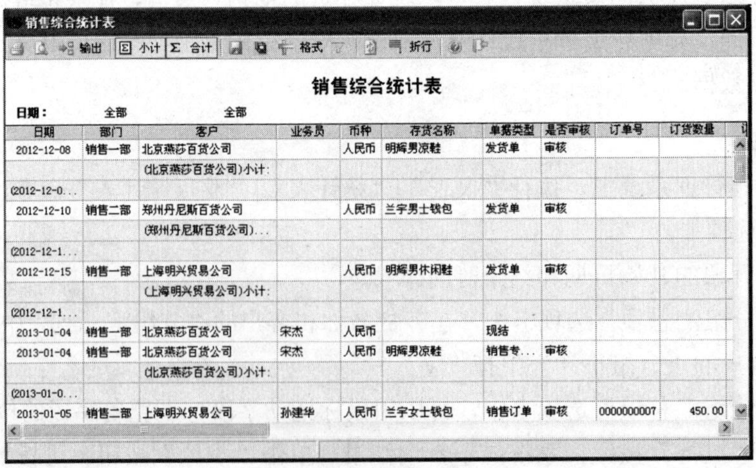

图 3-130　销售综合统计表

4. 查询本月销售收入明细账

销售管理系统提供的销售收入明细账可以查询各类销售发票(包括销售调拨单、零售日报、红字发票)的明细数据。与销售收入统计表相比，销售收入明细账提供的销售发票的查询信息更为详尽，包括票号、日期、数量、单价、对应的凭证号等，可以兼顾会计和业务的不同需要。

操作步骤

(1) 执行"报表"|"明细表"|"销售收入明细账"命令，进入"过滤条件"选项卡。

(2) 输入开始时间和结束时间。

(3) 在"分组汇总项"选项卡中，在存货名称和业务类型的"分组汇总列"与"分组小计"中打"√"。

(4) 单击"过滤"按钮，系统自动显示查询结果。单击"小计"按钮，可以按存货、客户进行汇总，如图 3-131 所示。

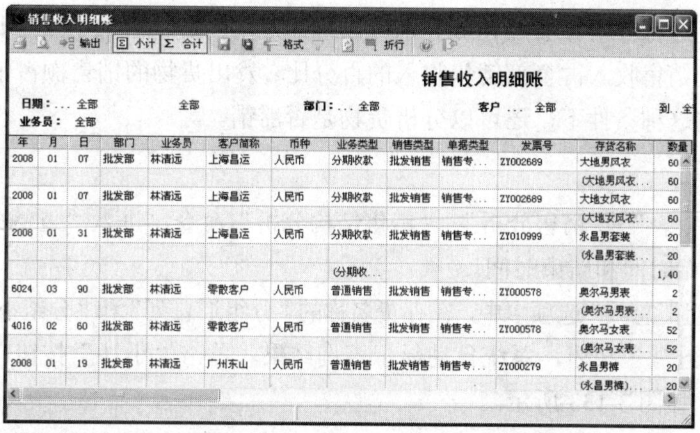

图 3-131 销售收入明细账

5. 查询本月销售成本明细账

销售管理系统提供的销售成本明细账可以查询各种销售存货的销售成本情况。销售出库单、出库调整单、销售发票提供销售成本明细账的数据来源。销售成本明细账比销售收入统计表提供的存货销售成本的信息更为详尽，可以兼顾会计和业务的不同需要。如果没有启用总账系统和存货核算系统，则无法查询销售成本明细账。

操作步骤

(1) 执行"报表"|"明细表"|"销售成本明细账"命令，进入"过滤条件"选项卡。

(2) 输入开始时间和结束时间。

(3) 在"分组汇总项"选项卡中，在存货名称和业务类型的"分组汇总列"与"分组小计"中打"√"。

(4) 单击"过滤"按钮，系统自动显示查询结果。单击"小计"按钮，可以按存货、客户进行汇总，如图 3-132 所示。

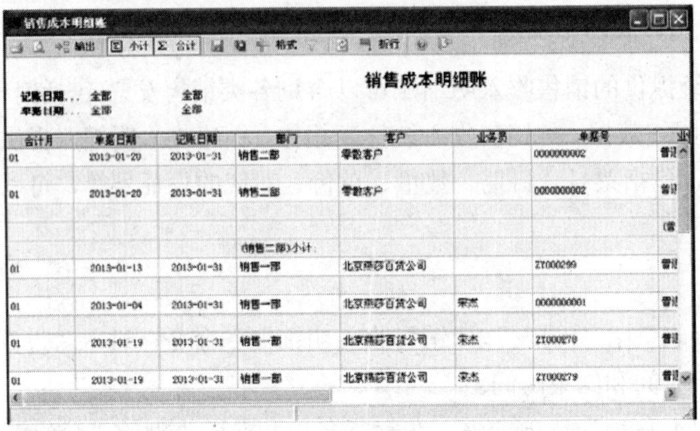

图 3-132　销售成本明细账

6. 销售结构分析

销售结构分析可以按照不同分组条件，例如客户、业务员、存货等，对在任意时间段的销售构成情况进行分析。按照存货分别可以统计发出的货物占整个发货数量的百分比、各类发出货物的销售收入占全部销售收入的百分比、发出货物的销售额占销售总金额的百分比等数据。在这种条件下，还可以分析货物是否滞销。

操作步骤

(1) 执行"报表"|"销售分析"|"销售结构分析"命令，进入"过滤条件"选项卡。

(2) 输入开始时间和结束时间。

(3) 在"分组汇总项"选项卡中，在存货名称的"分组汇总列"和"分组小计"中打"√"。

(4) 单击"过滤"按钮，系统自动显示查询结果。单击"小计"按钮，可以按存货、客户进行汇总，如图 3-133 所示。

图 3-133　销售结构分析表

7. 销售毛利分析

销售管理系统提供的销售毛利分析可以统计货物在不同期间的毛利变动及其影响原因。

操作步骤

(1) 执行“报表”|“销售分析”|“销售毛利分析”命令，进入“过滤条件”选项卡。

(2) 在“分组汇总项”选项卡中，在存货编码和销售类型的“分组汇总列”与“分组小计”中打“√”。

(3) 单击“过滤”按钮，系统自动显示查询结果。单击“小计”按钮，可以按存货、客户进行汇总，如图 3-134 所示。

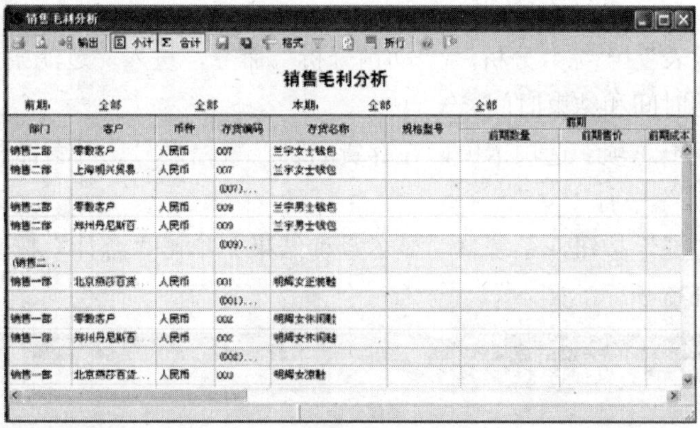

销售毛利分析

前期： 全部 全部 本期： 全部 全部

部门	客户	币种	存货编码	存货名称	规格型号	前期 前期数量	前期售价	前期成本
销售二部	零散客户	人民币	007	兰宇女士钱包				
销售二部	上海明兴贸易...	人民币	007	兰宇女士钱包				
			(007)...					
销售二部	零散客户	人民币	009	兰宇男士钱包				
销售二部	郑州丹尼斯百...	人民币	009	兰宇男士钱包				
			(009)...					
(销售二...								
销售一部	北京燕莎百货...	人民币	001	明辉女正装鞋				
			(001)...					
销售一部	零散客户	人民币	002	明辉女休闲鞋				
销售一部	郑州丹尼斯百...	人民币	002	明辉女休闲鞋				
			(002)...					
销售一部	北京燕莎百货...	人民币	003	明辉女凉鞋				

图 3-134 商品销售毛利分析表

8. 商品销售市场分析

销售管理系统的市场分析可以反映某一时间区间内部门或业务员所负责的客户或地区的销售及其回款情况，还可以反映已发货未开票的比例情况等。

操作步骤

(1) 执行“报表”|“销售分析”|“市场分析”命令，进入“过滤条件”选项卡。

(2) 输入开始时间和结束时间。

(3) 在“分组汇总项”选项卡中，在客户的“分组汇总列”中打“√”。

(4) 单击“过滤”按钮，系统自动显示查询结果。单击“合计”按钮，可以按市场进行汇总，如图 3-135 所示。

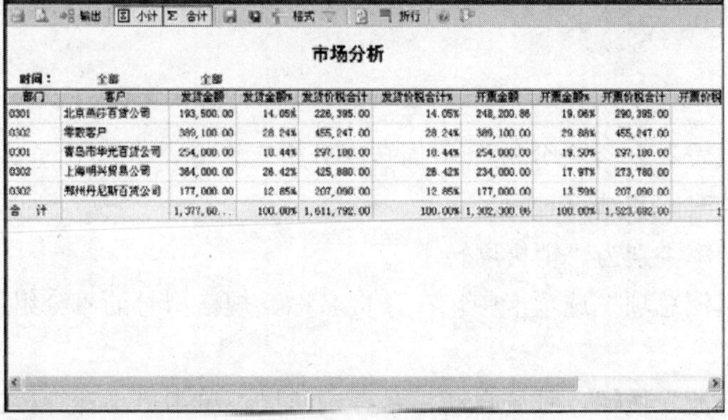

市场分析

时间： 全部 全部

部门	客户	发货金额	发货金额%	发货价税合计	发货价税合计%	开票金额	开票金额%	开票价税合计	开票价税
0301	北京燕莎百货公司	193,500.00	14.05%	226,395.00	14.05%	248,200.86	19.06%	290,395.00	
0302	零散客户	389,100.00	28.24%	455,247.00	28.24%	389,100.00	29.88%	455,247.00	
0301	青岛市华光百货公司	254,000.00	18.44%	297,180.00	18.44%	254,000.00	19.50%	297,180.00	
0302	上海明兴贸易公司	364,000.00	26.42%	425,880.00	26.42%	234,000.00	17.97%	273,780.00	
0302	郑州丹尼斯百货公司	177,000.00	12.85%	207,090.00	12.85%	177,000.00	13.59%	207,090.00	
合　计		1,377,60...	100.00%	1,611,792.00	100.00%	1,302,300.86	100.00%	1,523,692.00	1

图 3-135 商品销售市场分析表

9. 综合分析

销售综合分析可以分为动销分析、商品周转率分析、畅适销分析和经营状况分析等。

1) 动销分析

动销分析可以按商品/部门分析任意时间段销售货物中的动销率及其未动销货物的时间构成。

操作步骤

(1) 执行“报表”|“综合分析”|“动销分析”命令，进入“过滤条件”选项卡。

(2) 输入开始时间和结束时间。

(3) 在“分组汇总项”选项卡中，在存货名称、规格型号、经营品种数的“分组汇总列”和“分组小计”中打“√”。

(4) 单击“过滤”按钮，系统自动显示查询结果。单击“合计”按钮，可以按货物进行汇总，如图 3-136 所示。

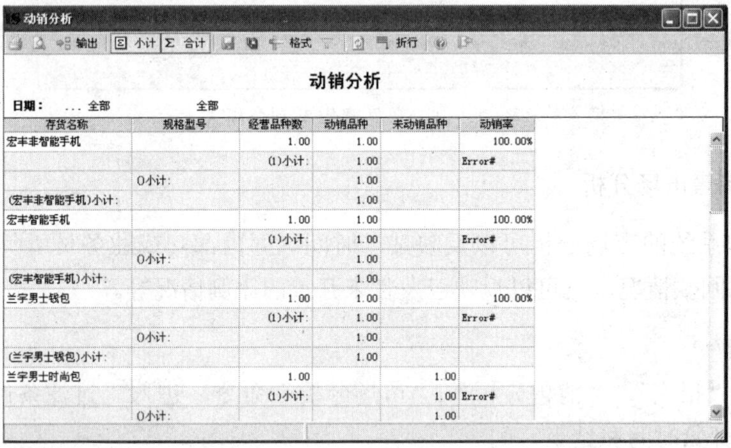

存货名称	规格型号	经营品种数	动销品种	未动销品种	动销率
宏丰非智能手机		1.00	1.00		100.00%
		(1)小计:	1.00		Error#
	0小计:		1.00		
(宏丰非智能手机)小计:			1.00		
宏丰智能手机		1.00	1.00		100.00%
		(1)小计:	1.00		Error#
	0小计:		1.00		
(宏丰智能手机)小计:			1.00		
兰宇男士钱包		1.00	1.00		100.00%
		(1)小计:	1.00		Error#
	0小计:		1.00		
(兰宇男士钱包)小计:			1.00		
兰宇男士时尚包		1.00		1.00	
		(1)小计:		1.00	Error#
	0小计:			1.00	

图 3-136　动销分析表

2) 商品周转率分析

商品周转率分析功能是分析某时间范围内某部门所经营商品的周转速度。如果选择周转率类别为发货周转率，则周转指发货；如果选择周转率类别为销售周转率，则周转指销售周转。

操作步骤

(1) 执行“报表”|“综合分析”|“周转率分析”命令，进入“过滤条件”选项卡。

(2) 输入开始时间和结束时间。

(3) 选择周转率类别为“销售周转率”。

(4) 在“分组汇总项”选项卡中，在存货名称、规格型号的“分组汇总列”和“分组小计”中打“√”。

(5) 单击“过滤”按钮，系统自动显示查询结果。单击“小计”按钮，可以按货物计算周转天数、周转次数、周转率等，如图 3-137 所示。

提示

- 销售管理系统的综合分析只能在商业版中使用，即新建账套时选择“企业类型”为“商业”；而且销售管理系统与存货核算系统联合使用时，才可以使用综合分析功能。
- 周转率分析还可以在“条件过滤”窗口中选择“发货周转率”进行查询。
- 综合分析还包括畅适销分析和经营状况分析，其查询方法与其他分析方法类似。

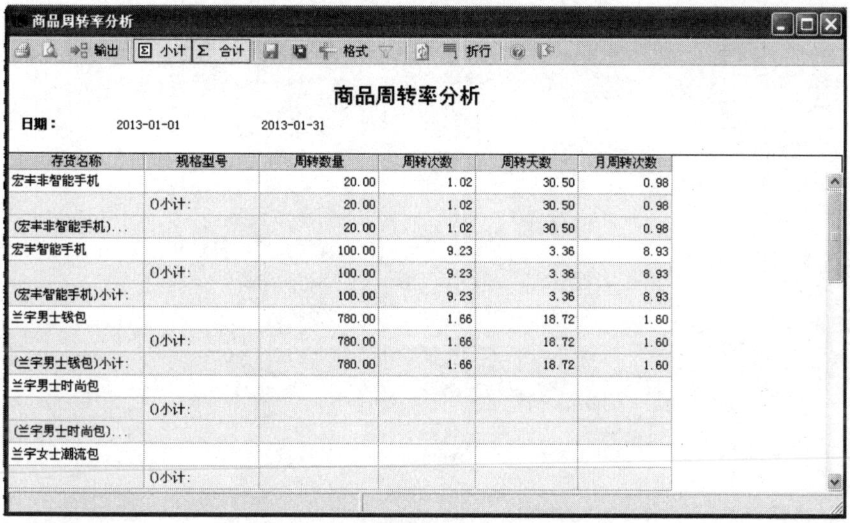

存货名称	规格型号	周转数量	周转次数	周转天数	月周转次数
宏丰非智能手机		20.00	1.02	30.50	0.98
	0小计:	20.00	1.02	30.50	0.98
(宏丰非智能手机)...		20.00	1.02	30.50	0.98
宏丰智能手机		100.00	9.23	3.36	8.93
	0小计:	100.00	9.23	3.36	8.93
(宏丰智能手机)小计:		100.00	9.23	3.36	8.93
兰宇男士钱包		780.00	1.66	18.72	1.60
	0小计:	780.00	1.66	18.72	1.60
(兰宇男士钱包)小计:		780.00	1.66	18.72	1.60
兰宇男士时尚包					
	0小计:				
(兰宇男士时尚包)...					
兰宇女士潮流包					
	0小计:				

图 3-137　商品销售周转率分析表

10. 账套备份

在 C:\“供应链账套备份”文件夹中新建“888-3-8 账表分析”文件夹。将账套输出至 C:\“供应链账套备份”\“888-3-8 账表分析”文件夹中。

第 4 章

库 存 管 理

功能概述

库存管理是在物流过程中对商品数量的管理，它接收采购部门从供应商那里采购来的材料或商品，并且支配着生产的领料、销售的出库等。库存管理在量化的管理基础上，以往通常认为仓库里的商品多，表明企业发达、兴隆，现在则认为零库存是最好的库存管理。库存多，占用资金多，利息负担加重；但是如果过分降低库存，则会出现断档。

库存管理是用友 ERP-U8 供应链的重要产品，它实现以下功能：满足采购入库、销售出库、产成品入库、材料出库、其他出入库、盘点管理和形态转换等业务需要，提供仓库货位管理、批次管理、保质期管理、出库跟踪入库管理和可用量管理等全面的业务应用。

库存管理可以单独使用，也可以与采购管理、销售管理、物料需求计划、存货核算集成使用，发挥更加强大的应用功能。

库存管理适用于各种类型的工商业企业，如制造业、医药、食品、批发、零售、批零兼营、集团应用和远程仓库等。系统着重实现工商企业库存管理方面的需求，覆盖目前工业和商业的大部分库存管理工作。

实验目的与要求

本章应从了解库存管理的初始设置、各种出入库业务、盘点业务和一些特殊业务等入手，进而了解库存管理与采购管理、销售管理、存货核算模块之间的关系。通过本章的学习，应加深对库存管理的认识，了解企业中库存管理的重要作用，认识 ERP 系统中库存管理的重要作用。

教学建议

建议本章讲授 6 课时，上机操作练习 6 课时。

实验一 调拨业务

实验准备

已经完成第 1~3 章的所有实验内容，或从光盘中引入 888-3-7 账套备份数据，以业务日期"2013 年 1 月 31 日"，111 操作员(密码为 1)的身份登录 888 账套的"企业应用平台"。

实验要求

- 对库存模块中的调拨单的显示和打印默认模板进行修改，在表体中增加件数。
- 了解调拨业务流程。
- 了解调拨业务生成的下游单据，以及生成单据的时点。

实验资料

(1) 2013 年 1 月 8 日，由于手机仓进行养护维修，将该仓库中的所有手机转移到兰宇箱包仓，由仓储部负责。

(2) 2013 年 1 月 13 日，由于明辉鞋仓漏水，将女式休闲鞋转移到兰宇箱包仓，以方便维修，由仓储部负责。

(3) 2013 年 1 月 21 日，手机仓维护完毕，将暂时转入兰宇箱包仓的手机移回，由仓储部负责。

(4) 2013 年 1 月 22 日，将由于明辉鞋仓维修转出的女式休闲鞋，转回到明辉鞋仓，由仓储部负责。

实验指导

调拨指存货在仓库之间或部门之间变迁的业务，在同一个业务日期，相同的转入仓库并且相同的转出仓库的所有存货可以填列在一张调拨单上完成调拨业务的账面调动。

1. 第 1 笔调拨业务的处理

以 2013 年 1 月 8 日的业务日期，在库存管理系统中增加一张调拨单，填列转入仓库、转出仓库、调拨存货、存货数量等信息，并保存和审核该调拨单。

实验流程

(1) 在库存管理系统中填制调拨单，并审核。

(2) 在库存管理系统中审核调拨单生成的其他出入库单。

(3) 在存货核算系统中使用特殊单据记账对调拨单进行记账。

操作步骤

(1) 在库存管理系统中，执行"调拨业务"|"调拨单"命令，打开"调拨单"窗口。

(2) 单击"增加"按钮，进入新添调拨业务操作窗口。输入业务日期、转出仓库、转入仓库、出入库类别、经手人、存货等信息，如图 4-1 所示。

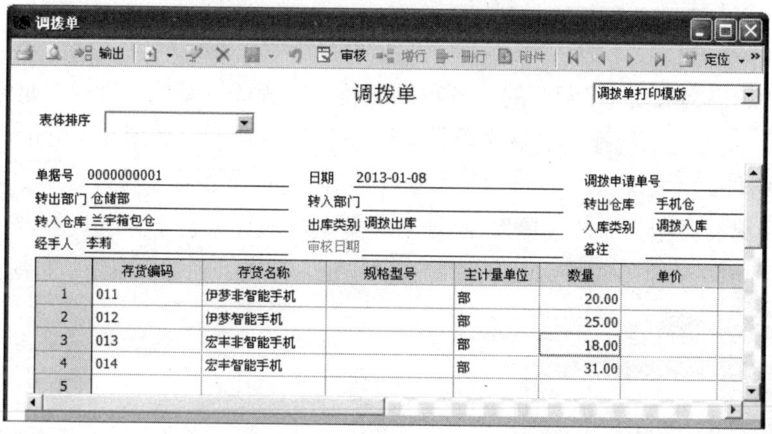

图 4-1 "调拨单"窗口

(3) 单击"保存"按钮，并审核该调拨单，最后提示审核成功。

(4) 在库存管理系统中，执行"入库业务"|"其他入库单"命令，如图 4-2 所示，并审核该其他入库单。

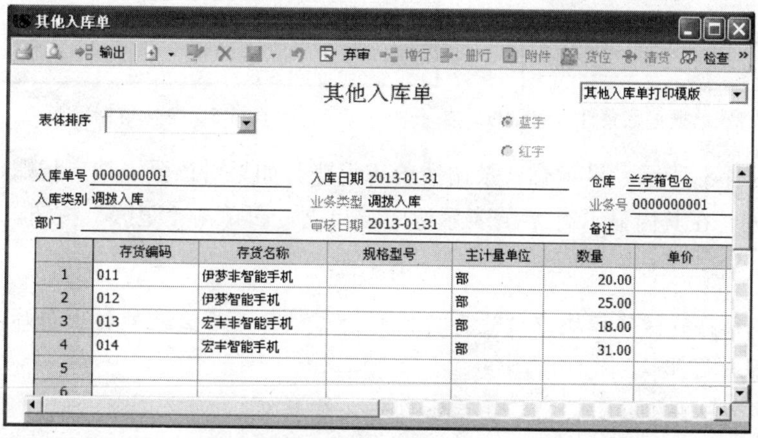

图 4-2 调拨单生成的其他入库单

(5) 在库存管理系统中，执行"出库业务"|"其他出库单"命令，如图 4-3 所示，并审核该其他出库单。

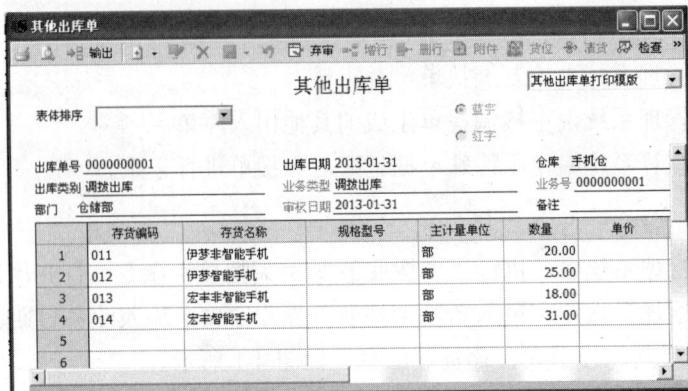

图 4-3　调拨单生成的其他出库单

（6）以"2013 年 1 月 31 日"的业务日期，登录存货核算系统，执行"业务核算"|"特殊单据记账"命令，系统弹出"特殊单据记账条件"对话框，如图 4-4 所示，设置特殊单据记账查询条件。

（7）选择单据类型为"调拨单"。此处出库单金额应该来自于存货核算，建议选择"出库单上系统已填写的金额记账时重新计算"复选框，单击"确定"按钮。系统提示如图 4-5 所示。

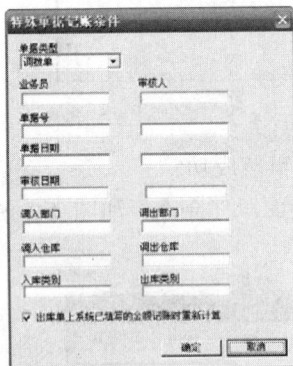

图 4-4　"特殊单据记账条件"对话框

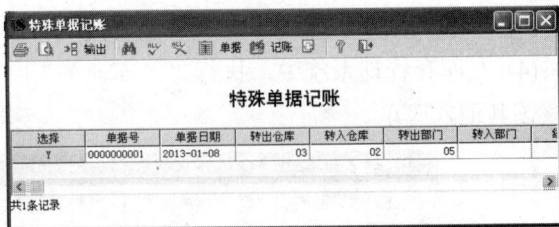

图 4-5　特殊单据记账

（8）如图 4-5 所示，显示有一张调拨单未记账。如果对该张调拨单记账，在表体中单击"选择"列，在其内显示有 Y 的表示选中该单据，再单击"记账"按钮。

提示

- 在期初存货核算模块中设置存货按照仓库核算，那么此处转出仓库和转入仓库必须输入。
- 为了便于账表统计，选择出库类别和入库类别。
- 审核之后系统自动根据调出或调入，生成其他出库单和对应的其他入库单，并且对应的其他出入库单据处于审核后状态，不允许弃审和修改。如果调拨单被弃审，那么相应的其他出入库单自动被删除。

2. 第 2 笔调拨业务的处理

以 2013 年 1 月 13 日的业务日期，在库存管理系统中增加一张调拨单，填列转入仓库、转出仓库、调拨存货、存货数量等信息，并保存和审核该调拨单。

操作步骤

(1) 在库存管理系统中，执行"调拨业务"命令，打开"调拨单"窗口。

(2) 单击"增加"按钮，进入新添调拨业务操作界面。输入业务日期、转出仓库、转入仓库、出入库类别、经手人、存货等信息，如图 4-6 所示。

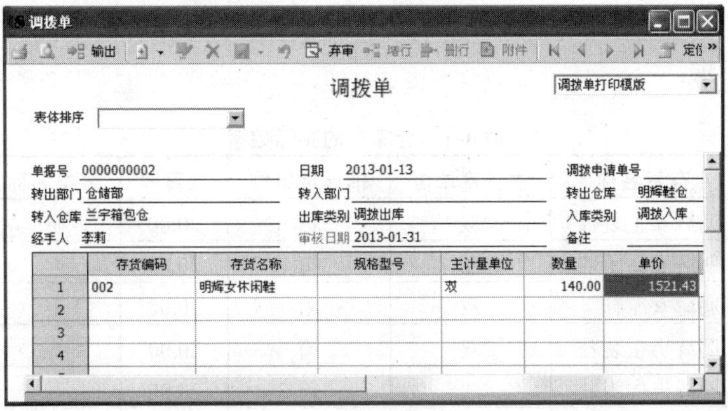

图 4-6　"调拨单"窗口

(3) 单击"保存"按钮，并审核该调拨单。

(4) 在库存管理系统中，对调拨单生成的其他出入单进行审核。

3. 第 3 笔和第 4 笔调拨业务的处理

参照第 2 笔调拨业务的处理。

4. 账套备份

在 C:\"供应链账套备份"文件夹中新建"888-4-1 调拨业务"文件夹。将账套输出至 C:\"供应链账套备份"\"888-4-1 调拨业务"文件夹中。

实验二　盘　　点

实验准备

已经完成第 1～3 章的所有实验内容，以及第 4 章实验一的内容，或从光盘中引入 888-4-1 账套备份数据，以业务日期"2013 年 1 月 31 日"，111 操作员(密码为 1)的身份登录 888 账套的"企业应用平台"。

实验要求

- 在初始设置的单据设计中对库存模块中的盘点单的显示和打印默认模板进行修改，在表体中增加账面件数、盘点件数和盘亏件数。
- 了解盘点的业务流程、盘点单生成的单据和生成单据的时点。

实验资料

(1) 2013 年 1 月 31 日，仓储部李莉对明辉鞋仓中的所有存货进行盘点。仓库中的实际数量如表 4-1 所示。

表 4-1　仓库中的实际数量

仓库名称	存货名称	主计量单位	辅计量单位	换算率	分类名称	现存数量
明辉鞋仓	明辉女正装鞋	双	箱	20.00	鞋	10
明辉鞋仓	明辉女休闲鞋	双	箱	20.00	鞋	140
明辉鞋仓	明辉女凉鞋	双	箱	20.00	鞋	30
明辉鞋仓	明辉男正装鞋	双	箱	20.00	鞋	40
明辉鞋仓	明辉男休闲鞋	双	箱	20.00	鞋	60
明辉鞋仓	明辉男凉鞋	双	箱	20.00	鞋	90

(2) 2013 年 1 月 31 日，仓储部对兰宇箱包仓中的存货男士钱包进行盘点，该钱包的实际库存数量为 150 个。

实验指导

盘点是指将仓库中存货的实物数量和账面数量进行核对，根据记录的所有业务得到账面数量。在手工录入仓库中，实际库存数量即盘点数量，系统根据它们之间的差异，通过填制盘点单，判断盘亏或盘盈，再自动生成其他出入库单。

1. 第 1 笔盘点业务的处理

以 2013 年 1 月 31 日为业务日期，登录库存管理系统，添加盘点单，设置盘点的仓库和存货、盘点数量等。

实验流程

(1) 在库存管理系统中——填制盘点单。

(2) 在库存管理系统中——审核盘点单。

(3) 在库存管理系统中——根据盘盈或盘亏，系统自动生成其他出入库单，审核其他出入库单。

(4) 在存货核算系统中——对系统生成的其他出入库单进行记账。

操作步骤

(1) 在库存管理系统中，单击 "盘点业务"，打开盘点单。

(2) 单击"增加"按钮，进入新添盘点业务操作界面。输入业务日期"2013 年 1 月 31 日"，选择盘点仓库为"明辉鞋仓"，出入库类别分别为"盘亏出库"和"盘盈入库"，并填写经手人等信息，如图 4-7 所示。

图 4-7　新添盘点业务

(3) 单击"盘库"按钮，系统提示如图 4-8 所示，表示将表体中的内容清空。

(4) 单击"确定"按钮，系统弹出如图 4-9 所示对话框。选择"按仓库盘点"和"账面为零时是否盘点"选项。

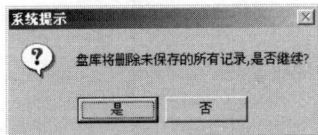

图 4-8　系统提示

图 4-9　"盘点处理"对话框

(5) 系统自动将该仓库中的存货和存货在该仓库中的账面数量逐一列出，并按照盘点库存中的实际存货存储数量对应盘点单上相应的存货，逐一填列在"盘点数量"或"盘点件数"栏，盘点数量如表 4-1 所示。单击"保存"按钮，保存该盘点单，并单击"审核"按钮审核该盘点单，如图 4-10 所示。

图 4-10　调整后的盘点单

(6) 在盘点单上如果有盘亏的存货，则在库存管理系统中，执行"出库业务"|"其他出库单"命令，打开其他出库单，如图 4-11 所示。

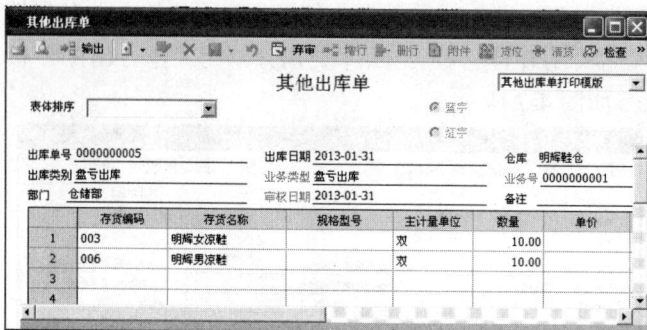

图 4-11 其他出库单

(7) 单击"审核"按钮，审核该其他出库单。

(8) 经过确认，对明辉鞋仓盘盈的 10 双男休闲鞋入账。以"2013 年 1 月 31 日"的业务日期登录存货核算系统，执行"日常业务"| "其他入库单"命令，打开其他入库单之后，单击"修改"按钮，再单击"保存"按钮，如图 4-12 所示。

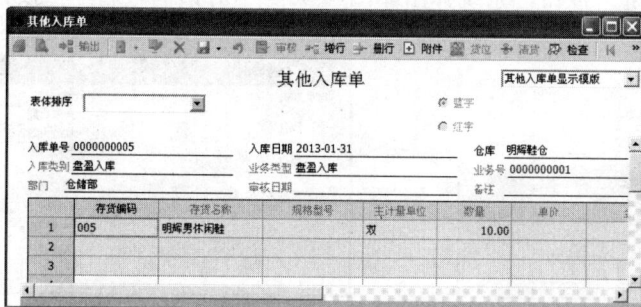

图 4-12 修改其他入库单

提示

- 必须先选择仓库才能选择存货。

- 盘点时在日常业务中允许零出库(即允许账面负结存)，只要在盘库时选择"账面为零时是否盘点"项。或者在表体内容中找出是结存的存货记录，先将其删掉，待后期账面为正数时再对其进行盘点。

- 存货可以设置盘点周期和盘点时间，盘点时可以按周期进行盘点。

2. 第 2 笔盘点业务的处理

以 2013 年 1 月 31 日为业务日期，登录库存管理系统，填列盘点单，设置盘点的仓库和存货、盘点数量等。

操作步骤

(1) 在库存管理系统中，执行"日常业务"|"盘点"命令，打开"盘点单"窗口。

(2) 单击"增加"按钮，进入新添盘点业务操作界面。输入业务日期"2013 年 1 月 31 日"，选择盘点仓库为"兰宇箱包仓"，出入库类别分别为"盘亏出库"和"盘盈入库"，并填写经手人信息，在表体中选择存货男士钱包，系统自动显示出该存货的账面数量，在"盘点数量"栏中输入大地服装仓中的实际存储数量 150，如图 4-13 所示。

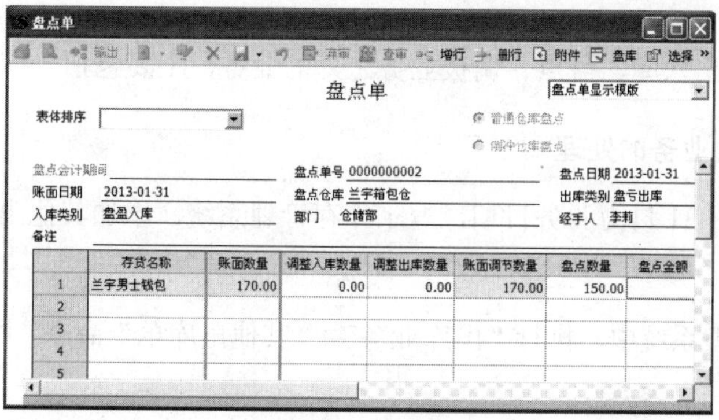

图 4-13　盘点单

(3) 单击"保存"按钮，再单击"审核"按钮，审核该盘点单。

3. 账套备份

在 C:\"供应链账套备份"文件夹中新建"888-4-2 盘点"文件夹。将账套输出至 C:\"供应链账套备份"\"888-4-2 盘点"文件夹中。

实验三　其他业务

实验准备

已经完成第 1～3 章的所有实验内容，以及第 4 章实验一、实验二的内容，或从光盘中引入 888-4-2 账套备份数据，以业务日期"2013 年 1 月 31 日"，111 操作员(密码为 1)的身份登录 888 账套的"企业应用平台"。

实验要求

设置库存管理的参数。

实验资料

(1) 2013 年 1 月 31 日，经查由于仓库养护，造成明辉鞋仓中 50 双女休闲鞋无法正常销售，经过领导批示该批存货确认残值 100 元。

(2) 2013 年 1 月 31 日，经查由于仓储部李莉对仓库中货物的保管不当，造成兰宇箱包仓中 1 个男式时尚包严重损坏，无法使用。经领导批示，损失由李莉承担。

实验指导

其他业务是指出入库、盘点、调拨业务之外的业务，主要包括一些特殊情况的处理。

1. 第 1 笔其他业务的处理

以 2013 年 1 月 31 日为业务日期，登录库存管理系统，添加其他出库单。

操作步骤

(1) 在库存管理系统中，执行"出库业务"|"其他出库单"命令，打开"其他出库单"窗口。

(2) 单击"增加"按钮，进入新添其他出库单操作状态。添加出库日期：2013 年 1 月 31 日，仓库：明辉鞋仓；出库类别：其他出库；存货：明辉女休闲鞋 50 双等信息，如图 4-14 所示。

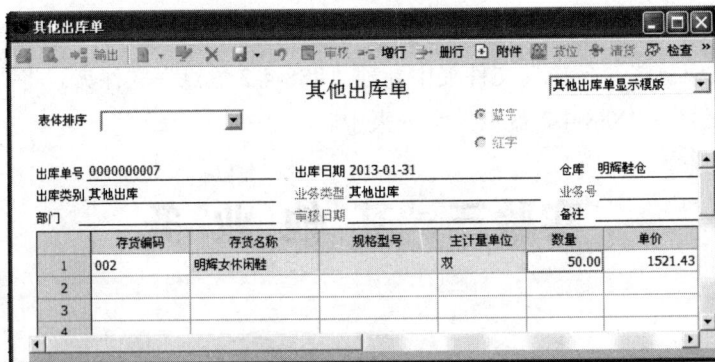

图 4-14 其他出库单

(3) 单击"保存"按钮，并审核该其他出库单。

(4) 在存货核算系统中，执行"业务核算"|"正常单据记账"命令，选择"明辉鞋仓"，单据类型为"其他出库单"，收发类别为"其他出库"，如图 4-15 所示。

(5) 单击"确定"按钮，对该张出库单进行记账，如图 4-16 所示。选择该单据，单击"记账"按钮。

提示

在处理该类型业务时，为了方便在存货核算系统中生成凭证，建议单独设置收发类别，或者使用"其他出库"以示区别。

2. 第 2 笔其他业务的处理

以 2013 年 1 月 31 日为业务日期，登录库存管理系统，添加其他出库单。

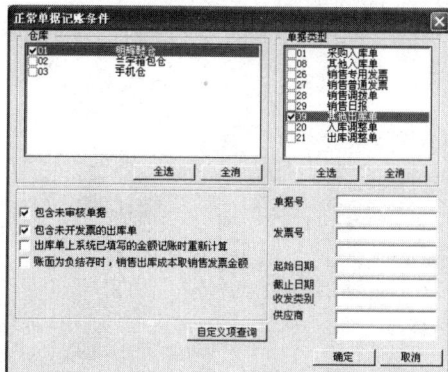

图 4-15 正常单据记账过滤

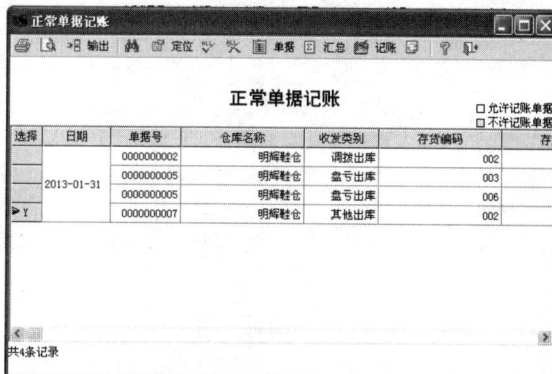

图 4-16 单据记账

操作步骤

(1) 在库存管理系统中，执行"出库业务"|"其他出库单"命令，打开"其他出库单"窗口。

(2) 单击"增加"按钮，进入新添其他出库单操作状态。添加出库日期：2013 年 1 月 31 日；仓库：兰宇箱包仓；出库类别：其他出库；存货：男时尚包，1 个等信息，如图 4-17 所示。

图 4-17 其他出库单

(3) 单击"保存"按钮，保存该其他出库单，并审核该单据。

(4) 同第 1 笔业务步骤，在存货核算系统中将该单据记账。

3. 账套备份

在 C:\"供应链账套备份"文件夹中新建"888-4-3 其他业务"文件夹。将账套输出至 C:\"供应链账套备份"\"888-4-3 其他业务"文件夹中。

第 5 章

存 货 核 算

功能概述

存货是指企业在生产经营过程中为销售或生产耗用而储存的各种资产,包括商品、产成品、半成品、在产品和各种材料、燃料、包装物、低值易耗品等。

存货核算用于核算和分析所有业务中的存货耗用情况,正确计算存货购入成本,为企业提供成本核算的基础数据;动态掌握存货资金的变动,减少库存资金积压,加速资金周转;支持工商业多种核算方法;与采购管理或销售管理一起使用,可暂估采购入库或销售出库的成本核算。

存货核算的功能包括添加或修正存货暂估价格;对存货价格、价值进行调整;对业务单据进行记账处理;对记账单据按照存货计价方法进行计算,为成本计算提供数据等。

实验目的与要求

本章注重了解存货核算的初始设置、暂估成本的录入、单据记账和特殊单据记账、存货期末处理等,以此了解存货核算与其他模块之间的关系,存货核算的作用。通过本章的学习,加深对存货核算的认识,了解企业中存货核算的基本方法和步骤,以便为成本计算提供精确的数据。

教学建议

建议本章讲授 6 课时,上机操作练习 8 课时。

实验一　　存货价格及结算成本处理

实验准备

已完成第 1～4 章的所有实验内容，或从光盘中引入 888-4-3 账套备份数据，以 111 操作员(密码为 1)的身份，于"2013 年 1 月 31 日"登录"企业应用平台"。

实验要求

- 了解暂估入库单价格的检查方法和暂估价的几种录入方法。
- 了解仓库中存货价格调整方法或者单据中存货价格调整方法。
- 了解暂估处理流程和方法。

实验资料

(1) 2013 年 1 月 31 日，检查是否有入库单上的存货无价格，并给这些单据录入价格。

(2) 2013 年 1 月 31 日，经核查明辉鞋仓中男士休闲鞋存货价格偏低，经过调研和批准将其由 450 元调整为 470 元，由于该存货在该仓库中存储数量为 50 双，即将总金额从现在的 22 500 元，调整为 23 500 元。

(3) 2013 年 1 月 31 日，检查本期进行采购结算，需要进行结算成本暂估处理的单据，并对其进行暂估处理。

实验指导

检查所有采购入库单或部分其他入库单上存货是否有价格，对于录入的暂估价格是否更真实，可以在存货核算模块的暂估成本录入窗口中完成，并且系统还提供上次出入库成本、售价成本、参考成本、结存成本作为暂估成本的录入参照。

对于账面上存货的成本，如果价格或价值错误或远远偏离市值，系统使用出入库调整单进行调整。

对于前期暂估采购入库单本期进行采购结算，即已经记账的暂估采购入库单进行采购结算，需要对结算的单据或结算的存货进行结算成本处理，以及对暂估部分按照系统设置的暂估方式进行处理。

1. 第 1 笔业务的处理

以 2013 年 1 月 31 日为业务日期，在存货核算系统中打开采购入库单列表和其他入库单列表，检查有没有单价的记录。建议采用打开暂估成本录入，在过滤条件下显示单据即为暂估单据，并可对其成本进行修正。

操作步骤

(1) 在存货核算系统中，执行"业务核算"|"暂估成本录入"命令，设置暂估成本录入查询条件，如图 5-1 所示。

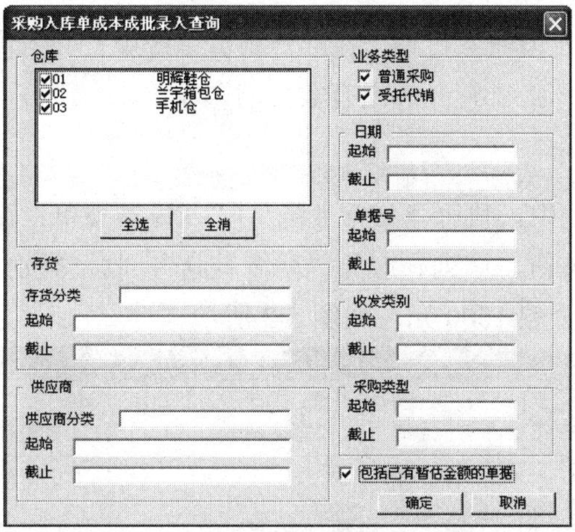

图 5-1　采购入库单录入查询

(2) 选择仓库，其他查询条件如果不输入，默认为所有单据。如果是有暂估价的单据，要查询所有单据，必须选择"包括已有暂估金额的单据"复选框。单击"确定"按钮，系统显示如图 5-2 所示。

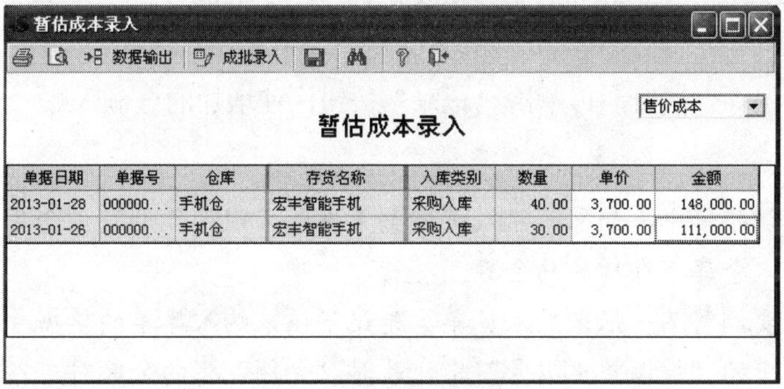

图 5-2　暂估成本成批录入

(3) 如果需要修改单价或金额可以直接在表体中进行修改，也可以通过图 5-2 右上角的下拉列表框进行选择：售价成本、参考成本、上次入库成本、上次出库成本或结存成本，再单击"录入"按钮进行系统自动录入。

(4) 单击"保存"按钮，即保存设置的单价。

提示

● 在进行暂估成本录入单据查询时，如果企业这类单据数量特别大，建议设置查询条件，分批进行录入，以免造成错误，提高效率。

- 对于有暂估价的单据也可以在此处修改。
- 也可以通过执行"日常业务"|"采购入库单"命令修改金额。
- 将所有没有价格的采购入库单录入价格。

2. 第 2 笔业务的处理

以 2013 年 1 月 31 日为业务日期,在存货核算系统中打开入库调整单,调整存货的总价值,即在系统中增加一张只有金额没有数量的入库单。

操作步骤

(1) 在存货核算系统中,执行"日常业务"|"入库调整单"命令。

(2) 单击"增加"按钮,填列仓库为"明辉鞋仓",收发类别为"其他入库",存货为"明辉男休闲鞋",调整金额 1000 元,如图 5-3 所示。

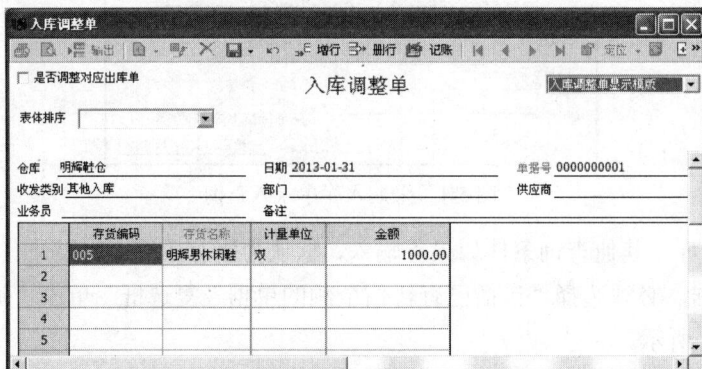

图 5-3　入库调整单

(3) 单击"保存"按钮,再单击"记账"按钮,使增加的金额入账。

提示

- 在入库调整单中,如果不输入被调整单据号,则视作调整该仓库下的所有存货,金额记入仓库下存货的总金额。
- 如果是要调整某一张采购入库单,先记下该采购入库单的单据号,并填列到入库调整单中的"被调整单据号"中,此时"金额"栏的金额对应入库单上该存货的金额。
- 要调整采购入库单,该采购入库单必须是在采购管理系统中做了采购结算的采购入库单。

3. 第 3 笔业务的处理

以 2013 年 1 月 31 日的业务时间登录存货核算系统,按照系统设置的暂估处理方法处理所有的暂估单据。

实验流程

(1) 在存货核算系统中,打开业务核算中的结算成本处理。

(2) 在存货核算系统中,对所有暂估单据进行暂估处理。

操作步骤

(1) 以"2013 年 1 月 31 日"为业务日期,登录存货核算系统,执行"业务核算"|"结算成本处理"命令,系统弹出"暂估处理查询"对话框,如图 5-4 所示。

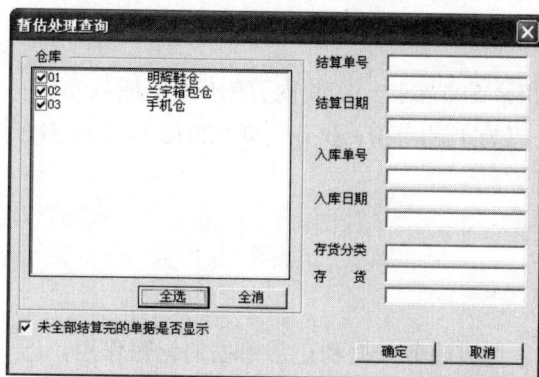

图 5-4 "暂估处理查询"对话框

(2) 可以选择所有的仓库,其他条件为空,即默认所有,单击"确定"按钮,系统提示如图 5-5 所示。

(3) 单击单据体中需要进行暂估处理的单据,再单击"暂估"按钮。暂估过的单据不再显示。

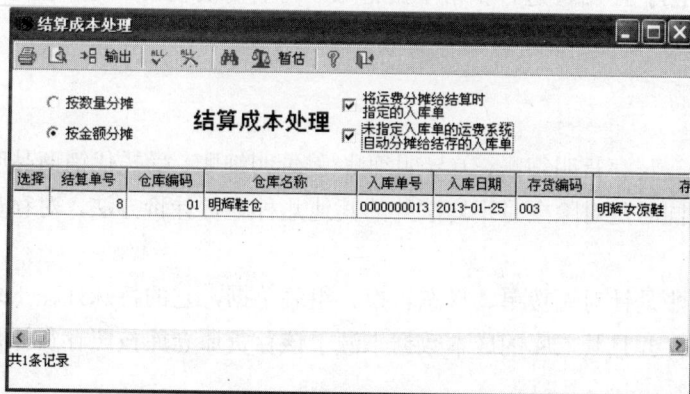

图 5-5 暂估结算表

提示

- 暂估结算表中显示的单据是前期或本期已经记账,且记账之后再进行采购结算的单据。
- 此处暂估结算是为了系统按照存货期初设置的暂估处理方式进行暂估处理。

4. 账套备份

在 C:\"供应链账套备份"文件夹中新建"888-5-1 存货价格及结算成本处理"文件夹。将账套输出至 C:\"供应链账套备份"\"888-5-1 存货价格及结算成本处理"文件夹中。

实验二　单据记账

实验准备

已完成第 1~4 章和第 5 章实验一实验内容的操作，或从光盘中引入 888-5-1 账套备份数据，以 111 操作员(密码为 1)的身份，业务日期"2013 年 1 月 31 日"登录 888 账套的"企业应用平台"。

实验要求

● 了解特殊单据、直运业务单据和正常单据的记账作用。

● 了解各种单据记账的流程。

实验资料

(1) 2013 年 1 月 31 日，进行特殊单据记账，将所有的特殊业务单据进行记账。

(2) 2013 年 1 月 31 日，进行正常单据记账，将所有的正常业务单据进行记账。

实验指导

单据记账是登记存货明细账、差异明细账/差价明细账、受托代销商品明细账和受托代销商品差价账；同时是对除全月平均法外的其他几种存货计价方法，对存货进行出库成本的计算。

特殊单据记账是针对调拨单、形态转换、组装单据，它的特殊性在于这类单据都是出入库单据对应的，并且其入库的成本数据来源于该存货原仓库按照存货计价方法计算出的出库成本。

实验流程

(1) 在存货核算系统中进行特殊单据记账。

(2) 在存货核算系统中进行正常单据记账。

1. 第 1 笔业务的处理

操作步骤

(1) 以"2013 年 1 月 31 日"的业务日期，登录存货核算系统，执行"业务核算"|"特殊单据记账"命令，系统弹出如图 5-6 所示对话框。

(2) 单据类型选择"调拨单"，单击"确定"

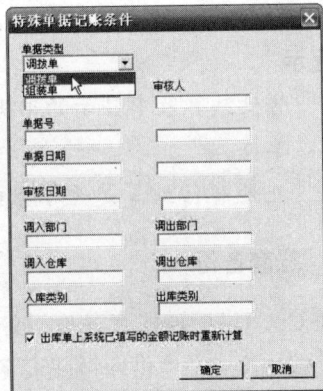

图 5-6　"特殊单据记账条件"对话框

按钮，进入"特殊单据记账"窗口，如图5-7所示。

(3) 对全部单据进行记账，单击"全选"按钮，或者单击表体中需要记账的单据，再单击"记账"按钮。

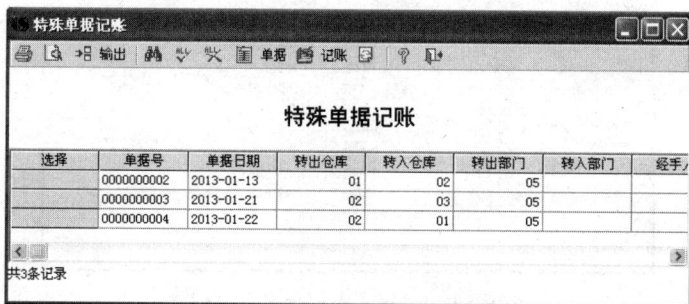

图5-7 "特殊单据记账"窗口

2. 第2笔业务的处理

操作步骤

(1) 以"2013年1月31日"的业务日期，登录存货核算系统，执行"业务核算"|"正常单据记账"命令，系统弹出如图5-8所示对话框。

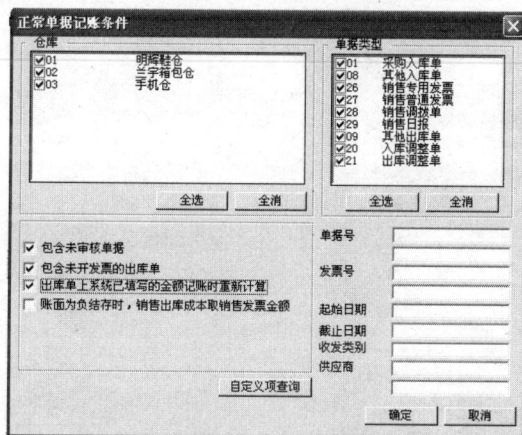

图5-8 "正常单据记账条件"对话框

(2) 选择所有的仓库和所有的单据类型，以及"包含未审核单据"和"出库单上系统已填写的金额记账时重新计算"复选框，单击"确定"按钮，系统弹出如图5-9所示窗口。

(3) 单击"全选"按钮，再单击"记账"按钮。

提示

- 记账时如果单据量特别大，可以分仓库、分收发类别分开进行记账。
- 记账前先检查所有入库单，即采购入库单和其他入库单是否有单价。
- 在进行单据记账时，注意各单据的颜色，以分辨该单据是否能进行记账操作。

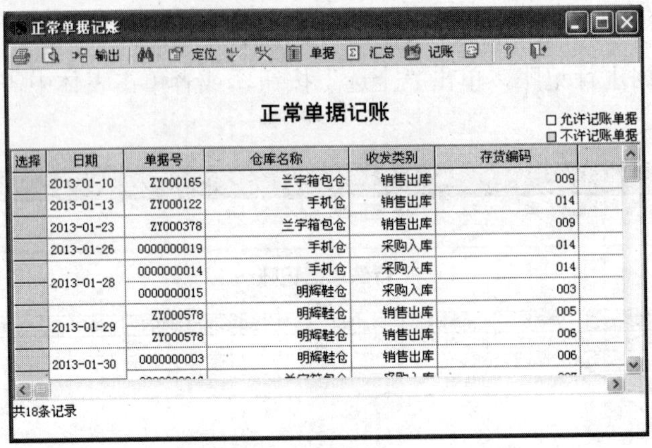

图 5-9　"正常单据记账"窗口

3. 账套备份

在 C:\"供应链账套备份"文件夹中新建"888-5-2 单据记账"文件夹。将账套输出至 C:\"供应链账套备份"\"888-5-2 单据记账"文件夹中。

第 6 章

期 末 处 理

功能概述

企业的经理、投资者、债权人等决策者都需要关于企业经营状况的定期信息，我们通过月末结账，据以结算账目编制财务报告，核算财务状况和资金变动情况，以及企业的供应链管理所需要的各种相关数据报表等。在用友 ERP-U8 管理系统中，月末业务处理是自动完成的，企业完成当月所有工作后，系统将相关各个系统的单据封存，各种数据记入有关的账表中，完成会计期间的月末处理工作。

实验目的与要求

掌握供应链系统的月末处理的方法、月末凭证的生成与查询的方法，以及账表查询的方法。

教学建议

建议本章讲授 4 课时，上机操作练习 4 课时。

实验一 期 末 处 理

实验准备

已经完成第 1～5 章所有实验内容的操作，即完成所有的业务，或从光盘中引入 888-5-2

账套备份数据,以 111 操作员(密码为 1)的身份,于 2013 年 1 月 31 日登录 888 账套的"企业应用平台"。

实验要求

- 了解期末处理的作用。
- 了解各种存货计价方法下期末处理的计算原理。
- 了解期末处理其他各模块的状态。

实验资料

(1) 2013 年 1 月 31 日,对明辉鞋仓进行期末处理。

(2) 2013 年 1 月 31 日,对兰宇箱包仓进行期末处理。

(3) 2013 年 1 月 31 日,对手机仓进行期末处理。

实验指导

期末处理应当在日常业务全部完成,采购和销售系统作结账处理后进行。它是计算按全月平均方式核算的存货的全月平均单价及其本会计月出库成本,计算按计划价/售价方式核算的存货的差异率/差价率及其本会计月的分摊差异/差价;并对已完成日常业务的仓库、部门、存货做处理标志。

1. 第 1 笔业务的处理

实验流程

(1) 在存货核算系统中,对所有单据记账。

(2) 在采购管理系统中,进行采购管理系统月末结账。

(3) 在销售管理系统中,进行销售管理系统月末结账。

(4) 在库存管理系统中,进行库存管理系统月末结账。

(5) 在存货核算系统中,对仓库进行期末处理。

操作步骤

(1) 以"2013 年 1 月 31 日"的业务日期,登录采购管理系统后,执行"月末结账"命令,并选择会计月份为 1 月份,单击"结账"按钮,系统弹出"月末结账完毕"信息提示对话框,且 1 月份"是否结账"处显示"已结账", 如图 6-1 所示。单击"退出"按钮退出结账界面。

(2) 以"2013 年 1 月 31 日"的业务日期,登录销售管理系统后,执行"月末结账"命令,进入销售结账窗口。单击"月末结账"按钮,最后 1 月份"是否结账"处显示"是",

如图 6-2 所示。单击"退出"按钮退出结账界面。

图 6-1 采购月末结账

图 6-2 销售月末结账

(3) 以"2013 年 1 月 31 日"的业务日期,登录库存管理系统后,执行"月末结账"命令,进入库存结账窗口。单击"结账"按钮,最后 1 月份是否结账显示"是",如图 6-3 所示。单击"退出"按钮退出结账界面。

图 6-3 库存月末结账

(4) 以"2013 年 1 月 31 日"的业务日期,登录存货核算系统后,执行"业务核算"|"期末处理"命令,打开"期末处理"对话框,如图 6-4 所示。

(5) 选择"明辉鞋仓",并选中"结存数量为零金额不为零自动生成出库调整单"复选框,单击"确定"按钮,系统弹出"您将对所选仓库进行期末处理,确认进行吗?"信息提示对话框,如图 6-5 所示。

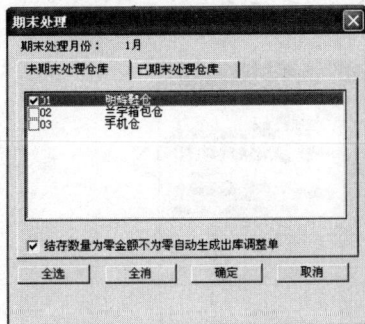

图 6-4 期末处理

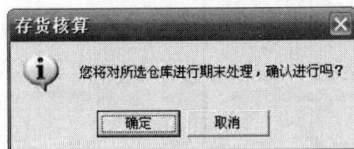

图 6-5 期末处理提示

(6) 单击"确定"按钮之后,系统提示仓库期末处理完毕。

2. 第 2 笔业务的处理

操作步骤

操作步骤重复第 1 笔业务。

(1) 选择"兰宇箱包仓",并选中"结存数量为零金额不为零自动生成出库调整单"复选框,单击"确定"按钮,系统弹出"您将对所选仓库进行期末处理,确认进行吗?"信息提示对话框,单击"确定"按钮。

(2) 系统根据成本核算方法计算并生成"02 仓库成本计算表",如图 6-6 所示。

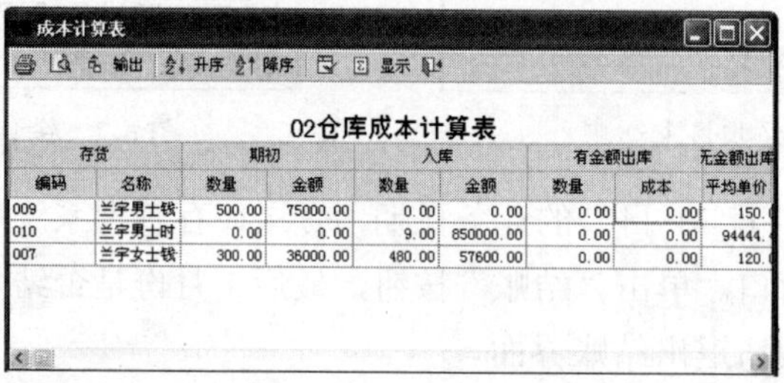

图 6-6 生成成本计算表

(3) 单击"确定"按钮,系统打开"生成出库调整单"窗口,如图 6-7 所示。单击"确认"按钮,系统提示仓库期末处理完毕。

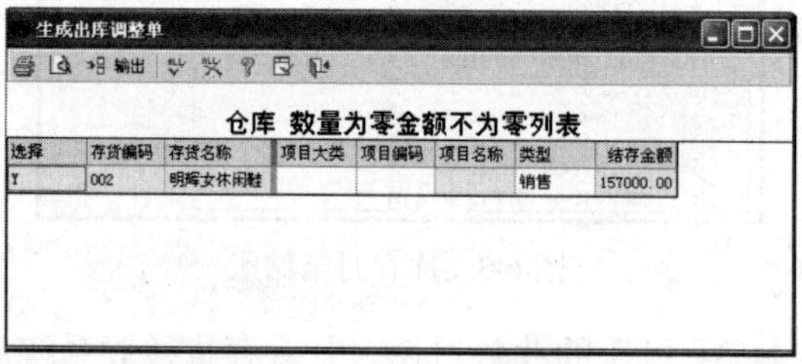

图 6-7 生成出库调整单

3. 第 3 笔业务的处理

操作步骤

操作步骤基本同第 1 笔业务,但采用售价方式时需要进行差价率的计算。

(1) 如图 6-8 所示,计算差异率,单击"确定"按钮。

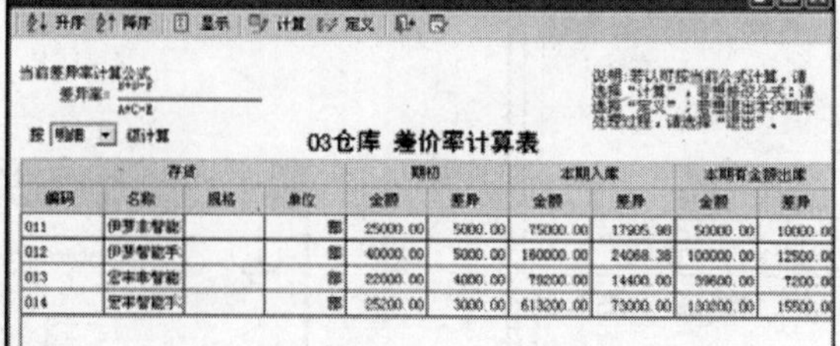

图 6-8 差异率计算

(2) 系统弹出“差价结转单”窗口，如图 6-9 所示。将差价进行结转，单击“确定”按钮，系统提示仓库处理完毕。

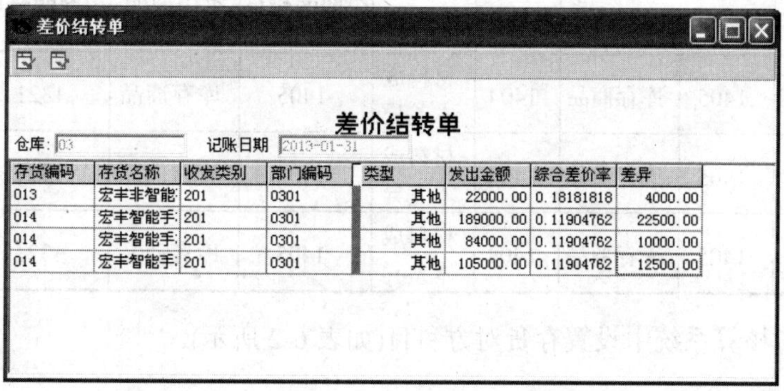

存货编码	存货名称	收发类别	部门编码	类型	发出金额	综合差价率	差异
013	宏丰非智能	201	0301	其他	22000.00	0.18181818	4000.00
014	宏丰智能手	201	0301	其他	189000.00	0.11904762	22500.00
014	宏丰智能手	201	0301	其他	84000.00	0.11904762	10000.00
014	宏丰智能手	201	0301	其他	105000.00	0.11904762	12500.00

图 6-9 差异结转单

4. 账套备份

在 C:\“供应链账套备份”文件夹中新建“888-6-1 期末处理”文件夹。将账套输出至 C:\“供应链账套备份”\“888-6-1 期末处理”文件夹中。

实验二 账表查询及生成凭证

实验准备

已完成第 1～5 章所有实验内容的操作，以及第 6 章实验一实验内容的操作，或从光盘中引入 888-6-1 账套备份数据，以 111 操作员(密码为 1)的身份，于“2013 年 1 月 31 日”登录 888 账套的“企业应用平台”。

实验要求

- 在存货核算系统中设置存货科目。
- 在存货核算系统中设置存货对方科目。
- 2013 年 1 月 31 日，查询收发存汇总表。
- 2013 年 1 月 31 日，将所有采购入库业务和销售出库业务生成凭证。
- 2013 年 1 月 31 日，将所有其他出入库业务生成凭证。

实验资料

(1) 在存货核算系统中设置存货科目(如表 6-1 所示)。

表 6-1　存　货　科　目

存货分类编码	存货分类名称	存货科目编码	存货科目名称	差异科目编码	差异科目名称	分期收款发出商品科目编码	分期收款发出商品科目名称	委托代销发出商品科目编码	委托代销发出商品科目名称
01001	鞋	1405	库存商品	1404	材料成本差异	1405	库存商品	1321	受托代销商品
01002	箱包	1405	库存商品	1404	材料成本差异	1405	库存商品	1321	受托代销商品
01003	手机	1405	库存商品	1404	材料成本差异	1405	库存商品	1321	受托代销商品

(2) 在存货核算系统中设置存货对方科目(如表 6-2 所示)。

表 6-2　存货对方科目

收发类别编码	收发类别名称	对方科目编码	对方科目名称	暂估科目编码	暂估科目名称
101	采购入库	1401	材料采购	220202	暂估应付款
201	销售出库	6401	主营业务成本		
103	盘盈入库	1901	待处理财产损溢		
203	盘亏出库	1901	待处理财产损溢		

实验指导

　　账簿查询是检验本期经营状况，了解本期成本和经营业绩等。同时可以了解存货在库存中的存储状况，以及该存货的资金占用情况，以便分析公司的库存状况和资金的利用情况，并为后期库存提出规划和生产建议等。

　　生成凭证是将所有经济业务最终以会计凭证的形式体现，以保障把所有的业务都在会计账簿上体现，便于财务做报表，分析本期盈亏和经营状况等。

1. 设置存货核算系统的会计科目

在存货核算系统中分别设置存货科目和存货对方科目。

2. 查询收发存汇总表

操作步骤

(1) 以"2013 年 1 月 31 日"的业务日期，登录存货核算系统，执行"账表"｜"汇总表"｜"收发存汇总表"命令，如图 6-10 所示，设置报表查询条件。

(2) 如果是查询具体存货可以在"存货分类"或"项目编码"中选择；如果选择查询具体仓库的信息，则在"汇总方式选择"选项卡中，设置好查询条件单击"确定"按钮，系统显示如图 6-11 所示。

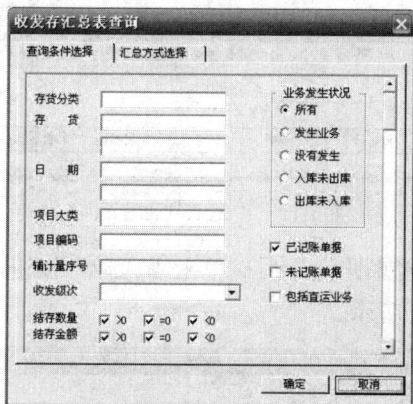

图 6-10　收发存汇总表查询

图 6-11　收发存汇总表

提示

在查询时要注意"结存数量"和"结存金额"查询条件，并注意检查两个选项卡的查询条件，以免查询出的数字有偏差。

3. 生成记账凭证

以 2013 年 1 月 31 日的业务日期登录存货核算系统。

实验流程

(1) 在存货核算系统中，设置生成凭证查询条件。

(2) 在存货核算系统中，设置业务单据合并生成凭证条件。

(3) 在存货核算系统中，设置凭证科目，生成凭证。

操作步骤

(1) 以"2013 年 1 月 31 日"作为业务日期登录存货核算系统，执行"财务核算" | "生成凭证"命令，如图 6-12 所示，设置生成凭证查询条件。

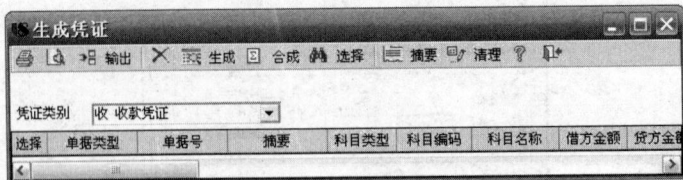

图 6-12　"生成凭证"窗口

(2) 将凭证类别改为"转账凭证"后，单击"选择"按钮，系统弹出生成凭证的"查询条件"对话框，如图 6-13 所示。

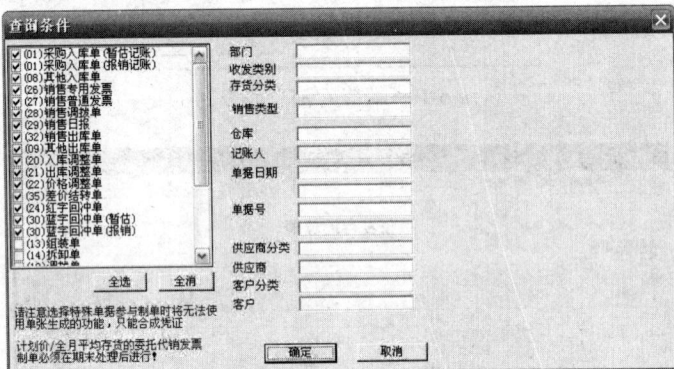

图 6-13　生成凭证"查询条件"对话框

(3) 选择排除其他出入库单据的其他所有单据，单击"确定"按钮，系统弹出如图 6-14 所示窗口。

图 6-14　"未生成凭证单据一览表"窗口

(4) 单击"全选"按钮，再单击"确定"按钮，系统弹出如图 6-15 所示窗口。

(5) 设置凭证会计科目，对于系统调整单或出入库调整单，先记入待处理流动资产损益，待确认处理后转出。设置完毕科目即可单击"生成"或"合成"按钮生成凭证。生成是指在生成凭证时，一笔业务对应一张凭证；合成是将所有选择号一样的单据生成一张凭证。单击"合成"按钮，生成一张转账凭证。

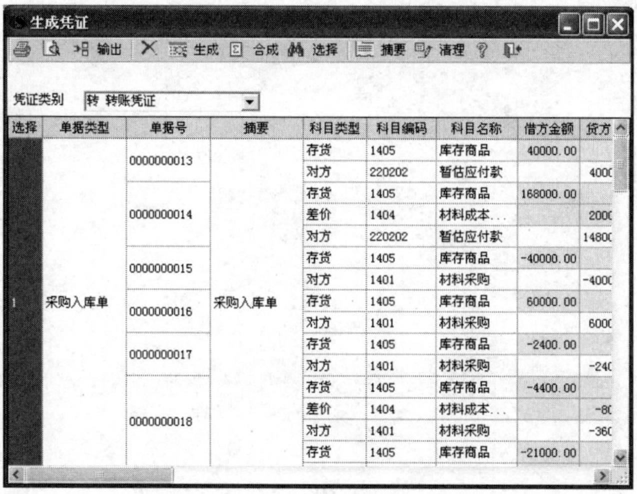

选择	单据类型	单据号	摘要	科目类型	科目编码	科目名称	借方金额	贷方
1	采购入库单	0000000013	采购入库单	存货	1405	库存商品	40000.00	
				对方	220202	暂估应付款		4000
		0000000014		存货	1405	库存商品	168000.00	
				差价	1404	材料成本...		2000
				对方	220202	暂估应付款		14800
		0000000015		存货	1405	库存商品	-40000.00	
				对方	1401	材料采购		-4000
		0000000016		存货	1405	库存商品	60000.00	
				对方	1401	材料采购		6000
		0000000017		存货	1405	库存商品	-2400.00	
				对方	1401	材料采购		-240
		0000000018		存货	1405	库存商品	-4400.00	
				差价	1404	材料成本...		-80
				对方	1401	材料采购		-360
				存货	1405	库存商品	-21000.00	

图 6-15　“生成凭证”窗口

提示

- 在选择单据从而生成凭证时，对于不同的选择号可以生成在不同的凭证上。
- 生成凭证可以按照不同的收发类别分开合并生成，以方便查阅。
- 如果有业务单据没有设置收发类别，此处可能部分单据不能自动带出预设的会计科目。

4. 存货系统月末处理

对于其他出入库单，可能涉及很多特殊单据，一般建议设置收发类别时尽量详细，以便于包含所有经济业务，使得在预设会计科目时能包含这些科目。对于有些非常特殊的业务，建议设置时通过待处理流动资产损益科目，待经济业务确定后，在总账中进行统一的调整。

将存货核算系统进行月末结账。

操作步骤

执行存货核算系统中的“业务核算”|“月末结账”命令即可完成存货系统的结账工作。

5. 账套备份

在 C:\“供应链账套备份”文件夹中新建“888-6-2 账表查询及生成凭证”文件夹。将账套输出至 C:\“供应链账套备份”\“888-6-2 账表查询及生成凭证”文件夹中。

附录

综合实验

实验一 系统管理与基础设置

目的与要求

掌握企业在进行期初建账时，如何进行核算体系的建立和各项基础档案的设置。

实验内容

1. 核算体系的建立

(1) 启动系统管理，以 Admin 的身份进行注册。

(2) 增设 3 位操作员(权限→操作员)。

- 001 于红
- 002 李平
- 003 何霞

(3) 建立账套信息(账套→建立)。

① 账套信息：账套号 888，账套名称为"广州宏达有限公司"，启用日期为"2013年 6 月"。

② 单位信息：单位名称为"广州宏达有限公司"，单位简称为"宏达"，税号为22002256437218。

③ 核算类型：企业类型为"工业"，行业性质为"2007 年新会计制度科目"并预置科目，账套主管为"于红"。

④ 基础信息：存货、客户和供应商均分类，有外币核算。

⑤ 编码方案。

- 客户分类和供应商分类的编码方案为 2
- 部门编码的方案为 2-2
- 存货分类的编码方案为 2-2-3-3
- 收发类别的编码级次为 2-2
- 结算方式的编码方案为 2
- 其他编码项目保持不变

说明

设置编码方案主要是为以后的分级核算、统计和管理打下基础。

⑥ 数据精度：保持系统默认设置。

说明

设置数据精度主要是为了核算更精确。

⑦ 分配操作员权限(权限→权限)。

- 操作员李平：拥有"共用目录设置"、"应收"、"应付"、"采购管理"、"销售管理"、"库存管理"、"存货核算"中的所有权限。
- 操作员何霞：拥有"共用目录设置"、"库存管理"、"存货核算"中的所有权限。

2. 各系统的启用

(1) 启动企业门户，以账套主管身份进行注册。

(2) 启用"采购管理"、"销售管理"、"库存管理"、"存货核算"、"应收"、"应付"、"总账"系统，启用日期为"2013 年 6 月 1 日"(进入"基础信息"，双击"基本信息"，再双击系统启用)。

3. 定义各项基础档案

可通过企业门户中的基础信息，选择"基础档案"，来增设下列档案。

(1) 定义部门档案：制造中心、营业中心、管理中心。

- 制造中心下分：一车间、二车间。
- 营业中心下分：业务一部、业务二部。
- 管理中心下分：财务部、人事部。

(2) 定义职员档案：王利(属业务一部)、李一(属业务二部)。

(3) 定义客户分类：批发、零售、代销、专柜。

(4) 定义客户档案，如附表 1 所示。

附表 1 客 户 档 案

客户编码	客户简称	所属分类	税　号	开户银行	账号	信用额度/元	信用期限/天
HRGS	华荣公司	批发	31000315466	工行	1121		
XYMYGS	新月贸易公司	批发	31010877788	中行	5676	100 000	30
JLGS	精利公司	专柜	31500012366	建行	1585	150 000	60
LYGS	利益公司	代销	31545245399	招行	7636		

(5) 定义供应商分类：原料供应商、成品供应商。

(6) 定义供应商档案，如附表 2 所示。

附表 2 供应商档案

供应商编码	供应商简称	所属分类	税　号
XSGS	兴盛公司	原料供应商	31082138522
CDGS	昌达公司	原料供应商	31482570533
MLSH	美凌商行	成品供应商	31847822668
AXGS	爱心公司	成品供应商	31048800888

(7) 定义存货分类。

① 原材料(主机、芯片、硬盘、显示器、键盘、鼠标)

② 产成品(计算机)

③ 外购商品(打印机、传真机)

④ 应税劳务

(8) 定义计量单位，如附表 3 所示。

附表 3 计 量 单 位

计量单位编号	计量单位名称	所属计量单位组	计量单位组类别
01	盒	无换算关系	无换算
02	台	无换算关系	无换算
03	只	无换算关系	无换算
04	千米	无换算关系	无换算

(9) 定义存货档案，如附表 4 所示。

附表 4 存 货 档 案

存货编码	存货名称	所属类别	计量单位	税率	存货属性
001	PIII 芯片	芯片	盒	17	外购，生产耗用
002	40GB 硬盘	硬盘	盒	17	外购，生产耗用，销售
003	17 英寸显示器	显示器	台	17	外购，生产耗用，销售
004	键盘	键盘	只	17	外购，生产耗用，销售

(续表)

存货编码	存货名称	所属类别	计量单位	税率	存货属性
005	鼠标	鼠标	只	17	外购，生产耗用，销售
006	计算机	计算机	台	17	自制，销售
007	1600K 打印机	打印机	台	17	外购，销售
008	运输费	应税劳务	千米	7	外购，销售，劳务费用

(10) 设置会计科目。

① 应收账款、预收账款设为"客户往来"。

② 应付账款、预付账款设为"供应商往来"。

(11) 选择凭证类别为"记账凭证"。

(12) 定义结算方式：现金结算、支票结算、汇票结算。

(13) 定义本企业开户银行：工行天河路分理处，账号为76584898789。

(14) 定义仓库档案，如附表 5 所示。

附表 5　仓 库 档 案

仓库编码	仓库名称	计价方式
001	原料仓库	移动平均
002	成品仓库	移动平均
003	外购品仓库	全月平均

(15) 定义收发类别。

① 正常入库(采购入库、产成品入库、调拨入库)

② 非正常入库(盘盈入库、其他入库)

③ 正常出库(销售出库、生产领用、调拨出库)

④ 非正常出库(盘亏出库、其他出库)

(16) 定义采购类型为普通采购，入库类别为"采购入库"。

(17) 定义销售类型为经销、代销，出库类别均为"销售出库"。

实验二　期初余额录入

目的与要求

掌握企业在将来的业务处理时，能够由系统自动生成有关的凭证；在进行期初建账时，应如何设置相关业务的入账科目，以及如何把原来手工做账时所涉及的各业务的期末余额录入至系统中。

实验内容

1. 设置基础科目

(1) 根据存货大类分别设置存货科目(在存货系统中，进入科目设置，选择存货科目)。如附表 6 所示。

附表6 设置存货科目

存 货 分 类	对 应 科 目
原材料	原材料(1403)
产成品	库存商品(1405)
外购商品	库存商品(1405)

(2) 根据收发类别确定各存货的对方科目(在存货系统中进入科目设置，选择对方科目)，如附表 7 所示。

附表7 确定各存货的对方科目

收发类别	对 应 科 目	暂 估 科 目
采购入库	材料采购(1401)	材料采购(1401)
产成品入库	生产成本(5001)	
盘盈入库	待处理财产损溢(1901)	
销售出库	主营业务成本(6401)	

(3) 设置应收系统中的常用科目(在应收系统中，进入初始设置)。

① 基本科目设置：应收科目为 1221，预收科目为 2203，销售收入科目为 6001，应交增值税科目为 22210104。

② 结算方式科目设置：现金结算对应 1001，支票结算对应 1002，汇票结算对应 1002。

③ 调整应收系统的选项：将坏账处理方式设置为"应收余额百分比法"。

④ 设置坏账准备期初：坏账准备科目为 1231，期初余额为 10 000 元，提取比率为 0.5%。

(4) 设置应付系统中的常用科目(在应付系统中，进入初始设置)。

① 基本科目设置：应付科目为 2202，预付科目为 1123，采购科目为 1401，应交增值税科目为 22210101。

② 结算方式科目设置：现金结算对应 1001，支票结算对应 1002，汇票结算对应 1002。

2. 期初余额的整理录入

(1) 录入总账系统各科目的期初余额，如附表 8 所示。

附表8 总账系统各科目的期初余额

科 目 编 码	科 目 名 称	方 向	期 初 余 额
2202	应收账款	借	25 000

(续表)

科目编码	科目名称	方向	期初余额
1401	材料采购	借	80 000
1403	原材料	借	1 004 000
1405	库存商品	借	2 544 000
2202	应付账款	贷	165 000
4103	本年利润	贷	3 478 000
1231	坏账准备	贷	10 000

说明

应收账款的单位为华荣公司，应付账款的单位为兴盛公司。

(2) 期初货到票未到的录入。

2013 年 5 月 25 日收到兴盛公司提供的 40GB 硬盘 100 盒，单价为 800 元，商品已验收入原料仓库，至今尚未收到发票。

操作向导

① 启动采购系统，录入采购入库单。

② 进行期初记账。

(3) 期初发货单的录入。

2013 年 5 月 28 日业务一部向新月贸易公司出售计算机 10 台，报价为 6500 元，由成品仓库发货。该发货单尚未开票。

操作向导

启动销售系统，录入并审核期初发货单。

(4) 进入存货核算系统，录入各仓库期初余额，如附表 9 所示。

附表 9　各仓库期初余额

仓库名称	存货名称	数量	结存单价/元
原料仓库	PIII 芯片	700	1 200
	40GB 硬盘	200	820
成品仓库	计算机	380	4 800
外购品仓库	1600K 打印机	400	1 800

操作向导

① 启动存货系统，录入期初余额。

② 进行期初记账。

③ 进行对账。

(5) 进入库存管理系统，录入各仓库期初库存，如附表 10 所示。

附表 10 各仓库期初库存

仓 库 名 称	存 货 名 称	数 量
原料仓库	PIII 芯片	700
	40GB 硬盘	200
成品仓库	计算机	380
外购品仓库	1600K 打印机	400

操作向导

① 启动库存系统，录入并审核期初库存(可通过取数功能录入)。

② 与存货系统进行对账。

(6) 应收款期初余额的录入和对账。

应收账款科目的期初余额中涉及华荣公司的余额为 25 000 元(以应收单形式录入)。

操作向导

① 启动应收系统，录入期初余额。

② 与总账系统进行对账。

(7) 应付款期初余额的录入和对账。

应付账款科目的期初余额中涉及兴盛公司的余额为 5000 元(以应付单形式录入)。

操作向导

① 启动应付系统，录入期初余额。

② 与总账系统进行对账。

实验三 采购业务

目的与要求

掌握企业在日常业务中如何通过软件来处理采购入库业务和相关账表查询。

实验内容

1. 业务一

(1) 2013 年 6 月 1 日业务员李平向新月贸易公司询问键盘的价格(95 元/只)，觉得价格合适，随后向公司上级主管提出请购要求，请购数量为 300 只。业务员据此填制请购单。

(2) 2013 年 6 月 2 日上级主管同意向新月贸易公司订购键盘 300 只，单价为 95 元，要求到货日期为 2013 年 6 月 3 日。

(3) 2013 年 6 月 3 日收到所订购的键盘 300 只，填制到货单。

(4) 2013 年 6 月 3 日将所收到的货物验收入原料仓库。当天收到该笔货物的专用发票一张。

(5) 业务部门将采购发票交给财务部门，财务部门确认此业务所涉及的应付账款和采购成本。

操作向导

(1) 在采购系统中，填制并审核请购单。

(2) 在采购系统中，填制并审核采购订单。

(3) 在采购系统中，填制到货单。

(4) 启动库存系统，填制并审核采购入库单。

(5) 在采购系统中，填制采购发票，并进行结算。

(6) 在采购系统中，执行采购结算(自动结算)。

(7) 在应付系统中，审核采购发票。

(8) 在存货系统中，进行入库单记账。

(9) 在存货系统中，生成入库凭证。

(10) 账表查询。

① 在采购系统中，查询订单执行情况统计表。

② 在采购系统中，查询到货明细表。

③ 在采购系统中，查询入库统计表。

④ 在采购系统中，查询采购明细表。

⑤ 在库存系统中，查询库存台账。

⑥ 在存货系统中，查询收发存汇总表。

2. 业务二

2013 年 6 月 5 日向新月贸易公司购买鼠标 300 只，单价为 50 元/只，验收入原料仓库。同时收到专用发票一张，票号 ZY85011，立即以支票(ZP0215566889)形式支付货款。

操作向导

(1) 启动库存系统，填制并审核采购入库单。

(2) 在采购系统中，填制采购专用发票，并做现结处理。

(3) 在采购系统中，执行采购结算(自动结算)。

3. 业务三

2013 年 6 月 6 日向新月贸易公司购买硬盘 200 只，单价为 800 元/盒，验收入原料仓库。同时收到专用发票一张，票号为 ZY8501233。另外，在采购的过程中，发生了一笔运输费 200 元，税率为 7%，收到相应的运费发票一张，票号为 56788989。

操作向导

(1) 启动库存系统，填制并审核采购入库单。

(2) 在采购系统中，填制采购专用发票。

(3) 在采购系统中，填制运费发票。

(4) 在采购系统中，执行采购结算(手工结算)。

4. 业务四

2013 年 6 月 5 日业务员李平想购买 100 只鼠标，提出请购要求，经同意填制并审核请购单。

根据资料得知提供鼠标的供应商有两家，分别为兴盛公司和新月贸易公司，他们的报价分别为 35 元/只、40 元/只。通过比价，决定向兴盛公司订购，要求到货日期为 2013 年 6 月 6 日。

操作向导

(1) 在采购系统中，定义供应商存货对照表。

(2) 在采购系统中，填制并审核请购单。

(3) 在采购系统中，执行请购比价生成订单功能。假定 2013 年 6 月 6 日尚未收到该货物，向兴盛公司发出催货函。

(4) 在采购系统中，查询供应商催货函。

5. 业务五

2013 年 6 月 9 日收到兴盛公司提供的上月已验收入库的 80 盒 40GB 硬盘的专用发票一张，票号为 48210，发票单价为 820 元。

操作向导

(1) 在采购系统中，填制采购发票(可拷贝采购入库单)。

(2) 在采购系统中，执行采购结算。

(3) 在存货系统中，执行结算成本处理。

(4) 在存货系统中，生成凭证(红冲单，蓝冲单)。

(5) 在采购系统中，查询暂估入库余额表。

6. 业务六

2013 年 6 月 28 日收到爱心公司提供的打印机 100 台，入外购品仓库(发票尚未收到)。由于到了月底发票仍未收到，故确认该批货物的暂估成本为 6500 元。

操作向导

(1) 在库存系统中，填制并审核采购入库单。

(2) 在存货系统中，录入暂估入库成本。

(3) 在存货系统中，执行正常单据记账。

(4) 在存货系统中生成凭证(暂估记账)。

7. 业务七

(1) 2013 年 6 月 10 日收到新月贸易公司提供的 17 英寸显示器，数量为 202 台，单价为 1150 元。验收入原料仓库。

(2) 2013 年 6 月 11 日仓库反映有 2 台显示器有质量问题，要求退回给供应商。

(3) 2013 年 6 月 11 日收到新月贸易公司开具的专用发票一张，其发票号为 ZY440888999。

操作向导

(1) 收到货物时，在库存系统中填制入库单。

(2) 退货时，在库存系统中填制红字入库单。

(3) 收到发票时，在采购系统中填制采购发票。

(4) 在采购系统中，执行采购结算(手工结算)。

8. 业务八

2013 年 6 月 15 日从新月贸易公司购入的键盘质量有问题，退回 2 只，单价为 95 元，同时收到票号为 ZY665218 的红字专用发票一张。

操作向导

(1) 退货时，在库存系统中填制红字入库单。

(2) 收到退货发票时，在采购系统中填制采购发票。

(3) 在采购系统中，执行采购结算(自动结算)。

实验四　销　售　业　务

目的与要求

掌握企业在日常业务中如何通过软件来处理销售出库业务和相关账表查询。

实验内容

1. 业务一

(1) 2013 年 6 月 14 日新月贸易公司想购买 10 台计算机，向业务一部了解价格。业务一部报价为 2300 元/台。填制并审核报价单。

(2) 2013 年 6 月 15 日该客户了解情况后，要求订购 10 台，并要求发货日期为 2013 年

6 月 16 日。填制并审核销售订单。

(3) 2013 年 6 月 16 日业务一部从成品仓库向新月贸易公司发出其所订货物,并据此开具专用销售发票(ZY02188798)一张。

(4) 2008 年 6 月 17 日业务部门将销售发票交给财务部门,财务部门结转此业务的收入和成本。

操作向导

(1) 在销售系统中,填制并审核报价单。

(2) 在销售系统中,填制并审核销售订单。

(3) 在销售系统中,填制并审核销售发货单。

(4) 在销售系统中,调整选项(将新增发票默认"参照发货单生成")。

(5) 在销售系统中,根据发货单填制并复核销售发票。

(6) 在应收系统中,审核销售发票并生成销售收入凭证。

(7) 在库存系统中,审核销售出库单。

(8) 在存货系统中,执行出库单记账。

(9) 在存货系统中,生成结转销售成本的凭证。

(10) 账表查询。

① 在销售系统中,查询销售订单执行情况统计表。

② 在销售系统中,查询发货统计表。

③ 在销售系统中,查询销售统计表。

④ 在存货系统中,查询出库汇总表(存货系统)。

2. 业务二

(1) 2013 年 6 月 17 日业务二部向新月贸易公司出售 1600K 打印机 5 台,报价为 2300 元,成交价为报价的 90%,货物从外购品仓库发出。

(2) 2013 年 6 月 17 日根据上述发货单开具专用发票(ZY0208978)一张。

操作向导

(1) 在销售系统中,填制并审核销售发货单。

(2) 在销售系统中,根据发货单填制并复核销售发票。

3. 业务三

(1) 2013 年 6 月 17 日业务一部向新月贸易公司出售计算机 10 台,报价为 6400 元,货物从成品仓库发出。

(2) 2013 年 6 月 17 日根据上述发货单开具专用发票(ZY0208987)一张。同时收到客户以支票(ZP011487)所支付的全部货款。

操作向导

(1) 在销售系统中，填制并审核销售发货单。

(2) 在销售系统中，根据发货单填制销售发票，执行现结功能，复核销售发票。

4. 业务四

(1) 2013 年 6 月 17 日业务一部向新月贸易公司出售计算机 10 台，报价为 6400 元，货物从成品仓库发出。

(2) 2013 年 6 月 17 日业务二部向新月贸易公司出售 1600K 打印机 5 台，报价为 2300 元，货物从外购品仓库发出。

(3) 2013 年 6 月 17 日根据上述两张发货单开具专用发票(ZY0208988)一张。

操作向导

(1) 在销售系统中，填制并审核两张销售发货单。

(2) 在销售系统中，根据上述两张发货单填制并复核销售发票。

5. 业务五

(1) 2013 年 6 月 18 日业务二部向华荣公司出售 1600K 打印机 20 台，报价为 2300 元，货物从外购品仓库发出。

(2) 2013 年 6 月 19 日应客户要求，对上述所发出的商品开具两张专用销售发票，第一张发票(ZY0208989)中所列示的数量为 15 台，第二张发票(ZY0208990)上所列示的数量为 5 台。

操作向导

(1) 在销售系统中，填制并审核销售发货单。

(2) 在销售系统中，分别根据发货单填制并复核两张销售发票(考虑一下，在填制第二张发票时，系统自动显示的开票数量是否为 5 台)。

6. 业务六

2013 年 6 月 19 日业务一部向新月贸易公司出售 10 台 1600K 打印机，报价为 2300 元，物品从外购品仓库发出，并据此开具专用销售发票(ZY0208991)一张。

操作向导

(1) 在销售系统中，填制并审核销售发票。

(2) 在销售系统中，查询销售发货单。

(3) 在库存系统中，查询销售出库单。

7. 业务七

2013 年 6 月 19 日业务一部在向新月贸易公司销售商品过程中发生了一笔代垫的安装费 500 元。

操作向导

(1) 在销售系统中，增设费用项目为"安装费"。

(2) 在销售系统中，填制并审核代垫费用单。

8. 业务八

(1) 2013年6月20日业务二部向精利公司出售17英寸显示器20台，由原料仓库发货，报价为1500元/台，同时开具专用发票(ZY0208992)一张。

(2) 2013年6月20日客户根据发货单从原料仓库领出15台显示器。

(3) 2013年6月21日客户根据发货单再从原料仓库领出5台显示器。

操作向导

(1) 在销售系统中，调整有关选项(取消"是否销售生单"选项)。

(2) 在销售系统中，填制并审核发货单。

(3) 在销售系统中，根据发货单填制并复核销售发票。

(4) 在库存系统中，填制销售出库单(根据发货单生成销售出库单)。

9. 业务九

(1) 2013年6月20日业务二部向精利公司出售17英寸显示器20台，由原料仓库发货，报价为1500元/台。开具发票时，客户要求再多买两台，根据客户要求开具了22台显示器的专用发票(ZY0208993)一张。

(2) 2013年6月20日客户先从原料仓库领出18台显示器。

(3) 2013年6月20日客户再从原料仓库领出4台显示器。

操作向导

(1) 在库存系统中，调整选项(选择"是否超发货单出库"选项)。

(2) 在库存系统或销售系统中，定义存货档案(定义超额出库上限为0.2)。

(3) 在销售系统中，填制并审核发货单。

(4) 在销售系统中，填制并复核销售发票(注意开票数量应为"22")。

(5) 在库存系统中，填制销售出库单，根据发货单生成销售出库单(选择"按累计出库数调整发货数")。

10. 业务十

(1) 2013年6月20日业务二部向精利公司出售计算机200台，由成品仓库发货，报价为6500元/台。由于金额较大，客户要求以分期付款形式购买该商品。经协商，客户分四次付款，并据此开具相应销售专用发票(ZY0208995)数量50台，单价6500元。

(2) 2013年6月22日业务部门将该业务所涉及的出库单和销售发票交给财务部门，财务部门据此结转收入和成本。

操作向导

(1) 在销售系统中，选中"是否有分期付款业务"和"是否销售生成出库单"选项。

(2) 在销售系统中，填制并审核发货单(注意选择业务类型)。

(3) 在存货系统中，执行发出商品记账功能，对发货单进行记账。

(4) 开具发票时，在销售系统中根据发货单填制并复核销售发票。

(5) 在应收系统中，审核销售发票并生成收入凭证。

(6) 在存货系统中，执行发出商品记账功能，对销售发票进行记账。

(7) 在存货系统中，生成结转销售成本凭证。

(8) 账表查询。在存货系统中，查询发出商品明细账；在销售系统中，查询销售统计表。

11. 业务十一

(1) 2013 年 6 月 20 日业务二部委托利益公司代为销售计算机 50 台，售价为 2200 元，货物从成品仓库发出。

(2) 2013 年 6 月 25 日收到利益公司的委托代销清单一张，结算计算机 30 台，售价为 2200 元。立即开具销售专用发票(ZY0208996)给利益公司。

(3) 2013 年 6 月 26 日业务部门将该业务所涉及的出库单和销售发票交给财务部门，财务部门据此结转收入和成本。

操作向导

(1) 在存货系统中，调整委托代销业务的销售成本结转方法为"发出商品"。

(2) 发货时：① 在销售系统中，填制并审核委托代销发货单。

② 在库存系统中，审核销售出库单。

③ 在存货系统中，对发货单进行记账。

④ 在存货系统中，生成出库凭证。

(3) 结算开票时：

① 在销售系统中，填制并审核委托代销结算单。

② 在销售系统中，复核销售发票。

③ 在应收系统中，审核销售发票并生成销售凭证。

④ 结转销售成本时执行下列操作。

● 在存货系统中，对发票进行记账。

● 在存货系统中，生成结转成本的凭证。

(4) 账表查询。

① 在销售系统中，查询委托代销统计表。

② 在库存系统中，查询委托代销备查簿。

12. 业务十二

(1) 2013 年 6 月 25 日业务一部售给新月贸易公司的计算机 10 台，单价为 6500 元，从成品仓库发出。

(2) 2013 年 6 月 26 日业务一部售给新月贸易公司的计算机因质量问题，退回 1 台，单价为 6500 元，收回成品仓库。

(3) 2013 年 6 月 26 日开具相应的专用发票(ZY0208997)一张，数量为 9 台。

操作向导

(1) 发货时，在销售系统中填制并审核发货单。

(2) 退货时，在销售系统中填制并审核退货单。

(3) 在销售系统中，填制并复核销售发票(选择发货单时应包含红字)。

13. 业务十三

2013 年 6 月 27 日委托利益公司销售的计算机退回 2 台，入成品仓库。由于该货物已经结算，故开具红字专用发票(ZY0208998)一张。

操作向导

(1) 发生退货时，在销售系统中填制并审核委托代销结算退回单。

(2) 在销售系统中，复核红字专用销售发票。

(3) 在销售系统中，填制并复核委托代销退货单。

(4) 账表查询。在库存系统中，查询委托代销备查簿。

实验五　库存管理

目的与要求

掌握企业在日常业务中如何通过软件来处理各种其他业务和相关账表查询。

实验内容

1. 业务一(产成品入库)

(1) 2013 年 6 月 15 日成品仓库收到当月加工的 10 台计算机，作为产成品入库。

(2) 2013 年 6 月 16 日成品仓库收到当月加工的 20 台计算机，作为产成品入库。

(3) 2013 年 6 月 17 日随后收到财务部门提供的完工产品成本，其中计算机的总成本 144 000 元，立即做成本分配。

操作向导

(1) 在库存系统中，填制并审核产成品入库单。

(2) 在库存系统中，查询收发存汇总表。

(3) 在存货系统中，进行产成品成本分配。

(4) 在存货系统中，执行单据记账。

2. 业务二(材料领用)

2013 年 6 月 15 日一车间向原料仓库领用 PIII 芯片 100 盒、40GB 硬盘 100 盒，用于生产。

操作向导

在库存系统中，填制并审核材料出库单(建议单据中的单价为空)。

3. 业务三(调拨业务)

2013 年 6 月 20 日将原料仓库中的 50 只键盘调拨到外购品仓库。

操作向导

(1) 在库存系统中，填制并审核调拨单。

(2) 在库存系统中，审核其他入库单。

(3) 在库存系统中，审核其他出库单。

(4) 在存货系统中，执行特殊单据记账。

4. 业务四(盘点业务)

2013 年 6 月 25 日对原料仓库的所有存货进行盘点。盘点后，发现键盘多出一个。经确认，该键盘的成本为 80 元/只。

操作向导

(1) 盘点前在库存系统中，填制盘点单。

(2) 盘点后：

① 在库存系统中，修改盘点单，输入盘点数量，确定盘点金额。

② 在库存系统中，审核盘点单。

③ 在存货系统中，对出入库单进行记账。

实验六　往来业务

目的与要求

掌握企业在日常业务中如何通过软件来处理各种往来业务和相关账表查询。

实验内容

1. 客户往来款的处理

1) 应收款的确认

将上述销售业务中所涉及的销售发票进行审核。财务部门据此结转各项收入。

操作向导

(1) 在应收系统中，执行"应收单据处理"｜"应收单据审核"命令。

(2) 根据发票生成凭证。在应收系统中，执行"制单处理"命令，选择发票制单(生成凭证时可做合并制单)。

(3) 账表查询。根据信用期限进行单据报警查询，根据信用额度进行信用报警查询。

2) 收款结算

(1) 收到预收款

2013 年 6 月 5 日收到新月贸易公司以汇票(HP0216546)方式支付的预付货款 30 000 元。财务部门据此生成相应凭证。

操作向导

① 录入收款单。在应收系统中，执行"收款单据处理"｜"收款单据录入"命令(注意：款项类型为"预收款")。

② 审核收款单。在应收系统中，执行"收款单据处理"｜"收款单据审核"命令。

③ 根据收款单生成凭证。在应收系统中，执行"制单处理"命令，选择结算单制单。

(2) 收到应收款

2013 年 6 月 26 日收到利益公司以支票方式支付的货款 50 000 元，用于冲减其所欠的第一笔货款。

操作向导

① 录入收款单。在应收系统中，执行"收款单据处理"｜"收款单据录入"命令(注意：款项类型为"应收款")。

② 审核收款单。在应收系统中，执行"收款单据处理"｜"收款单据审核"命令。

③ 核销应收款。在应收系统中，执行"核销"｜"手工核销"命令。

2013 年 6 月 21 日收到精利公司的 500 元现金，用于归还其所欠的代垫安装费。

操作向导

① 录入收款单。在应收系统中，执行"收款单据处理"｜"收款单据录入"命令(注意：款项类型为"应收款")。

② 审核收款单。在应收系统中，执行"收款单据处理"｜"收款单据审核"命令。

③ 核销应收款。在应收系统中，执行"核销"｜"自动核销"命令。

(3) 查询业务明细账

(4) 查询收款预测

3) 转账处理

(1) 预收冲应收

2013 年 6 月 26 日将收到的新月贸易公司 30 000 元的预收款冲减其应收账款。

操作向导

在应收系统中，执行"转账" | "预收冲应收"命令。

(2) 红票对冲

将利益公司的一张红字发票与其一张蓝字销售发票进行对冲。

操作向导

在应收系统中，执行"转账" | "红票对冲" | "手工对冲"命令。

4) 坏账处理

(1) 发生坏账时

2013 年 6 月 27 日收到通知：华荣公司破产，其所欠款项将无法收回，做坏账处理。

操作向导

在应收系统中，执行"转账" | "坏账处理" | "坏账发生"命令。

(2) 坏账收回

2013 年 6 月 28 日收回华荣公司已做坏账的货款 50 000 元现金，做坏账收回处理。

操作向导

① 录入并审核收款单。在应收系统中，执行"收款单据处理" | "收款单据录入"命令(注意：款项类型为"应收款")。

② 坏账收回处理。在应收系统中，执行"转账" | "坏账处理" | "坏账收回"命令。

(3) 计提本年度的坏账准备

操作向导

在应收系统中，执行"转账" | "坏账处理" | "计提坏账准备"命令。

5) 财务核算

(1) 将上述业务中未生成凭证的单据生成相应的凭证。

操作向导

在应收系统中，执行"制单处理"命令。

① 发票制单

② 结算单制单

③ 转账制单

④ 现结制单

⑤ 坏账处理制单

(2) 查询凭证。

2. 供应商往来款的处理

1) 应付款的确认

将上述采购业务中所涉及的采购发票进行审核。财务部门据此结转各项成本。

操作向导

(1) 在应付系统中,执行"应付单据处理"丨"应付单据审核"命令。

(2) 根据发票生成凭证。在应付系统中,执行"制单处理"命令,选择发票制单(生成凭证时可做合并制单)。

2) 付款结算

(1) 2013 年 6 月 26 日以支票方式支付给兴盛公司货款 76 752 元。

操作向导

① 录入付款单。在应付系统中,执行"付款单据处理"丨"付款单据录入"命令(注意:款项类型为"应付款")。

② 审核付款单。在应付系统中,执行"付款单据处理"丨"付款单据审核"命令。

③ 核销应付款。在应付系统中,执行"核销"丨"手工核销"命令。

(2) 查询业务明细账。

(3) 查询付款预测。

3) 转账处理

红票对冲:将新月公司的一张红字发票与其一张蓝字销售发票进行对冲。

操作向导

在应付系统中,执行"转账"丨"红票对冲"丨"手工对冲"命令。

4) 财务核算

(1) 将上述业务中未生成凭证的单据生成相应的凭证。

(2) 在应付系统中,执行"制单处理"命令。

① 发票制单

② 结算单制单

③ 现结制单

实验七　出入库成本管理

目的与要求

掌握企业在日常业务中如何通过软件进行各出入库成本的计算和月底如何做好月末

结账工作。

实验内容

1. 单据记账

将上述各出入库业务中所涉及的入库单、出库单进行记账。

(1) 调拨单进行记账(如果实验五中的调拨单未记账，则需要进行此项操作)。

操作向导

在存货系统中，执行"业务核算"｜"特殊单据记账"命令。

(2) 正常单据记账：将采购、销售业务所涉及的入库单和出库单进行记账。

操作向导

在存货系统中，执行"业务核算"｜"正常单据记账"命令。

2. 财务核算

(1) 根据上述业务中所涉及的采购入库单编制相应凭证。

操作向导

在存货系统中，执行"财务核算"｜"生成凭证"命令，选择"采购入库单(报销)"生成相应凭证。

(2) 查询凭证。

操作向导

在存货系统中，执行"财务核算"｜"凭证列表"命令。

3. 月末结账

(1) 采购系统的月末结账。

操作向导

在采购系统中，执行"月末结账"命令。

(2) 销售系统的月末结账。

操作向导

在销售系统中，执行"月末结账"命令。

(3) 库存系统的月末结账。

操作向导

在库存系统中，执行"月末结账"命令。

(4) 存货系统的月末处理。

① 各仓库的期末处理

操作向导

在存货系统中，执行"业务核算"｜"期末处理"命令。

② 生成结转销售成本的凭证(如果计价方式为"全月平均")

操作向导

在存货系统中，执行"财务核算"｜"生成凭证"命令，选择"销售出库单"。

③ 存货系统的月末结账

操作向导

在存货系统中，执行"业务核算"｜"月末结账"命令。